D1877777

आचार्य हजारीप्रसाद द्विवेदी की जय-यात्रा

आचार्य हजारीप्रसाद द्विवेदी की जय-यात्रा

नामवर सिंह

सम्पादन
ज्ञानेन्द्र कुमार सन्तोष

राजकमल प्रकाशन

ISBN : 978-81-267-2752-0

मूल्य : ₹ 550

© नामवर सिंह

पहला संस्करण : 2017

प्रकाशक : राजकमल प्रकाशन प्रा. लि.
1-बी, नेताजी सुभाष मार्ग, दरियागंज
नई दिल्ली-110 002

शाखाएँ : अशोक राजपथ, साइंस कॉलेज के सामने, पटना-800 006
पहली मंजिल, दरबारी बिल्डिंग, महात्मा गांधी मार्ग, इलाहाबाद-211 001
36 ए, शेक्सपियर सरणी, कोलकाता-700 017

वेबसाइट : www.rajkamalprakashan.com
ई-मेल : info@rajkamalprakashan.com

मुद्रक : बी.के. ऑफसेट
नवीन शाहदरा, दिल्ली-110 032

ACHARYA HAZARI PRASAD DWIVEDI KI JAI YATRA
by Namwar Singh
Edited by Gyanendra Kumar Santosh

इस पुस्तक के सर्वाधिकार सुरक्षित हैं। प्रकाशक की लिखित अनुमति के बिना इसके किसी भी अंश की, फोटोकॉपी एवं रिकॉर्डिंग सहित इलेक्ट्रॉनिक अथवा मशीनी, किसी भी माध्यम से अथवा ज्ञान के संग्रहण एवं पुनःप्रयोग की प्रणाली द्वारा, किसी भी रूप में, पुनरुत्पादित अथवा संचारित-प्रसारित नहीं किया जा सकता।

भूमिका

भारतीय समीक्षा और नामवर सिंह

हिन्दी के आलोचना क्षितिज पर नामवर सिंह का उदय एक दृष्टि से सम्भवत: विश्व साहित्य इतिहास की अभूतपूर्व और असाधारण घटना है। हिन्दी में पहली बार और सम्भवत: किसी भी भाषा के इतिहास में यह अद्‌भुत स्थिति पहली बार बनी कि साहित्य का केन्द्र रचनाकार नहीं बल्कि समीक्षक हो गया।

आचार्य शुक्ल अपने समय में आलोचना के एकल पर्याय थे, बावजूद इसके समकालीन विमर्श में उनकी केन्द्रीय स्थिति नहीं थी। ऐतिहासिक तथ्य तो यही है कि समकालीन रचनाकारों ने आचार्य शुक्ल की आलोचना दृष्टि को स्वीकृति प्रदान नहीं की थी और उनके लिए आचार्य शुक्ल की साहित्य चिन्ताएँ बहुत महत्त्वपूर्ण और दिशा-निर्देशक नहीं थीं। इसी प्रकार आचार्य हजारीप्रसाद द्विवेदी और रामविलास शर्मा महत्त्वपूर्ण तो थे, पर केन्द्रीय नहीं थे।

स्वातंत्र्योत्तर हिन्दी परिदृश्य में थोड़े समय के लिए अज्ञेय केन्द्रीय व्यक्ति प्रतीत होते हैं। लेकिन स्वातंत्र्योत्तर हिन्दी साहित्य की सबसे असाधारण, प्रभावशाली और निर्णायक घटना थी—रचनाकार अज्ञेय का साहित्य के केन्द्र से विस्थापित होना और आलोचक नामवर सिंह का केन्द्र नियामक होना। समीक्षक नामवर सिंह के उदय से केवल अज्ञेय विस्थापित नहीं हुए, बल्कि देखते ही देखते साही, भारती, नगेन्द्र, लक्ष्मीकान्त वर्मा और यहाँ तक कि रामविलास शर्मा सा प्रकाश पुंज भी मद्धिम प्रतीत होने लगा। अब हिन्दी साहित्य की आकाशगंगा का ध्रुव तारा कोई और नहीं समीक्षक नामवर सिंह थे और साहित्य मन्दाकिनी में नामवर के अर्थ प्रकाश से आलोकित मुक्तिबोध, निर्मल, भीष्म, कृष्णा, उषा, धूमिल आदि नूतन तारे जगमगाने लगे।

साहित्य आकाशगंगा की इस अभूतपूर्व, असाधारण और विलक्षण प्रक्रिया पर राजेन्द्र यादव ने टिप्पणी करते हुए कहा है कि "लेकिन मैं समझता हूँ कि ये बहुत बड़ा दुर्भाग्य भी है जहाँ यह गौरव और गर्व की बात है, वहाँ दुर्भाग्य की ये बात है कि दुनिया के साहित्य में कभी आज तक नहीं हुआ कि एक आलोचक उतना, इस शीर्ष स्थिति पर बैठा हो जहाँ, रचनाकार 'इरेलेवैंट' हो जाए।"[1]

राजेन्द्र यादव ने आलोचक की स्थिति में आए इस अभूतपूर्व परिवर्तन को तो सही रेखांकित किया है, पर इस प्रक्रिया और उसके परिणाम को लेकर गलतफहमी में प्रतीत

होते हैं, जब खिन्नता और हताशा के स्वर में चिन्ता व्यक्त करते हैं कि "आलोचक जब शीर्ष पर होता है, जब ऐसी स्थिति हो जाती है तो वह रचना को खा जाता है। रचनाशीलता उसकी 'कंसेंट' की और 'एप्रीसिएशन' की मोहताज हो जाती है। यही आज हर लेखक की इच्छा है कि नामवर जी उसकी रचना पर दो शब्द बोल दें। इस तरह का बड़ा हो जाना जहाँ एक गर्व और गौरव का विषय है, वहाँ खतरा भी है।"[2]

राजेन्द्र यादव यदि नामवर सिंह और दूसरे आलोचकों की आलोचना-प्रक्रिया के सूक्ष्म अन्तरों को समझ पाते तो नामवर सिंह के शीर्षस्थ होने के वस्तुगत कारणों को भी समझ जाते और उनके मन में विद्यमान रचनात्मक संकट की आशंका का भी निवारण हो जाता। नामवर सिंह केन्द्रीय व्यक्तित्व हैं, केवल इस कारण नहीं कि वे रचनाकारों से ज्यादा विद्वान हैं। सौभाग्य से हिन्दी के सारे बड़े आलोचक विद्वान ही हैं। नामवर सिंह और दूसरे बड़े आलोचकों में अन्तर विद्वत्ता के कारण नहीं है, तात्त्विक भिन्नता की तो दूसरी ही वजह है।

हिन्दी के अन्य किसी भी आलोचक की तुलना में नामवर सिंह व्यवहारत: सबसे ज्यादा रचना-केन्द्रित आलोचक हैं और यही वह मूलभूत कारण है जो उनको अन्य आलोचकों से विशिष्टता प्रदान करता है। साहित्य की आन्तरिकता, स्वायत्तता, निजता और बुनावट की सबसे सूक्ष्म समझ नामवर सिंह में है—यह कथन या सपाट वक्तव्य नहीं है। नामवर सिंह में न साही के समान समाज निरपेक्षता है और न रामविलास शर्मा की तरह विचारधारा और नैतिकता का अतिरेक। तकनीकी श्रेष्ठता और नैतिक-सामाजिक शक्ति के बीच उचित सन्तुलन ही वह कारण है जो नामवर सिंह को हिन्दी के अन्य शीर्ष आलोचकों से अलग करता है। वहीं रामविलास शर्मा की आलोचना में नैतिक सिद्धान्त ज्यादा मुखर प्रतीत होता है और रचना का अर्थ पृष्ठभूमि में दबा महसूस होता है।

नामवर सिंह ने अपनी रचना-केन्द्रित आलोचना दृष्टि पर कहा है कि "रूप विश्लेषण से अन्तर्वस्तु की ओर अन्त में समग्रत: मूल्य निर्णय।" जबकि आचार्य शुक्ल और रामविलास शर्मा की आलोचना का अधिकांश भाग मूल्य-निर्णयपरक ही है। ये दोनों शीर्ष आलोचक कला पर अतिरिक्त नैतिकता को आरोपित करते प्रतीत होते हैं। नामवर सिंह भी नि:सन्देह रूप से मूल्य निर्णय देते हैं, पर रचना की बुनावट और अर्थ को स्वयं समझने और पाठकों को सम्प्रेषित करने के उपरान्त। आचार्य शुक्ल और रामविलास शर्मा के समान नामवर सिंह भी अपनी आलोचना में साहित्येतर समाजशास्त्रीय और राजनीतिक चेतना का प्रयोग करते हैं, पर इन आलोचकों से थोड़ी अलग नामवर सिंह की संस्कृति चेतना 'रचना' के मूल अर्थ का अतिक्रमण नहीं करती, बल्कि अन्त:अनुशासनात्मक ज्ञान के "हर तरफ से रोशनी आकर अन्तत: रचना पर ही केन्द्रित होती है।" और इसी कारण आलोचना में 'नामवर सिंह के निष्कर्ष रचना के निष्कर्ष' प्रतीत होते हैं। और यही वह बिन्दु

है जहाँ आलोचक के प्रति रचनाकार और पाठक के मन में दुर्निवार आकांक्षा और अपरिहार्यता का भाव जमने लगता है।

नामवर सिंह की अपरिहार्यता की सबसे बड़ी वजह उनकी साहित्यिक समझदारी के प्रति एक आम विश्वास है। हिन्दी में एकमात्र नामवर सिंह ही ऐसे आलोचक हैं जिनके बारे में कोई रचनाकार यह दावा नहीं कर सकता है कि नामवर सिंह को उसकी रचना की समझ नहीं है। जहाँ आचार्य शुक्ल और रामविलास शर्मा की समकालीन साहित्यिक समझ सन्दिग्ध और अपर्याप्त प्रतीत होती है, वहीं पिछले साठ-सत्तर वर्षों में सर्जित कोई भी रचना या रचनाकार यह दावा नहीं कर सकता है कि नामवर सिंह उसकी सर्जनशीलता की बुनावट और अर्थ को ग्रहण करने में असमर्थ हैं, भले ही नामवर सिंह ने उसे रचनात्मक स्वीकृति प्रदान की हो या अस्वीकृत किया हो। यह सही है कि रचनाकारों के सन्दर्भ में नामवर सिंह के मूल्यांकन और स्वीकृति में विचारधारा और राग-द्वेष का प्रभाव रहा है, पर आचार्य शुक्ल और रामविलास शर्मा से नामवर सिंह की भिन्नता इस बात में है कि जहाँ आचार्य शुक्ल का छायावाद विरोध, कहीं न कहीं उनकी आधुनिक कविता की अपर्याप्त समझ से जुड़ा था और रामविलास शर्मा का नई कविता का प्रतिरोध भी कहीं न कहीं उनकी कविता की अधूरी समझ के कारण था, वहीं नामवर सिंह के सन्दर्भ में स्वयं अज्ञेय, भारती, राजेन्द्र यादव या अशोक वाजपेयी यह कहने का साहस नहीं रखते कि नामवर सिंह को उनके साहित्य की समझ नहीं है।

हिन्दी आलोचना में यह पहली बार हुआ कि पूर्वग्रहों के बावजूद समीक्षक की समझदारी असन्दिग्ध बनी रही और अस्वीकृत रचनाकारों के मध्य भी आलोचक की अपरिहार्यता बनी रही, क्योंकि यह समीक्षक, प्रवचनकर्ता या न्यायाधीश नहीं था, बल्कि रचना को समझनेवाला सहृदय मर्मज्ञ पाठक था। और किसी भी रचनाकार की चरम आकांक्षा समझा जाना ही होती है। तो यह आकस्मिक नहीं है कि इस समझदार हमसफर के इर्द-गिर्द रचनाकारों और पाठकों का कारवाँ बनता गया। स्वातंत्र्योत्तर हिन्दी साहित्य के विकास को यदि सूक्ष्मता से देखा जाए तो केन्द्रीय व्यक्तित्व द्वारा रचनाशीलता को खा जाने की राजेन्द्र यादव की आशंका मरीचिका प्रतीत होती है। वास्तविकता तो यह है कि स्वातंत्र्योत्तर हिन्दी साहित्य का विकास वस्तुतः नामवर सिंह द्वारा स्वीकृति और अस्वीकृति के आलोचनात्मक संघर्ष का दस्तावेज है। इस काल की सबसे बड़ी रचनात्मक सच्चाई तो यही है कि कुछ अपवादों को छोड़कर नामवर सिंह द्वारा स्वीकृत रचनाकारों को ही हिन्दी-लोक में प्रतिष्ठा मिली है और जिन स्वघोषित महान रचनाकारों को नामवर सिंह ने वैचारिक, सामाजिक या रचनात्मक कारणों से अस्वीकृत किया, वे रूठी रानी-सी प्रतीत होते हैं। समकालीन महान और सम्भावनाशील रचनाशीलता की यह गहरी सतत पहचान ही नामवर के विरोधियों को 'अचूक अवसरवादिता' प्रतीत होती है।

इस तथ्य से इनकार नहीं किया जा सकता है कि नामवर सिंह ने अपनी विचारधारा के पूर्वग्रहों के कारण जहाँ रेणु जैसे साहित्यकार को अपेक्षित महत्त्व प्रदान नहीं किया है, वहीं व्यक्तिगत सम्बन्धों के दबाव में उदारता या कृतज्ञतावश कुछ औसत रचनाकारों को अतिरिक्त प्रोत्साहन देते प्रतीत होते हैं। इन अपवादों के बावजूद यह निर्विवाद है कि समकालीन रचनाशीलता को उर्वर विस्तार देने में नामवर सिंह की भूमिका एक 'मिशनरी' की प्रतीत होती है।

नामवर सिंह की केन्द्रीयता के दूसरे कारण भी हैं। जहाँ दूसरे आलोचक विशेष कालखंड या प्रवृत्ति विशेष या रचनाकार विशेष के आलोचक हैं, वही नामवर सिंह साहित्य मात्र के समीक्षक प्रतीत होते हैं। *हिन्दी या भारत के किसी भी दूसरे आलोचक की तुलना में* नामवर सिंह की समीक्षा का क्षेत्र ज्यादा विस्तृत रहा है। हिन्दी में नामवर सिंह अकेले ऐसे आलोचक हैं, जो कालिदास से लेकर आधुनिक कविता की अद्यतन रचनाशीलता की अर्थ-मीमांसा में सक्षम हैं। आचार्य हजारीप्रसाद द्विवेदी ने भले ही 'अखिल भारतीय दृष्टि' का आदर्श घोषित किया है, पर उनकी अखिल भारतीयता सिर्फ संस्कृत और अपभ्रंश तक सीमित प्रतीत होती है। व्यवहार में केवल नामवर सिंह ने ही हिन्दी साहित्य और अन्य भारतीय भाषाओं के मध्य आलोचनात्मक सेतु का सांस्कृतिक कार्य किया है।

मराठी लेखक नारायण सुर्वे ने सही लक्षित किया है कि एकमात्र "ऐसा आलोचक है, जो सिर्फ हिन्दी कविता की बात नहीं करता, वह सम्पूर्ण भारतीय कविता की बात करता है। पूरी दुनिया की कविता का सन्दर्भ रखता है।"[3] नामवर सिंह ने न केवल संस्कृत और अपभ्रंश की जीवन्त परम्परा की समीक्षा की है बल्कि आधुनिक भारतीय भाषाओं की रचनाशीलता का भी प्रामाणिक ढंग से विश्लेषण कर हिन्दी जाति की बौद्धिकता को अखिल भारतीय स्तर पर स्वीकृति दिलाई है। जिस तरह शंकराचार्य जैसे दार्शनिकों और भक्त कवियों ने भारत को सांस्कृतिक एकता के धागे से बाँधने का महान कार्य किया था, उसी तरह नामवर सिंह ने भी अपनी उपस्थिति और आलोचना-कर्म से भारतीय साहित्य की अवधारणा को चरितार्थ करते हुए, सांस्कृतिक एकता की भावना को मजबूत बनाने का राष्ट्र-सापेक्ष कार्य किया है।

महत्त्वपूर्ण यह भी है कि भारतीयता का यह आग्रह जहाँ जयशंकर प्रसाद का अन्धबिन्दु प्रतीत होता है, वहीं नामवर सिंह की भारतीयता विश्व-दृष्टि के समन्वय से ज्यादा यथार्थवादी और आलोचनात्मक प्रतीत होती है। नामवर सिंह ने अपनी सुदीर्घ समीक्षा-यात्रा में हिन्दी पाठकों को शेष विश्व की महान रचनाओं और प्रवृत्तियों से वस्तुगत परिचय कराके हिन्दी पाठकों के भाव और ज्ञान को समृद्ध करने का उदात्त कार्य किया है। प्रतीत होता है कि यह आलोचक नहीं बल्कि 'माउंटने ईगल' है जिसकी ऊँची उड़ान और गहरी दृष्टि से कुछ ओझल नहीं रह सकता है। संस्कृत और आधुनिक भारतीय भाषाओं की बहुमुखी महान परम्पराओं से लेकर अंग्रेजी, रूसी, फ्रेंच, जर्मन,

लैटिन और एशियाई भाषाओं की रचनाशीलता और बौद्धिकता पर अचूक दृष्टि रखने वाला, सम्भवतः एक और अकेला आलोचक, अविश्वसनीयता का भाव जगाता है।

इस लम्बी और विस्तृत समीक्षा-यात्रा की वृत्तान्त शैली भी वैविध्यपूर्ण है। आचार्य शुक्ल और रामविलास शर्मा की भाषा, शैली और पदावली रचना और रचनाकाल से अप्रभावित, आद्यन्त अपरिवर्तित और आवृत्तिमयी प्रतीत होती है। वहीं रचना की केन्द्रीयता के कारण नामवर सिंह की सभी महत्त्वपूर्ण पुस्तकों की भाषा और शैली एक-दूसरे से और भिन्न रचनानुकूल प्रतीत होती हैं। शैली और भाषा का यह वैविध्य दृष्टि और विवेक के विस्तार का सूचक है। सभी बड़े आलोचकों की तरह नामवर सिंह ने भी आलोचना के अभिभूत कर देनेवाले मुहावरे गढ़े हैं, पर नामवर सिंह की अपराजेयता का वास्तविक कारण यह है कि वे अपने बनाए किसी भी मुहावरे पर आत्ममुग्ध होकर उसमें कैद नहीं होते। नामवर सिंह में अपने मुहावरों की आत्म-परीक्षा करने का नैतिक और बौद्धिक साहस रहा है। इसी कारण वे किसी मुहावरे के अन्धबिन्दु के शिकार हुए बिना अपने पूर्व निर्मित मुहावरों को गढ़ते-मढ़ते-तोड़ते प्रतीत होते हैं। 'रेणु' और 'अज्ञेय' का पुनःस्मरण नामवर इसी आत्म-परीक्षा के कारण करते हैं। इसी को कुछ आलोचक नामवर सिंह का पक्ष-परिवर्तन, अवसरवादिता और अन्तर्विरोध समझते हैं, जबकि यह प्रक्रिया आलोचक की गहरी नैतिक आत्म-समीक्षा से जुड़ी है—अर्थात् अपने ही पूर्व निर्णय की अनवरत पीड़ादायक आत्म-परीक्षा! इस आत्म-समीक्षा की सतत प्रक्रिया के कारण ही नामवर सिंह अभी तक अपरिहार्य बने हुए हैं और हर लेखक की आज भी आकांक्षा है कि 'नामवर जी उसकी रचना पर दो शब्द बोल दें।'

हिन्दी साहित्य के विकास के विभिन्न दौर में अनेक रचनाकारों और आचार्यों ने अपने व्यक्तित्व एवं कृतित्व से हिन्दी रचनाशीलता के साथ-साथ उसकी साहित्येतर गतिविधियों को भी प्रभावित किया है। इस दृष्टि से भारतेन्दु और आचार्य महावीर प्रसाद द्विवेदी का अध्ययन किया भी गया है। पर हिन्दी साहित्य के इतिहास में नामवर सिंह जैसी प्रभावकारी उपस्थिति अन्य किसी की प्रतीत नहीं होती है।

'भारतेन्दु युग' भारतेन्दु-केन्द्रित था, पर वह युग आधुनिक हिन्दी का निर्माण काल था। नई हिन्दी की गतिविधियों के सीमित होने तथा भारतेन्दु के अल्पायु होने के कारण उनका प्रभाव हिन्दी भाषा और साहित्य पर ही अधिक था। आचार्य महावीर प्रसाद द्विवेदी का प्रभाव भाषायी परिष्कार और शुद्धि पर ही अधिक था। *इनके विपरीत नामवर सिंह का कर्मक्षेत्र ज्यादा विविधतापूर्ण एवं विस्तृत रहा है।* आम पाठक केवल आलोचक नामवर सिंह को जानते हैं, पर नामवर सिंह का कर्मक्षेत्र (लेखन और व्याख्यान के अतिरिक्त) हिन्दी के किसी भी दूसरे साहित्यकार की तुलना में ज्यादा जटिल, विवादित और महत्त्वपूर्ण रहा है।

नामवर सिंह के सशक्त हस्तक्षेप के कारण ही विश्वविद्यालयों के हिन्दी विभाग

मध्यकालीन काव्य और रस की परम्परागत कूपमंडूकता से मुक्त होकर ज्ञान के दूसरे अनुशासनों के पाठ्यक्रम के समकक्ष हो सके हैं। यह दुहराने की आवश्यकता नहीं है कि जोधपुर और जवाहरलाल नेहरू विश्वविद्यालय के नामवर निर्मित हिन्दी पाठ्यक्रम ने अपने समय की हिन्दी बौद्धिक मानसिकता को मथ के रख दिया था। विश्वविद्यालयों का वर्तमान हिन्दी पाठ्यक्रम नामवर सिंह के बनाए पाठ्यक्रम का ही संशोधित, परिवर्द्धित या विकृत रूप है। महत्त्वपूर्ण यह है कि नामवर सिंह ने अपने संघर्षों से पाठ्यक्रम का एक ऐसा गतिशील एवं सम्भावनापूर्ण 'मॉडल' प्रस्तुत किया है जो आगे भी हमारा मार्गदर्शन करता रहेगा। नामवर सिंह ने विश्वविद्यालयों के उच्च हिन्दी पाठ्यक्रम को जहाँ ज्ञानात्मक और विधागत विस्तार दिया, वहीं संघ लोक सेवा आयोग के पहले हिन्दी पाठ्यक्रम को अपेक्षाकृत सरल, संक्षिप्त और पारदर्शी बनाकर हिन्दी वालों के लिए सिविल सेवा का रास्ता सुगम कर दिया था। *नामवर सिंह द्वारा निर्मित संघ लोक सेवा आयोग का हिन्दी पाठ्यक्रम परिवर्तित होने से पहले तक हिन्दी प्रतियोगियों का सुरक्षित किला प्रतीत होता था।* नामवर सिंह के निर्देशन में बनीं एन.सी.आर.टी. की हिन्दी पुस्तकें अभी भी अपनी प्रासंगिकता रखती हैं।

हिन्दी के अधिकांश साहित्य साधक जहाँ ऐकान्तिक साहित्य साधना में सिद्धि और मुक्ति तलाशते प्रतीत होते हैं, वहीं नामवर सिंह ने अपनी बहुस्तरीय सक्रियता से हिन्दी की प्रत्यक्ष सेवा की है। हिन्दी में बड़े-बड़े रचनाकार और विद्वान हुए हैं, इसके बावजूद विश्वविद्यालय के अधिकांश हिन्दी अध्यापक और छात्र एक हीनता ग्रन्थि से ग्रसित रहते हैं। नामवर सिंह ने अपने लेखन, अध्यापन और विशेषकर व्याख्यानों द्वारा हिन्दी अध्यापकों और छात्रों के बीच जो आत्मगौरव का भाव जगाया है, उसका स्मरण तब तक रहेगा जब तक हमें आत्म-सम्मान की जरूरत महसूस होती रहेगी।

जो लोग नामवर सिंह के कम लिखने का रोना रोते हैं, उन्हें यह ध्यान रखना चाहिए कि गैर-हिन्दी अध्यापक और छात्र हिन्दी आलोचना की पुस्तक कम ही पढ़ते हैं। नामवर सिंह ने हिन्दी वालों के लिए भले ही कम मात्रा में लिखा है पर दूसरे अनुशासनों और भाषाओं से सम्बन्धित व्याख्यानों में उनकी अद्वितीय भागीदारी ने ही उनको हमारे समय का बौद्धिक अग्रदूत बनाया है। यह उनके नवोन्मेषित व्याख्यानों का ही परिणाम है कि विश्वविद्यालयों के दूसरे विभागों और गैर-हिन्दी क्षेत्रों में नामवर सिंह ज्यादा सम्मानित और प्रभावशाली प्रतीत होते हैं, क्योंकि हिन्दी विभागों और हिन्दी क्षेत्र में बहुत सी रूठी रानियाँ और महत्त्वाकांक्षी 'सलीम' हैं जो अकबर की दीर्घजीवी प्रभावशीलता से उपेक्षित महसूस करते हैं। यहाँ हम कुलपतियों और प्रोफेसरों की विभिन्न नियुक्तियों में नामवर सिंह की भूमिका पर चर्चा नहीं करेंगे।

हिन्दी के कुछ हस्ताक्षर केवल अपने सम्पादन-कौशल और क्षमता के कारण अविस्मरणीय हैं। यह कहना मुश्किल है कि आलोचक नामवर सिंह और सम्पादक नामवर सिंह में अधिक महत्त्वपूर्ण कौन है? यहाँ हम नामवर सिंह द्वारा सम्पादित

पुस्तकों की चर्चा नहीं कर रहे हैं, क्योंकि वह नामवर सिंह के आलोचना कर्म का ही विस्तार है। यहाँ हम 'आलोचना' पत्रिका के सम्पादक नामवर सिंह का उल्लेख कर रहे हैं। तमाम उतार-चढ़ावों के बावजूद 'आलोचना' को आधी सदी से ज्यादा समय से हिन्दी साहित्य की सर्वाधिक सम्मानित और गौरवशाली पत्रिका बनाने का श्रेय नामवर सिंह के सम्पादक व्यक्तित्व को जाता है। 'आलोचना' स्वातंत्र्योत्तर भारत की हिन्दी की बौद्धिक उपलब्धि का दस्तावेज प्रतीत होती है। नामवर सिंह ने ही 'आलोचना' को ऐसी पत्रिका बनाया है जिसमें एक लेख का छपना, एक मोटी पुस्तक लिखने से ज्यादा महत्त्वपूर्ण एवं आकर्षक रहा है। अभी भी 'आलोचना' में छपना लेखक की बौद्धिक स्वीकृति का प्रमाण-पत्र माना जाता है।

स्वातंत्र्योत्तर हिन्दी साहित्य बहुमुखी प्रवृत्तियों, वादों, विधाओं, विमर्शों और प्रतिभाशाली रचनाकारों का साक्षी रहा है। आधी सदी से ज्यादा की इस विकास-यात्रा में किसी रचनाकार, साहित्यिक प्रवृत्ति, साहित्यिक रचना या साहित्यिक घटना की उतनी सतत केन्द्रीयता नहीं रही है, जितनी नामवर सिंह की! वास्तव में हिन्दी साहित्य का यह लम्बा काल 'नामवर युग' प्रतीत होता है! आधुनिक भारत के राजनीतिक इतिहास में भी किसी राजनीतिक पुरुष का इतना लम्बा केन्द्रीय दौर नहीं रहा है! राजनीति का गांधी युग भी इतना लम्बा और केन्द्रीय प्रतीत नहीं होता, जितना साहित्य का नामवर युग! भारत की राजनीति में सत्ता परिवर्तन होता रहा है, पर नामवर सिंह की केन्द्रीय सत्ता अविचलित प्रतीत होती है। नामवर की साहित्यिक सत्ता का राजनीतिक सत्ता से सम्बन्ध अवश्य रहा है, पर उसकी केन्द्रीयता राजनीतिक बदलावों से अप्रभावित रही है। सौभाग्य से राजनीतिक सत्ता और साहित्यिक सत्ता में प्रत्यक्ष आनुपातिक सम्बन्ध नहीं होता, वरना राज्यपालों, कुलपतियों और संघ लोक सेवा आयोग के सदस्यों द्वारा एक अध्यापक की केन्द्रीय साहित्यिक सत्ता का अपहरण कब का हो चुका होता। राजनीति और साहित्य में एक तात्त्विक विरोधाभास प्रतीत होता है। राजनीति किसी औसत कद को स्वीकार कर सकती है, पर साहित्य कभी किसी औसत व्यक्ति का नेतृत्व स्वीकार नहीं करता है। यह साहित्य और राजनीति का तात्त्विक अन्तर है। नामवर सिंह को शीर्षस्थ नामवर उनकी प्रतिभा और लोकमानस ने बनाया है, इसी कारण यह केन्द्रीयता स्थायी प्रतीत होती है।

आरम्भिक रचनाशीलता के बावजूद नामवर सिंह विशुद्ध आलोचक प्रतीत होते हैं। इस तथ्य में नामवर सिंह के प्रति एक व्यंग्य भी है, जिसमें यह मान्यता निहित है कि सर्जनात्मक प्रतिभा आलोचनात्मक प्रतिभा से श्रेष्ठ होती है। अंग्रेजी के प्रोफेसर राजनाथ ने विशुद्ध आलोचना और सर्जनात्मक प्रतिभा के तुलनात्मक महत्त्व और उसके अन्तर को स्पष्ट करते हुए एक गहरे पर उपेक्षित सत्य की ओर हमारा ध्यान आकर्षित करते हुए कहा है कि "हमने अभी इस बात को पूरी तरह महसूस नहीं किया है कि आलोचनात्मक प्रतिभा सर्जनात्मक प्रतिभा की अपेक्षा कहीं

अधिक विरल होती है। इस कथन की प्रामाणिकता के लिए यदि हम अंग्रेजी साहित्य का इतिहास उठाकर देखें तो पाएँगे कि हर युग में कलाकार तो अनेक हुए हैं, किन्तु महान आलोचक नहीं।"[4] अंग्रेजी भाषा में बड़े सर्जक और साहित्य चिन्तक तो अनेक हुए हैं, पर महान समीक्षक तो केवल फ्रेंक रेमंड लीविस ही माना जाता है। इससे साहित्य समीक्षक की महत्ता तो प्रमाणित होती ही है, इस आम मान्यता का खंडन भी होता है कि महत्त्व की दृष्टि से समीक्षक का स्थान गौण है और वह सर्जनात्मक साहित्य का परजीवी भर होता है।

जब तक मानव जाति और उसके शब्द अस्तित्ववान हैं, तब तक रचनाशीलता की सम्भावना रहेगी। पर यह प्रश्न नियति से मुठभेड़ करने जैसा है कि नामवर सिंह के बाद हिन्दी और भारतीय भाषाओं की आलोचना का क्या होगा? यह तो तारीखी हकीकत है कि नामवर भारतीय आलोचना के चरमोत्कर्ष हैं—अर्थात् आलोचना का अन्त! उत्तर-आधुनिक मुहावरे में कहें तो अर्थ यह होगा कि आलोचना ने अपना चरम विकास पा लिया है और इसके आगे विकास की सम्भावना भी नहीं है। उत्तर-आधुनिकता ने इतिहास, विचारधारा, लेखक, आलोचक आदि की मौत की भविष्यवाणी की थी। सौभाग्य से उसकी अधिकतर भविष्यवाणियाँ असत्य होने के लिए अभिशप्त हैं! पर दुर्भाग्य से उसकी 'आलोचक की मौत' की घोषणा भारतीय परिदृश्य में सही होती प्रतीत हो रही है! उत्तर-आधुनिक अर्थ में नहीं, बल्कि इस गौरवपूर्ण और साथ ही त्रासद अर्थ में कि पहला और अन्तिम अखिल भारतीय भाषाओं के आलोचक सिर्फ नामवर सिंह हैं!

यह निबन्ध उनके लिए है ही नहीं, जिनको यह बताने की आवश्यकता हो कि नामवर सिंह अन्तिम आलोचक क्यों और कैसे हैं? और नामवर के बाद क्यों नहीं? और यदि इस प्रश्न का उत्तर देना ही पड़े तो केवल यही बात दुहराई जा सकती है कि जिस प्रकार संस्कृत में अभिनवगुप्त की अकेली और असाधारण उपस्थिति है, उसी प्रकार आधुनिक भारतीय साहित्य में नामवर सिंह की अकेली और असाधारण उपस्थिति है।

इतिहास, समाज, दर्शन और साहित्यालोचन की हजार वर्षों की प्रतीक्षारत आँखों ने एक और सिर्फ एक अभिनवगुप्त को ही देखा है! नामवर सिंह के बाद क्या हमें भी हजार वर्षों की प्रतीक्षा करनी होगी?

—ज्ञानेन्द्र कुमार सन्तोष

सन्दर्भ

1. राजेन्द्र यादव : नामवर के विमर्श, सं.-सुधीश पचौरी, प्रवीण प्रकाशन, दिल्ली, 1995, पृ. 466
2. वही, पृ. 467
3. नारायण सुर्वे, पृ. 145
4. राजनाथ : पाश्चात्य काव्यशास्त्र : नई प्रवृत्तियाँ, राजकमल, दिल्ली, 2009, पृ. 54

नामवर सिंह की दूसरी परम्परा

आचार्य रामचन्द्र शुक्ल के लिए जो महत्त्व गोस्वामी तुलसीदास और रामविलास शर्मा के लिए निराला का है, वही महत्त्व आचार्य हजारीप्रसाद द्विवेदी का नामवर सिंह के लिए प्रतीत होता है। गोस्वामी तुलसीदास, निराला और आचार्य द्विवेदी कालजयी सर्जक थे, पर इन्हें साहित्य में यथोचित स्वीकृति दिलानेवाले और इनकी महानता की सार्वकालिकता को रेखांकित करनेवाले क्रमशः आचार्य शुक्ल, रामविलास शर्मा और नामवर सिंह ही हैं। और इसी बिन्दु पर ठहरकर यह अहसास होता है कि महान आलोचना रचना की परजीवी भर नहीं होती, बल्कि उसमें रचना को कालजयी बनाने की जीवनदायी उर्वर शक्ति भी होती है। यदि महान आलोचना नहीं होती तो सम्भवतः 'रामचरितमानस' एक मोक्षदायी ग्रन्थ, निराला एक विलक्षण पर विक्षिप्त कवि और द्विवेदी जी एक 'पौराणिक कथावाचक' ही प्रतीत होते रहते! यहाँ हम केवल आचार्य हजारीप्रसाद द्विवेदी से सम्बन्धित नामवर सिंह की समीक्षा का साक्षी बनेंगे।

आचार्य रामचन्द्र शुक्ल की प्रतिष्ठा और महत्त्व का वास्तविक आधार उनका 'हिन्दी साहित्य का इतिहास' ही है। यह पुस्तक आज भी हिन्दी मनीषा की दुर्लभ उपलब्धि प्रतीत होती है। आचार्य शुक्ल की साहित्यिक अभिरुचियों, आलोचना और इतिहास दृष्टि की सीमाओं का बोध तो उनके समकालीन रचनाकारों और नए आलोचकों को भी था, पर शुक्लजी की सीमाओं को तोड़कर साहित्य एवं जीवन की नवोन्मेषित दृष्टि से पूर्ण दूसरी अपरिहार्य उपलब्धि 'हिन्दी साहित्य की भूमिका' के रूप में आचार्य हजारीप्रसाद द्विवेदी ने ही प्रस्तुत की।

और द्विवेदीजी की इस नवोन्मेषित वैकल्पिक इतिहास और आलोचना दृष्टि के महत्त्व और उसकी उपलब्धि का पहला गम्भीर रेखांकन और मूल्यांकन हिन्दी समीक्षा के इतिहास में 1952 में नामवर सिंह ने किया है। 1952 में लिखित 'इतिहास का नया दृष्टिकोण' निबन्ध में नामवर सिंह ने भावी इतिहास लेखन के लिए नई दृष्टि की अनिवार्यता और अपरिहार्यता को महसूस करते हुए भी पूर्व की इतिहास दृष्टियों की विशेषताओं और महत्त्व को सूक्ष्मता से उद्घाटित किया है। नामवर सिंह ने पहली बार रेखांकित किया कि आचार्य शुक्ल के 'हिन्दी साहित्य

के इतिहास' के बाद 'हिन्दी साहित्य की भूमिका' ही 'नवीन युग की भूमिका बनकर प्रकाश में आई।' आचार्य शुक्ल के "व्यक्तिवादी इतिहास प्रणाली के स्थान पर सामाजिक अथवा जातीय ऐतिहासिक प्रणाली का आरम्भ करनेवाली यह पहली हिन्दी पुस्तक है।"[1]

आचार्य शुक्ल से ज्यादा विस्तृत आचार्य हजारीप्रसाद द्विवेदी की अखिल भारतीय साहित्य दृष्टि ने "हिन्दी जाति तथा हिन्दी साहित्य के सम्यक् स्वरूप का परिचय देने के लिए...हिन्दी-पूर्व सम्पूर्ण भारतीय इतिहास के सहज विकास के रूप में हिन्दी साहित्य का निरूपण किया।"[2] द्विवेदी जी की असाधारणता इसमें थी कि "परम्परा के इतने विराट परिदृश्य में हिन्दी साहित्य को रखकर देखने का यह पहला प्रयत्न था।"[3] हिन्दी साहित्य के इस नैरन्तर्य निरूपण से "अतीत वर्तमान की चेतना बन गया।"[4] क्योंकि "यहाँ सामाजिक परिस्थितियाँ घटनाओं के द्वारा सतही ढंग से वर्णित न थीं, बल्कि सजीव सामाजिक शक्तियों के क्रियाकलापों के माध्यम से अभिव्यक्त की गईं।"[5] इस कारण आचार्य शुक्ल के इतिहास से अलग 'हिन्दी साहित्य की भूमिका' में "समाज और साहित्यकार में कारण-कार्य सम्बन्ध स्थापित करने में चूक नहीं हुई।"[6]

द्विवेदी जी ने नूतन 'सामाजिक दृष्टिकोण' से "हिन्दी साहित्य को संस्कृत और अपभ्रंश के ह्रासशील रूढ़ साहित्य के गर्भ से उत्पन्न लोकशक्ति की नवीन आकांक्षा"[7] कहा था। परिणामत: "जो लोग केवल ऊपरी राजनीतिक परिवर्तनों के प्रभाव के अनुसार हिन्दी के भक्ति काव्य को निराशा से उत्पन्न कहते थे, उनके लिए यह बहुत बड़ी चुनौती थी।"[8] जाति-धर्म-लिंग-निरपेक्ष अगाध मानवता में विश्वास के कारण "सन्त और भक्ति काव्य को जाति-विरोधी तथा वर्ण-विरोधी दिखाकर द्विवेदी जी ने वस्तुत: अपने युग में प्रचलित प्राचीन सामन्ती जीवन-मूल्यों पर प्रहार किया।"[9]

आचार्य रामचन्द्र शुक्ल के समानान्तर आचार्य हजारीप्रसाद द्विवेदी की मौलिकता एवं प्रासंगिकता को पहली बार रेखांकित एवं स्थापित करने के कारण इस निबन्ध का स्थायी महत्त्व तो है ही, इसके साथ ही हिन्दी साहित्य के भावी वैचारिक द्वन्द्व को उद्दीप्त करने में इसकी ऐतिहासिक भूमिका भी है। इसका स्थायी महत्त्व यह है कि यह न केवल द्विवेदी जी की स्वीकृति एवं स्थापना के लिए नामवर सिंह का पहला प्रयास है, बल्कि इसमें व्यक्त विचारात्मक सूत्र ही द्विवेदी जी के भावी प्रशंसकों का प्रस्थान बिन्दु है। 'आलोचना' 1955 में पुन:प्रकाशित यह वही निबन्ध है जिसके कारण रामविलास शर्मा को 'शुक्ल जी पर लगे आरोपों को दूर करने के लिए आजीवन प्रयासरत रहना पड़ा।'

आचार्य शुक्ल और आचार्य द्विवेदी के सन्दर्भ में रामविलास शर्मा और नामवर सिंह की वैचारिक टकराहट के इतिहास को मैंने 'आचार्य रामचन्द्र और हिन्दी आलोचना के विकास (विस्तार के लिए नामवर सिंह की पुस्तक 'हिन्दी समीक्षा

और आचार्य शुक्ल' की भूमिका देखें) निबन्ध में दिखाने की कोशिश की है, अतः यहाँ उस इतिहास को दुहराने की जरूरत नहीं है। यहाँ इतना कहना पर्याप्त है कि नामवर सिंह के इस निबन्ध से हिन्दी में आचार्य रामचन्द्र शुक्ल और आचार्य हजारीप्रसाद द्विवेदी के मध्य श्रेष्ठता का असमाप्त विमर्श और विवाद शुरू हुआ।

जहाँ शुक्ल जी के समर्थकों ने (निःसन्देह रूप से रामविलास शर्मा इनके ध्वजवाहक थे) व्यक्तिगत पूर्वग्रहों के कारण आचार्य द्विवेदी की मौलिकता और प्रासंगिकता की न केवल उपेक्षा की बल्कि द्विवेदी जी पर व्यक्तिगत आरोप भी लगाते रहे। इस स्थिति में नामवर सिंह ने आचार्य शुक्ल के महत्त्व को अनवरत रूप से रेखांकित करने के साथ-साथ आचार्य हजारीप्रसाद द्विवेदी की आचार्य शुक्ल से भिन्नता और मौलिकता को उद्घाटित करना भी अनिवार्य समझा।

भक्ति काव्य के विकास की आचार्य द्विवेदी की लोकवादी दृष्टि को रेखांकित करने के बाद 1961 में प्रासंगिकता की खोज में नामवर सिंह ने पुनः आचार्य शुक्ल और आचार्य द्विवेदी के इतिहास की तुलना करते हुए जोर दिया कि "शुक्ल जी के साथ उसे मिलाकर किसी ने यह देखने की कोशिश नहीं की कि दोनों इतिहासों में जो एक पीढ़ी का अन्तर है, उसके कारण परम्परा के निरूपण एवं मूल्यांकन में कहाँ-कहाँ अन्तर आ गया है!"[10]

आचार्य शुक्ल और द्विवेदी जी के निष्कर्षों के मध्य के स्पष्ट अन्तरों को जान-बूझकर ओझल करने पर नामवर सिंह थोड़ा खीझ के स्वर में कहते हैं कि "क्या यह आकस्मिक है कि शुक्ल जी ने जहाँ तुलसीदास को अपना मानदंड बनाया, द्विवेदी जी ने कबीरदास को? यही नहीं, बल्कि उन्होंने तुलसीदास को भी कबीर के रंग में रँग दिया? और नहीं तो शुक्ल जी और द्विवेदी जी के तुलसीदास सम्बन्धी विचारों की तुलना से ही स्पष्ट हो जाएगा कि दोनों इतिहासकारों के ऐतिहासिक बोध में कितना और क्या अन्तर है!"[11]

आचार्य शुक्ल और द्विवेदी जी की व्यावहारिक समीक्षा और आलोचना दृष्टि का "यह अन्तर सूरदास की समीक्षा में भी देखा जा सकता है या फिर मतिराम, बिहारी, देव, पद्माकर, घनानन्द आदि तथाकथित रीतिकालीन कवियों की तुलनात्मक समीक्षा में।"[12] केवल भक्तिकाल और रीतिकाल ही नहीं, वरन् आधुनिक युग के मूल्यांकन में भी दोनों आचार्यों के बीच स्पष्ट अन्तर दृष्टिगोचर होता है, हिन्दी परम्परा की "अक्खड़ता, फक्कड़ता, सहजता, मस्ती आदि के आधार पर साहित्यिक परम्परा बाँधने की द्विवेदी जी के इतिहास तथा उनकी पीढ़ी के दिनकर, नवीन, भवगतीचरण वर्मा आदि 'जवानी' के कवियों में कोई बिम्ब-प्रतिबिम्ब सम्बन्ध नहीं है?"[13]

यह कहने की जरूरत नहीं है कि 1952 और 1961 में द्विवेदी जी के सन्दर्भ

में नामवर सिंह के व्यक्त ये विचार द्विवेदी जी के भावी प्रशंसकों और विरोधियों के आरम्भ बिन्दु रहे हैं। द्विवेदी जी के भावी प्रशंसकों ने जहाँ नामवर सिंह के इन्हीं सूत्र-संकेतों को विस्तारित किया है, वहीं द्विवेदी जी के विरोधियों ने—विशेषकर रामविलास शर्मा और उनके अनुयायियों ने—नामवर सिंह के इन विचारों के विरोध को व्यक्तिगत हार-जीत का प्रश्न बना दिया—आजीवन! रामविलास शर्मा द्वारा आचार्य द्विवेदी और नामवर सिंह के व्यक्तिगत विरोध की शुरुआत 1955 में 'आचार्य रामचन्द्र शुक्ल और हिन्दी नवजागरण' पुस्तक से हुई और यह व्यक्तिगत विरोध उनका आजीवन साध्य प्रतीत होता रहा।

रामविलास शर्मा 1948 में प्रकाशित अपनी पुस्तक 'निराला' में स्वयं शुक्ल जी को सामन्तवादी और वर्णाश्रम मूल्यों से चालित प्रगति विरोधी और अप्रासंगिक आलोचक ठहरा चुके थे, पर 1955 में अचानक उनको अहसास होता है कि जिस तरह 'वेद' एकमात्र और सम्पूर्ण ज्ञान हैं, उसी तरह आचार्य शुक्ल से भिन्न किसी दूसरी प्रगतिशीलता का न तो अस्तित्व है, न ही सम्भावना! रामविलास शर्मा के अनुसार द्विवेदी जी में यदि कुछ मौलिक है तो वह है—उनकी कथा वाचन वाली शैली। रामविलास शर्मा का द्विवेदी जी के सन्दर्भ में यह निष्कर्ष जहाँ आलोचना और व्यक्तिगत पूर्वग्रह के अतिरिक्त मिश्रण से उत्पन्न अतार्किक अन्ध-बिन्दुत्व के खतरे से हमें आगाह करता है, वहीं यह निष्कर्ष स्वयं रामविलास शर्मा के परम्परा मूल्यांकन का शोक-गीत प्रतीत होता है!

रामविलास शर्मा और नामवर सिंह के प्रारम्भिक विचार इतिहासकार और आलोचक आचार्य हजारीप्रसाद द्विवेदी पर केन्द्रित रहे हैं—रचनाकार आचार्य हजारीप्रसाद द्विवेदी पर नहीं। मेरी जानकारी में आचार्य हजारीप्रसाद द्विवेदी पर समग्रता से विचार करनेवाली पहली पुस्तक है—'शान्तिनिकेतन से शिवालिक'! आचार्य हजारीप्रसाद द्विवेदी की शब्द-साधना और जीवन-यात्रा के प्रति शिवप्रसाद सिंह की श्रद्धा की सारस्वत प्रस्तुति है—'शान्तिनिकेतन से शिवालिक'। 1967 में द्विवेदी जी की षष्टिपूर्ति के अवसर पर प्रस्तुत इस सम्पादित पुस्तक के आवरण में ही कहा गया है कि यह "आचार्य हजारीप्रसाद के विराट व्यक्तित्व और कालजयी कृतित्व का सम्यक् मूल्यांकन प्रस्तुत करनेवाले श्रेष्ठ निबन्धों का संग्रहणीय संकलन है।"[14]

सम्पादक शिवप्रसाद सिंह ने द्विवेदी जी के व्यक्तित्व और साहित्य में उल्लासित अदम्य जिजीविषा, जीवन्तता और मानवता के प्रति अटूट आस्था को श्रद्धा से रेखांकित करते हुए कहा है कि "द्विवेदी जी के इस व्यक्तित्व का विकास काशी के शास्त्रीय आर्ष वातावरण में हुआ और इसका पूर्ण पल्लवन उस बंगाल में जो आधुनिक भारतीय पुनर्जागरण की जन्मभूमि रहा।"[15] शिवप्रसाद सिंह ने द्विवेदी जी के साहित्य की व्यक्त विशेषताओं को तो सही दिखाया है, पर आचार्य के साहित्य

में व्यक्त जिजीविषा और जीवन्तता के वास्तविक स्रोतों को वे नहीं पहचान पाए हैं। आचार्य द्विवेदी की जिजीविषा, आस्था और जीवन्तता का वास्तविक स्रोत न तो काशी का आर्ष वातावरण था और न केवल शान्तिनिकेतन का रोमानी वैश्विक परिवेश बल्कि इस जीवन्तता और आस्था का वास्तविक स्रोत द्विवेदी जी के गृह जनपद बलिया के लोकजीवन में निहित था। आचार्य द्विवेदी की 'कला की अकल्पनीय ऊँचाई' को लोकजीवन की गहराई से विच्छिन्न करके नहीं मापा जा सकता है। बावजूद इसके शिवप्रसाद सिंह ने द्विवेदी जी के कथा साहित्य और उनकी भक्ति चेतना के बीच के अन्त:सम्बन्ध को महसूस करते हुए महत्त्वपूर्ण सत्य की ओर संकेत करते हुए कहा है कि "भक्ति चेतना को रचनात्मक धरातल पर उपस्थित करने के प्रयत्न ने हिन्दी को भट्टिनी, सुचरिता, महामाया, चन्द्रलेखा और नाटीमाता जैसे चरित्र प्रदान किए।"[16]

'शान्तिनिकेतन से शिवालिक' में इतिहासकार के साथ उपन्यासकार और निबन्धकार आचार्य हजारीप्रसाद द्विवेदी का भी मूल्यांकन किया गया है। ठाकुर प्रसाद सिंह, प्रभाकर माचवे, देवराज उपाध्याय, नलिन विलोचन शर्मा और भगवतशरण उपाध्याय ने 'बाणभट्ट की आत्मकथा' का मूल्यांकन सहृदयता से किया है। दुखद आश्चर्य होता है कि इन सभी विद्वानों ने 'बाणभट्ट की आत्मकथा' को सिर्फ ऐतिहासिक उपन्यास की कसौटी पर विश्लेषित किया है। हम 'बाणभट्ट की आत्मकथा' के अभिनव प्रयोगों और उपलब्धियों पर यथास्थान चर्चा करेंगे। यहाँ केवल इन विद्वानों के निष्कर्षों का संक्षिप्त उल्लेख करेंगे।

ठाकुर प्रसाद सिंह ने 'बाणभट्ट की आत्मकथा' और 'चारुचन्द्रलेख' को मध्यकालीन इतिहास के ढाँचे में सीमित करते हुए कहा है कि "सच पूछिए तो इन दोनों ग्रन्थों में नायक यदि कोई है तो वह इतिहास का वह विशिष्ट 'काल' ही है।"[17] नलिन विलोचन शर्मा ने अपनी चर्चित टिप्पणी में कहा है कि "बाणभट्ट की आत्मकथा साहित्यिक परकाय प्रवेश का उत्कृष्ट उदाहरण है—द्विवेदी जी को बाणभट्ट बन जाने में पूरी सफलता मिली है।...कोई आश्चर्य नहीं कि द्विवेदी जी की लिखी बाणभट्ट की जीवनी बाणभट्ट की आत्मकथा ही बन गई है।"[18] अर्थात् 'बाणभट्ट की आत्मकथा' ऐतिहासिक बाणभट्ट की जीवनी है। प्रसिद्ध इतिहासकार भगवतशरण उपाध्याय ने अपने शोध में पाया है कि "आत्मकथा की घटनाएँ ऐतिहासिक नहीं हैं, परन्तु उनकी पृष्ठभूमि सर्वथा ऐतिहासिक है, उसका सामाजिक तथ्य दर्पण की भाँति सातवीं सदी के भारतीय समाज को प्रतिबिम्बित करता है।"[19] और "मुझे सन्तोष है कि अनवरत रन्ध्रान्वेषण के बाद भी मैं श्री द्विवेदी जी के इतिहास निरूपण में कहीं कोई छिद्र न पा सका।"[20]

नि:सन्देह रूप से 'शान्तिनिकेतन से शिवालिक' पुस्तक में आचार्य हजारीप्रसाद द्विवेदी की समग्र साहित्य साधना का पहली बार मूल्यांकन किया गया है, पर

अनेक खंडों में विभाजित, लेखकों की दृष्टि भिन्नता के कारण द्विवेदी जी की कोई समग्र छवि उभरकर नहीं आती है। सामूहिक प्रयास के बावजूद इस पुस्तक के लेखक रचनाकार द्विवेदी जी के अभिनव प्रयोगों और कलात्मक अवदान को उद्घाटित नहीं कर सके। कुल मिलाकर यह पुस्तक केवल इस तथ्य की पुनरावृत्ति कर सकी कि द्विवेदी जी एक सफल ऐतिहासिक उपन्यासकार एवं सर्वश्रेष्ठ ललित निबन्धकार हैं। यहाँ लेखकों ने द्विवेजी जी की इतिहास-दृष्टि की मौलिकता एवं लोकवादी दृष्टि की व्याख्या नामवर सिंह के सूत्रों के आधार पर करने की कोशिश की है। कुल मिलाकर कहा जा सकता है कि आचार्य द्विवेदी के अध्ययन में इस पुस्तक का ऐतिहासिक महत्त्व अधिक है और प्रासंगिक महत्त्व अपेक्षाकृत कम है।

'शान्तिनिकेतन से शिवालिक' के पश्चात् आचार्य द्विवेदी की स्मृति और साहित्यिक योगदान की समीक्षा में 'आलोचना' पत्रिका के 1979 के हजारीप्रसाद द्विवेदी स्मृति अंक का अविस्मरणीय महत्त्व है। जैसा कि सम्पादकीय में नामवर सिंह ने कहा है कि "परम्परा और इतिहास-बोध आचार्यश्री की समूची साधना का केन्द्र बिन्दु रहा—इस बात को ध्यान में रखकर प्रस्तुत अंक का नियोजन किया गया है।"[21] इस कारण इस अंक में आचार्य द्विवेदी के रचनात्मक पक्ष को कम और चिन्तन पक्ष को ज्यादा प्रमुखता मिलती प्रतीत होती हैं। बावजूद इसके आलोचना के इस 'स्मृति अंक' का स्थायी महत्त्व है, केवल इस कारण नहीं कि इस अंक में शीर्ष विद्वानों ने विद्वत्तापूर्ण मौलिक निबन्ध लिखा है। इस अंक की प्रासंगिकता का मूल कारण यह है कि इस स्मृति अंक में निर्मल वर्मा और नामवर सिंह के निबन्ध हैं। इन दोनों निबन्धों का महत्त्व यह है कि हिन्दी पाठकों के मानस में आचार्य द्विवेदी की मिथकीय छवि के निर्माण में इन दोनों निबन्धों की बड़ी भूमिका रही है। आचार्य द्विवेदी के सन्दर्भ में निर्मल वर्मा और नामवर सिंह के विचारों का महत्त्व केवल आचार्य द्विवेदी के मूल्यांकन तक सीमित नहीं है बल्कि इस बड़े विमर्श की विस्तृत परिधि में परम्परा, संस्कृति, भारतीयता तथा उपन्यास और राष्ट्र के सम्बन्ध भी सम्मिलित हैं।

निर्मल वर्मा ने आचार्य हजारीप्रसाद द्विवेदी की पुण्य-स्मृति में 'परम्परा और इतिहास-बोध' शीर्षक से आलोचना के उस अंक में महत्त्वपूर्ण एवं विचारणीय निबन्ध लिखा था, जिसका पुन:प्रकाशन 'पत्थर और बहता पानी' में भी हुआ है। आचार्य द्विवेदी के प्रति हिन्दी पाठकों की दृष्टि को स्थायी रूप से प्रभावित करनेवाला नामवर सिंह के निबन्ध 'दूसरी परम्परा की खोज' (आलोचना में प्रकाशित यह निबन्ध नामवर सिंह की पुस्तक 'दूसरी परम्परा की खोज' से भिन्न, मौलिक और पूर्व का है।) इस अंक का प्रकाश पुंज प्रतीत होता है।

निर्मल वर्मा के अनुसार, आधुनिक मानव 'इतिहास' में जीने के लिए अभिशप्त है—"इस सन्दर्भ में हर घटना पिछली घटना से नई है, जो अब हो रहा है, वह पहले

कभी नहीं हुआ।''[22] आधुनिक मनुष्य अपनी प्रकृति, मिथकों, परम्परा और स्मृति की परतों से विच्छिन्न होकर ''इतिहास से त्रस्त है''।[23] और यही आधुनिक मानव का सबसे बड़ा संकट है। इस संकट के केन्द्र ''यूरोप में वैयक्तिक चेतना और धार्मिक विश्वासों के बीच एक चौड़ी खाई खुलती गई, अपनी चेतना में मनुष्य अकेला और निस्सहाय पड़ता गया, जबकि दूसरी तरफ धर्म जीवनधारा से कटकर केवल चर्च की एकाधिकार 'सम्पत्ति' बनकर रह गया, जिसके सामने व्यक्ति घुटने टेककर अपनी पीड़ा से छुटकारा तो पा सकता था, किन्तु इस धरती पर सम्पूर्ण जीवन की उपलब्धि नहीं।''[24] इन ''स्थितियों में ही मनुष्य के भीतर एक भयावह अकेलापन, अनाथ हो जाने की कातरता उत्पन्न हो जाती है। वास्तव में जब हम किसी समग्र इकाई से टूटते हैं (चाहे वह बच्चे का माँ के गर्भ से अलग होना ही क्यों न हो) तो यह अनाथ भाव अनिवार्य रूप से हमें आक्रान्त करता है।''[25]

निर्मल वर्मा के अनुसार, आधुनिक यूरोपीय मानव के संकट का मूल कारण उसका प्रकृति, मिथक एवं परम्परा से अलगाव है। यूरोपीय मानस से भिन्न प्राचीन भारतीय मनीषी ''समय को विकास के रूप में नहीं, 'चक्र' के रूप में देखते थे, जहाँ हर घटना गुजरी हुई घटना की याद दिलाती है—स्मृति जिसकी परतें जमती हुई परम्परा को जन्म देती हैं। पहले 'परम्परा' मनुष्य के भीतर थी, जो उसकी जीवन-मर्यादा को अनुशासित करती थी, अब इतिहास मनुष्य के भविष्य को निर्धारित करता है और परम्परा खोजने के लिए उसे पीछे की ओर देखना पड़ता है।''[26]

निर्मल वर्मा के अनुसार, आधुनिक यूरोपीय मनुष्य का यह संकट भारत में 'अंग्रेजों के आगमन के पूर्व' नहीं था। और ''अंग्रेजी राज ने पहली बार भारतीय बुद्धिजीवियों को आत्म-मन्थन करने को मजबूर किया था। एक चुनौती के रूप में उन्हें यह तय करना था और बहस के दौरान ये दोनों विकल्प बहुत सफाई से पेश किए गए थे कि क्या प्रगति और विकास का रास्ता यही है जो अंग्रेजी शासकों ने आदर्श के रूप में उनके सामने रखा है—पश्चिमी लोकतंत्र की संस्थाएँ, अंग्रेजी शिक्षा और आचार-व्यवहार, औद्योगिकीकरण और महाजनी सभ्यता का प्रसार—इसी रास्ते पर चलकर आधुनिक बना जा सकता था और आधुनिक बनने की सबसे बड़ी शर्त थी कि हम किसी न किसी तरह से अपने को यूरोपीय मनुष्य की 'इमेज' में ढाल सकें, एक 'ऐतिहासिक' मनुष्य बन सकें। दूसरा विकल्प इसके बिलकुल विपरीत था। ... प्रश्न न तो पश्चिम के अनुकरण करने का था, न अतीत से चिपके रहने का—अपने रास्ते को इन दो विकल्पों में बाँटना ही गलत था। मूल प्रश्न यह था कि हम किस प्रकार की अपनी संस्कृति और जीवन-पद्धति के उन स्रोतों को सचेत ढंग से संयोजित करें कि जिससे हम पश्चिम की चुनौती का सामना अपने पैरों पर और खुद अपनी शर्तों पर कर सकें।''[27]

निर्मल वर्मा के अनुसार, आधुनिक यूरोप और भारत का 'असली द्वन्द्व दो

पद्धतियों के बीच में था' और "मनुष्य का आत्म-निर्वासन विशेष रूप से आधुनिक बोध की देन है। यूरोप में आधुनिकता का आन्दोलन एक ऐसे खंडित काल-बोध से उत्पन्न हुआ था, जिसमें मनुष्य का इतिहास-बोध और परम्परा दो स्वतंत्र इकाइयों में विभाजित हो गए थे।"[28] और "मनुष्य का मिथक संसार और उसकी जीवन-प्रणाली दो मृत कटघरे में विभाजित हो गए। दोनों के बीच घाव की खरोंच अब भी मौजूद है।"[29] यह अकेला, अलगावग्रस्त और आत्म-निर्वासित आधुनिक मनुष्य का घाव है।

आधुनिक भारतीय मनुष्य की इस यातना के सन्दर्भ में "हजारीप्रसाद जी की यह सबसे महत्त्वपूर्ण देन थी—एक आधुनिक भारतीय किस दुर्गम रास्ते से अपनी खंडित चेतना का अतिक्रमण कर सकता है, अपनी जातीय स्मृति की सलवटों से उस देवता की मूर्ति निकाल सकता है, जिस पर पिछले दो सौ वर्षों से इतिहास की गर्द जमा होती गई है, जो मूर्ति भी है और आईना भी, जिसमें वह अपने से साक्षात्कार करता है। वह सही अर्थ में आधुनिक थे, क्योंकि वह अतीत की सब छलनाओं और इतिहास की मरीचिकाओं से मुक्त थे—वह सही अर्थ में हिन्दू भी थे—ऐसे ब्राह्मण जिन्होंने हिन्दुत्व की बहुविध प्रेरणाओं से मनुष्य का सत्त्व निचोड़ा था। आधुनिकता और हिन्दुत्व—इन दोनों के मेल से वह प्रामाणिक अर्थ में भारतीय बने थे।"[30]

आचार्य हजारीप्रसाद द्विवेदी जिन्होंने 'काफी दुर्गम रास्ते से' इतिहास-बोध की 'खंडित चेतना का अतिक्रमण कर' 'अपनी जातीय स्मृति की सलवटों से' अपने 'देवता की मूर्ति' निकाली है जो 'आधुनिक भी' हैं, क्योंकि वे 'अतीत की सब छलनाओं और इतिहास की मरीचिकाओं से मुक्त' हैं और इस कारण 'प्रामाणिक भारतीय' हैं, अन्ततः निर्मल वर्मा की दृष्टि में वे 'पौराणिक कथावाचक' ही प्रतीत होते हैं, जब निर्मल वर्मा 'उपन्यास और राष्ट्र' के सम्बन्ध पर विचार करते हुए यह सन्देह व्यक्त करते हैं कि "क्या यह महज संयोग था कि हजारीप्रसाद जी अपनी किस्सागोई गप्प शैली में आधुनिक जीवन पर कोई उपन्यास लिखते हुए हमेशा झिझकते रहे।"[31]

निर्मल वर्मा यह मानते हैं कि साहित्यिक विधाएँ संस्कृति की अमूर्त चेतना की रचनात्मक अभिव्यक्ति का माध्यम और लक्ष्य हैं। निर्मल वर्मा के अनुसार, संस्कृति और साहित्यिक विधाओं के ढाँचे (फॉर्म) में एक अटूट आन्तरिक सहसम्बन्ध है। उनके अनुसार, साहित्यिक विधा का ढाँचा संस्कृति विशेष की निजता और उसकी जरूरतों के हिसाब से नियोजित और संघटित होता है। यहाँ यह उल्लेखनीय है कि निर्मल वर्मा विधा और फॉर्म के बीच विभेद करते हैं। उनके अनुसार, "हम अक्सर साहित्यिक विधा और फॉर्म को आपस में उलझा देते हैं—एक रूढ़ प्रणाली है, दूसरी उसे तोड़कर अपनी धारा को खोजने की कोशिश—यदि इसमें हम भेद कर

पाते तो यूरोप की संस्कृति-सापेक्ष विधा को अपनाते समय उनके फॉर्म को ज्यों-का-त्यों अपनाना जरूरी न समझते।''[32]

निर्मल वर्मा यह अनुभव करते हैं कि भारत और यूरोप के सन्दर्भ में न केवल अनुभव की भिन्नता है, बल्कि इससे कहीं अधिक भिन्नता संस्कृति, धर्म और इतिहास के प्रति दोनों की दृष्टि में है और चूँकि उपन्यास संस्कृति और राष्ट्र से अनिवार्यत: सम्बन्धित है, अत: उपन्यास के भारतीय ढाँचे की सर्जना जरूरी है। चूँकि 'उपन्यास की समस्या हमारी समूची संस्कृति के विश्लेषण से जुड़ी है' तो नि:सन्देह रूप से यूरोप की संस्कृति को चित्रित करनेवाला औपन्यासिक ढाँचा (फॉर्म) भारतीय संस्कृति के सन्दर्भ में अनमेल हो जाता है। अपनी संस्कृति की जरूरत के अनुसार नए फॉर्म के सृजन और ''कल्पनाशीलता के आधार पर तोलस्तोय रूसी समाज के दर्पण बने थे, अपने ऐतिहासिक बौद्धिक ज्ञान के कारण नहीं।''[33]

इसी क्रम में निर्मल वर्मा आचार्य द्विवेदी की औपन्यासिक दृष्टि को आधुनिक जीवन के चित्रण के सन्दर्भ में अपर्याप्त मानते हुए कहते हैं कि ''उपन्यास का फॉर्म पुरानी कथा-विधाओं से अलग है। इसीलिए वे आलोचक, जो उपन्यास को विदेशी विधा मानकर भारतीय उपन्यास का उद्धार पुरानी आख्यायिका-लोककथाओं और किस्सों की शैली को पुनर्जीवित करने में देखते हैं, शायद समस्या का सीधा-सादा सामना नहीं करते, उपन्यास विदेशी विधा है जरूर, किन्तु भारतीय समाज के उलट-फेर में जो व्यक्ति आज आकार ग्रहण कर रहा है, क्या पुरानी कथ्यात्मक शैलियाँ उसके विकट, संघर्षमय संसार के बीहड़ अन्तर्द्वन्द्वों को अपने में समेट पाएँगी, मुझे इसमें सन्देह है।''[34] अपने सन्देह को और गहरा करते हुए उन्होंने कहा है कि ''क्या यह महज संयोग था कि हजारीप्रसाद जी अपनी किस्सागोई गप्प शैली में आधुनिक जीवन पर कोई उपन्यास लिखते हुए हमेशा झिझकते रहे?''[35] इस सन्देह के बाद निर्मल वर्मा इस निष्कर्ष पर पहुँचते हैं कि उपन्यास विधा के वर्तमान ''विदेशी बोझ से छुटकारा दुर्भाग्यवश हमेशा परम्परा में ही नहीं मिलता जब तक स्वयं परम्परागत शैलियों को आधुनिक दबाव-तले पुनर्निर्मित और परिवर्तित नहीं किया जाता। उपन्यास के भारतीयकरण की समस्या को उपन्यास से पहले की सहज, भोली और अपेक्षाकृत सरल स्थिति में लौटकर नहीं सुलझाया जा सकता।''[36]

नामवर सिंह ने निर्मल वर्मा के उपन्यास के फॉर्म की 'यूरोपीय' और 'रूसी' अवधारणा की अमूर्तता को गहराई से लक्षित करते हुए इस वस्तुगत सत्य की तरफ हमारा ध्यान आकृष्ट किया है कि ''उन्नीसवीं सदी के यूरोपीय उपन्यास का फॉर्म भी एक 'मिथ' ही है, जैसे कि यह 'मिथ' कि रूसी उपन्यासकारों ने अन्तर्वस्तु के अनुसार उस 'फॉर्म' को छोड़ा या बदला। न उन्नीसवीं सदी के सभी यूरोपीय उपन्यासों का फॉर्म एक है और न सभी रूसी उपन्यासकारों ने उस फॉर्म को छोड़ा या बदला। फ्लोबेचर और हेनरी उन्नीसवीं सदी के पर्याय नहीं हैं और रूसी

उपन्यासकारों में तोलस्तोय के अलावा तुर्गेनेव और दॉस्तोव्हस्की भी थे।''[37]

स्पष्टत: निर्मल वर्मा की परिकल्पना का तार्किक आधार ही कमजोर प्रतीत होता है, पर द्विवेदी जी के सन्दर्भ में निर्मल वर्मा के मतों से एक बात तो स्पष्ट है कि निर्मल वर्मा स्वयं यह मानते हैं कि द्विवेजी के उपन्यासों का ढाँचा आधुनिक यूरोपीय ढाँचे से भिन्न प्राचीन भारतीय कथा विधाओं से मिलता-जुलता है। अत: निर्मल वर्मा का मुख्य मुद्दा यह रह जाता है कि द्विवेदी जी के उपन्यासों की प्राचीन शैली आधुनिक जीवन के चित्रण के लिए उपयुक्त नहीं है।

इसी तरह हिन्दी में आधुनिकता के प्रस्तावों में शीर्षस्थ और 'शेखर : एक जीवनी' के रचनाकार अज्ञेय ने 'बाणभट्ट की आत्मकथा' की प्रशंसा इसलिए की है कि इसमें बीसवीं शताब्दी की प्रत्यक्ष संवेदना का अभाव है और इसे वे द्विवेदी जी की असाधारण प्रतिभा मानते हुए कहते हैं कि ''कितना आसान होता बाणभट्ट को बीसवीं शती का संवेदन दे देना, उसे वाहन बनाकर बीसवीं शती के विचार, अभिमत और मनोभाव ढोते ले चलना—कितना आसान और कितनी आसानी से प्रगतिशीलता का दावा करनेवाला। एक और विद्वान के उपन्यासों से तुलना इस बात को स्पष्ट कर देगी। राहुल सांकृत्यायन भी अपने उपन्यासों में दूसरे युगों की जानकारी देते हैं, लेकिन वहाँ विपर्यय यह होता है कि तथ्य तो सब दूसरे युग के सामाजिक बहिरंग के होते हैं, लेकिन संवेदन पर आधुनिक पूर्वग्रहों का भरपूर आरोप होता है...ऐसा नहीं कि ऐसा करना चाहने में कोई दोष है, लेकिन रचनात्मक संवेदन की यह एक बड़ी स्पष्ट सीमा तो है ही। राहुल जी विद्वान होकर भी उस सीमा को पार नहीं करते। अगर एक और उदाहरण दिया जा सके तो यशपाल अपने उपन्यास 'दिव्या' में तो और भी नीचे रह जाते हैं—शायद उनसे उस ऊँचाई तक पहुँचने की आशा भी नहीं की जा सकती थी, क्योंकि वह तो विद्वान भी नहीं थे।''[38]

निर्मल वर्मा की आलोचना और अज्ञेय की प्रशंसा समान आधार पर अवलम्बित हैं। ऊपर से भिन्न निष्कर्ष रखने के बावजूद निर्मल वर्मा और अज्ञेय में यह अद्भुत और आश्चर्यजनक समानता है कि दोनों मानते हैं कि 'बाणभट्ट की आत्मकथा' केवल 'किस्सागोई' या 'कादम्बरी' शैली में प्राचीन परिवेश का जीवन्त चित्रण मात्र है। अज्ञेय अपने निष्कर्षों की पुष्टि में द्विवेदी जी से हुए वार्तालाप का उद्धरण भी देते हैं। द्विवेदी जी ने अपने उपन्यासों के सन्दर्भ में अज्ञेय से कहा था कि ''मैं उपन्यास नहीं लिख रहा हूँ, मैं चाहता हूँ कि एक दूसरे युग की और उसके समाज जीवन की जानकारी एक बड़े पाठक समाज को दूँ।''[39] और अज्ञेय मुग्ध हैं कि द्विवेदी जी के ''ये उपन्यास जिन बीते युगों की जितनी विस्तृत जानकारी और समझ हमें देते हैं उतनी कई शास्त्र और इतिहास-ग्रन्थ मिलकर भी न दे पाते।''[40] और आचार्य द्विवेदी से साक्षात्कार होते ही ''मानो विश्व-भर के सांस्कृतिक नृतत्त्व की पोथियाँ हमारे सामने खुल जाती थीं।''[41]

आचार्य द्विवेदी की अकल्पनीय सर्जनात्मकता और विशेषकर 'बाणभट्ट की आत्मकथा' की उपलब्धियों पर हम यथास्थान चर्चा करेंगे। यहाँ इतना कहना पर्याप्त है कि अज्ञेय और निर्मल की वैचारिक समानता आकस्मिक नहीं है। एकांगी और सीमित आलोचना दृष्टि से ग्रस्त इनकी आधुनिकता और भारतीयता की अवधारणा अपूर्ण और अमूर्त तो है ही, साथ ही यह यूरोपीय दृष्टि से भारतीयता की खोज प्रतीत होती है।

स्पष्ट है कि द्विवेदी जी के प्रशंसकों और व्यक्तिगत विरोधियों में से अधिकांश द्विवेदी जी को बीते युग का आचार्य ही मानते प्रतीत होते हैं। विरोधियों ने जहाँ एक साँस में उन्हें पुरातनपन्थी और इतिहास का शव साधक कहा है, वहीं निर्मल और अज्ञेय जैसे आधुनिकतावादियों द्वारा अर्पित श्रद्धा-सुमन भी द्विवेदी जी की प्रासंगिकता और समसामयिकता के प्रति नहीं, बल्कि प्राचीन के विद्वान के प्रति ही समर्पित प्रतीत होता है। इनकी दृष्टि द्विवेदी जी के 'अतीत प्रेम' पर ज्यादा है और उसमें अंकुरित मानवता की भविष्यगत सम्भावना इनकी 'तथाकथित' आधुनिक दृष्टि से ओझल ही रही है।

द्विवेदी जी के कृतित्व के सन्दर्भ में 'अतीत', 'वर्तमान' और 'भविष्य' में विभाजित आलोचकों की इस खंडित चेतना को पिघलाकर सम्पूर्ण कालजयी प्रासंगिकता में देखने का पहला 'तत्त्वाभिनिवेशी' प्रयास नामवर सिंह ने किया है। नामवर सिंह ने द्विवेदी जी की कर्म और शब्द-साधना को अतीत, वर्तमान और भविष्य में खंडित नहीं किया है, बल्कि उसको मानव की सतत 'जय-यात्रा' के रूप में ग्रहण किया है, जिसका आदि, मध्य और अन्त नहीं होता है—यह सतत सर्जनशीलता है!

नामवर सिंह ने द्विवेदी जी को सम्पूर्णता में ग्रहण करने का प्रयास किया है। नामवर सिंह ने द्विवेदी जी को आलोचक, इतिहासकार, अन्वेषक, उपन्यासकार, निबन्धकार आदि कोटियों में विभाजित नहीं किया है। इसके विपरीत, नामवर सिंह ने द्विवेदी जी के जीवन और साहित्य को संश्लिष्ट समग्र भाव से ग्रहण किया है। नामवर सिंह एक तरफ द्विवेदी जी के जीवन से उनके साहित्य का अर्थ ग्रहण करते हैं तो दूसरी तरफ उनके साहित्य के भाव से उनके जीवन सार को समझने की कोशिश करते हैं और यह पूरी प्रक्रिया 'सम्पूर्ण मनुष्य' और उसकी रचनाशीलता की खोज प्रतीत होती है!

नामवर सिंह द्वारा आचार्य द्विवेदी की समालोचना निःसन्देह साहित्य समीक्षा की एक महान और अविस्मरणीय उपलब्धि है, पर उससे भी कहीं ज्यादा यह एक उज्ज्वल संस्कृति की प्रस्तावना और खोज प्रतीत होती है। आचार्य हजारीप्रसाद द्विवेदी पर नामवर सिंह के अखंडित विमर्श को दो भागों में बाँटा जा सकता है। पहले भाग को साहित्य केन्द्रित कहा जा सकता है, जिसमें नामवर सिंह वस्तुनिष्ठ दृष्टि से आलोचक, इतिहासकार, अन्वेषक, उपन्यासकार और निबन्धकार आचार्य

हजारीप्रसाद द्विवेदी की नूतन विशिष्टताओं को प्रकाश रेखा से आलोकित करते हैं। दूसरा स्तर अपेक्षाकृत आत्मपरक है जहाँ वे द्विवेदी जी के जीवन, भारतीय संस्कृति और दूसरी परम्परा की खोज करते हैं। और आश्चर्यजनक रूप से इन्हीं आत्मपरक स्थलों पर नामवर सिंह के विचार अग्नि स्फुलिंगों की तरह चमकते प्रतीत होते हैं।

नामवर सिंह ने द्विवेदी जी के प्रशंसकों और विरोधियों की यह मान्यता कि द्विवेदी जी मूलत: अतीतजीवी आचार्य हैं, को ध्वस्त करते हुए यह निर्णायक घोषणा की कि द्विवेदी जी की साधना "अपने युग की मानसिकता की उपज है इसीलिए वह अतीत से अधिक इस युग विशेष के भावबोध की द्योतक है।"[42] क्योंकि "इतिहास उनके लिए शव था और तनिक भी सन्देह नहीं कि इस 'शव-साधना' में उनकी दृष्टि के सम्मुख मनुष्य का भविष्य था।"[43] और द्विवेदी जी ने मनुष्य के भविष्य की जो उज्ज्वल आशावान परिकल्पना प्रस्तुत की है, उसकी निर्मिति में "शान्तिनिकेतन से उन्हें एक अखिल भारतीय व्यापक दृष्टि मिली थी—अखिल भारतीय भी और विश्व-व्यापक भी।...इसके अतिरिक्त एक आधुनिक वैज्ञानिक दृष्टि भी शान्तिनिकेतन की देन मानी जा सकती है।"[44]

पर मानवता के भविष्य के प्रति अगाध आस्था और जीवन के प्रति आशापूर्ण जिजीविषा के साथ द्विवेदी जी के जीवन और साहित्य का क्रान्तिकारी स्रोत स्वयं उनके अपने "जनपद बलिया का लोकजीवन है। असल पूँजी यही है, शान्तिनिकेतन ने उसे सिर्फ संस्कार दिया।"[45] अपने जनपद के लोक-जीवन से गहरी सम्पृक्ति और शान्तिनिकेतन की वैश्विक, वैज्ञानिक, प्रगतिशील और मानवतावादी दृष्टि उन्हें इतिहास की संचालक शक्ति 'जनता' में विश्वास का भाव जगाती है। और यह "कहने की आवश्यकता नहीं कि द्विवेदी जी की दृष्टि में सुन्दर का दावेदार जनता है, क्योंकि वह उत्पादक है और उत्पादन के लिए श्रम करती है। द्विवेजी जी जिसे क्रियाशीलता कहते हैं, उसमें श्रम और संघर्ष दोनों सन्निविष्ट हैं। सुन्दर के लिए क्रियाशील होने का अर्थ है—सुन्दर के सृजन के लिए श्रम करना और संघर्ष करना।"[46] आचार्य द्विवेदी की साहित्य साधना के करुणा केन्द्र में रईस, सामन्त, राजे-महाराजे या पूँजीपति नहीं हैं, बल्कि द्विवेदी जी की दृढ़ आस्था है कि "इतिहास की मूल संचालक शक्ति जनता है—जनता यानी सामूहिक, संगठित, सचेत जन : इतिहास को बदलनेवाला भी, इतिहास को जारी रखनेवाला भी, इतिहास को सिरजनेवाला भी और इतिहास को भोगनेवाला भी! आचार्य द्विवेदी का इतिहास विधाता यही है।"[47]

यह महज संयोग नहीं है कि आचार्य द्विवेदी के उपन्यासों में समाज द्वारा शोषित चरित्र ही सबसे ज्यादा ऊर्जावान, प्राणवान और क्रियाशील प्रतीत होते हैं। निम्न जातियों के प्रति द्विवेदी जी में कोरी या आरोपित बौद्धिक सहानुभूति नहीं है,

बल्कि उनके प्रति अगाध करुणा और संवेदनशीलता ही द्विवेदी जी की वैचारिक क्रान्तिकारिता को निर्देशित करती प्रतीत होती हैं। तभी वह अपने समय के अग्रदूत की तरह यह क्रान्तिकारी मत व्यक्त करते हैं कि "जाति-प्रथा से विद्रोह करने के लिए अनेक धार्मिक आन्दोलन हुए हैं, परन्तु उन्होंने समस्या को दूर करने में सफलता नहीं पाई। ...इस देश में बहुत से साधुमना व्यक्ति हैं, जो समझते हैं कि वेद पढ़ा देने या जनेऊ पहना देने से इन जातियों का 'उद्धार' जो जाएगा। बहुत से लोग इनका छुआ अन्न ग्रहण कर लेने के कारण अपने को बड़ा सुधारक समझते हैं। यह मनोवृत्ति उचित नहीं है। जन-जागृति जिस दिन सचमुच होगी, उस दिन ऊँची मर्यादा वाले इनका 'उद्धार' नहीं करेंगे, ये स्वयं अपनी मर्यादा उच्च बनाएँगे।... निस्सन्देह, यह जागृति धर्म और समाज-सुधार का सहारा न लेगी। वह आर्थिक और राजनीतिक शक्तियों पर कब्जा करेगी।"[48]

समकालीन दलित और स्त्री विमर्श को जिस सत्य तक पहुँचने में दशकों लगे हैं, उस क्रान्तिकारी सत्य का साक्षात्कार द्विवेदी जी ने बहुत पहले कर लिया था। 1942 में प्रकाशित अपनी 'कबीर' पुस्तक में उन्होंने इसी सामाजिक सत्य को सार रूप में व्यक्त करते हुए कहा था कि "जातिगत, कुलगत, धर्मगत, संस्कारगत विश्वासगत, शास्त्रगत, सम्प्रदायगत बहुतेरी विशेषताओं के जाल को छिन्न करके ही वह आसन तैयार किया जा सकता है, जहाँ एक मनुष्य दूसरे से मनुष्य की हैसियत से ही मिले।"[49] यह कहने की आवश्यकता नहीं है कि निम्न जातियों के प्रति गहरी आन्तरिक करुणा और सम्मान की प्रबल धारा ने ही उन्हें 'कबीर' की तरफ आकृष्ट किया था, न कि 'कबीर' की मीमांसा ने उन्हें निम्न जातियों के प्रति संवेदनशील बनाया था। 'कबीर' द्विवेदी जी के माध्यम हैं, साध्य है—निम्न जाति के मानवीय अधिकारों की प्रतिष्ठा।

नामवर सिंह ने सही लक्षित किया है कि "कबीर के माध्यम से जाति-धर्म-निरपेक्ष मानव की प्रतिष्ठा का श्रेय तो द्विवेदी जी को ही है।"[50] निम्न जातियों के प्रति आचार्य द्विवेदी की करुणा, पक्षधरता और सम्मान का प्रमाण यह है कि न केवल आलोचनात्मक लेखन में बल्कि उनके सर्जनात्मक लेखन के सर्वाधिक अनुभूतिप्रवण और संवेदनशील अंश निम्न जातियों और स्त्रियों से ही सम्बन्धित हैं। निम्न जातियों और स्त्रियों के प्रति सम्मान और पक्षधरता द्विवेदी जी के यहाँ सहज भाव से आया है, इसीलिए यह नैसर्गिक और अनुभूतिप्रवण प्रतीत होता है। यह लेखक के जीवन, अनुभव और विश्वास का अकृत्रिम और स्वाभाविक आत्मकथात्मक प्रकटीकरण लगता है। द्विवेदी जी ने स्त्री और निम्न जातियों के सत्य को अपने जीवन-प्रवाह के क्रम में पाया है। इस कारण इसमें वास्तविक जीवन का स्पन्दन है, यह समकालीन स्त्री और दलित विमर्श की भाँति 'रीतिवादी' नहीं है।

आचार्य हजारीप्रसाद द्विवेदी और आचार्य रामचन्द्र शुक्ल में निम्न जातियों और

उनकी रचनाशीलता के प्रति स्पष्ट लक्षित होनेवाली वैचारिक और संवेदनात्मक विभिन्नता है। विचारों के प्रति खुलेपन के बावजूद आचार्य शुक्ल निम्न जाति से सम्बन्धित रचनाकारों और साहित्यिक प्रवृत्तियों को प्रोत्साहन देते प्रतीत नहीं होते। आचार्य शुक्ल के विपरीत आचार्य द्विवेदी में निम्न जाति के रचनाकारों के प्रति एक उत्साहमय स्वागत और स्वीकृति का भाव है। निम्न जातियों से सम्बन्धित रचनाकारों और साहित्यिक प्रवृत्तियों के प्रति आचार्य द्विवेदी के इस स्वीकार और आशापूर्ण भाव के सांस्कृतिक सन्दर्भ को स्पष्ट करते हुए नामवर सिंह ने एक छुपे सत्य की ओर संकेत करते हुए कहा है कि ''सिद्धों, योगियों और निर्गुणिया सन्तों की रचनाओं को शुक्ल जी ने जिस आधार पर असाहित्यिक माना है, उसे ध्यान से देखा जाए तो साहित्यिक कसौटी का आभास देते हुए भी वह केवल साहित्यिक नहीं है।''[51] साहित्य संस्कृति दृष्टि की भी अभिव्यक्ति है, और शुक्ल जी की दृष्टि में, ''स्पष्ट है कि साहित्यिकता का प्रश्न अन्तत: सुसंस्कृति से जुड़ा हुआ है। जो सुसंस्कृत माना जाता है, उसकी गाली भी साहित्यिक है, लेकिन जो असंस्कृत है, उसका तेज-तर्रार वचन 'असाहित्यिक' है।''[52]

विशुद्ध प्रतीत होनेवाली साहित्य दृष्टि, उसकी अभिरुचियाँ, उसकी स्वीकृतियाँ तथा अस्वीकृतियाँ अन्तत: सांस्कृतिक प्रभुत्व के लक्ष्य से ही चालित होती हैं और ''यह कहने की आवश्यकता नहीं कि साहित्य की परिभाषा करने का अधिकार समाज के उस समुदाय के हाथ होता है, जिसका प्रभुत्व होता है—साहित्य पर, संस्कृति पर, धर्म पर, राजनीतिक सत्ता पर और अर्थव्यवस्था पर। प्रतिरक्षा में रहनेवाले अपनी समझ से चाहे जितनी साहित्य की परिभाषा करें, संस्कृत बुद्धि उसे स्वीकार नहीं करती।''[53]

नि:सन्देह रूप से आचार्य द्विवेदी ने शास्त्र, सत्ता और सांस्कृतिक प्रभुत्व से पीड़ितों के लिए एक नया सांस्कृतिक एवं साहित्यिक विकल्प प्रस्तुत किया है। सदियों से अपरिवर्तनीय और शाश्वत मान लिये गए आभिजात्य सांस्कृतिक और साहित्यिक प्रतिमानों के समानान्तर द्विवेदी जी ने लोकवादी और मानवतावादी दृष्टि को विकल्प के तौर पर प्रस्तुत किया, जिसमें निम्न जातियों और स्त्रियों के पक्ष में परिवर्तनकामी आकांक्षा व्यक्त हुई है। शोषितों के प्रति पक्षधरता और मानवता के भविष्य के प्रति आशावान होने के कारण ही ''शाश्वतवाद के विरुद्ध परिवर्तनवाद में आचार्य द्विवेदी की अटूट आस्था है।''[54]

19वीं और 20वीं शती के अधिकांश बुद्धिजीवी भारतीय संस्कृति की खोज और समीक्षा करते प्रतीत होते हैं। इन दोनों शताब्दियों में भारतीय संस्कृति के सन्दर्भ में दो ध्रुवों में विभक्त बौद्धिक विमर्शों और आचरणगत प्रणालियों की एकांगिता पर टिप्पणी करते हुए नामवर सिंह ने महसूस किया है कि उस दौर में और आज भी ''यदि एक ओर पश्चिम की प्रतिक्रिया में भारतीय अतीत में शरण लेनेवाले पंडित

हैं तो दूसरी ओर भारत के अतीत से विच्छिन्न पश्चिमी विचारों के सम्मुख आत्मसमर्पण करनेवाले आधुनिक बुद्धिजीवी।''[55]

इन दोनों से अलग आचार्य द्विवेदी की लोकवादी और वैज्ञानिक समझ जानती है कि परिवर्तन सृष्टि और जीवन का दुर्निवार सत्य है और परिवर्तन के नेपथ्य में भावी विकास सक्रिय रहता है। मानवता के भविष्य के प्रति इस अगाध विश्वास और आशा के कारण द्विवेदी जी पुनरुत्थान की कामना नहीं करते हैं, साथ ही मानवता के भविष्य को अतीत से विच्छिन्न न मानने के कारण वे अतीत और परम्परा से कटकर आत्म-निर्वासित होने की पीड़ा से भी मुक्त प्रतीत होते हैं। द्विवेदी जी के इस प्राणवान भारतीय व्यक्तित्व की मौलिकता एवं असाधारणता को विशेष उपलब्धि मानते हुए नामवर सिंह ने लक्षित किया है कि ''ऐसा लगता है कि आचार्य द्विवेदी के लक्ष्यीभूत श्रोता दोनों ही हैं। यदि वे एक को अपनी संस्कृति की विविधता की याद दिलाकर कठमुल्लापन से बचने का अनुरोध करते हैं तो दूसरे को अपनी संस्कृति की सम्पन्नता की ओर आकृष्ट कर आत्म-निर्वासन से मुक्त होने का दिशा संकेत देते हैं।''[56] भावी मानवता की प्रगति के प्रति द्विवेदी जी इतने आस्थावान और आश्वस्त हैं कि ''न वे अतीत के किसी स्वर्ण-युग का सपना दिखाते हैं, न हजारों साल के चिन्तन का पका-पकाया कोई सत् या अर्क पेश करते हैं।''[57]

आचार्य द्विवेदी ने भारतीय संस्कृति की खोज मानवतावादी दृष्टि से की है और इस दृष्टि के केन्द्र में स्त्रियाँ और निम्न जातियाँ हैं। इन शोषित समूहों के प्रतिकूल और प्रतिपक्ष के सांस्कृतिक मूल्य ''जो मृत और त्याज्य है, उसे उन्होंने रूढ़ि की संज्ञा दी और जिसे उन्होंने जीवन्त और ग्राह्य समझा, उसे परम्परा कहा।''[58] और यह अलग से ''कहने की आवश्यकता नहीं है कि यह धारणा आज भी प्रगतिशील चिन्तन का सर्वस्वीकृत अंग है।''[59] और निःसन्देह रूप से द्विवेदी जी की प्रगतिशील और मानवतावादी दृष्टि की यह असाधारण प्रासंगिकता है, क्योंकि 'परम्परा से रूढ़ि को अलगाना' क्या आसान है? पर द्विवेदी जी ने इस दु:साध्य कार्य को किया है, क्योंकि उनका आधारभूत संकल्प ही है कि ''अतीत की सार्थकता भविष्य-निर्माण के उपयोग में आने में है।''[60] इसी कारण द्विवेदी जी द्वारा की गई 'इतिहास की शव-साधना' भावी मानवता के मंगल के निमित्त मानवीय-यज्ञ प्रतीत होता है।

आचार्य हजारीप्रसाद द्विवेदी की सांस्कृतिक-सामाजिक और साहित्यिक दृष्टि की समसामयिकता, प्रगतिशीलता और भविष्योन्मुखता को लक्षित करने के साथ नामवर सिंह ने आचार्य द्विवेदी की सर्जनशीलता में निहित विद्वत्ता, मौलिकता और अभिनव प्रयोगों को भी प्रत्यक्ष किया है। रामविलास शर्मा ने अमर्यादित व्यंग्य के साथ कहा था कि ''द्विवेदी जी के समस्त आलोचना साहित्य में उनका मौलिक लेखन कितना है, इसका पता लगाना आसान नहीं है।''[61] केवल ''कथावाचकों वाली वक्तृत्वकला उनकी अपनी है।''[62] नामवर सिंह ने द्विवेदी जी के सन्दर्भ में

रामविलास शर्मा और दूसरे आलोचकों की पूर्वग्रहग्रस्त आलोचना के अन्धत्व को महसूस करते हुए, समीक्षक द्विवेदी जी की एकल, अपूर्व और मौलिक उपलब्धि का साक्षात्कार करते हुए कहा है कि "हिन्दी का शायद ही कोई ऐसा समालोचक हो, जिसने आचार्य द्विवेदी के समान साहित्य को समस्त कलाओं के व्यापक परिप्रेक्ष्य में रखकर देखने का प्रयास किया हो। इस व्यापक कला-दृष्टि ने द्विवेदी जी की साहित्य-समीक्षा में सौन्दर्य-विश्लेषण का एक नया आयाम जोड़ा है, जो अन्यत्र दुर्लभ है। हिन्दी के अन्य आचार्यों का रस जहाँ केवल काव्य तक सीमित है, आचार्य द्विवेदी रस के स्वरूप का उद्‌घाटन चित्रकला, नृत्य और संगीत के सन्दर्भ में भी उतनी ही दक्षता के साथ करते हैं, जो निश्चय ही अभिनवगुप्त की परम्परा का वास्तविक विकास है।...जानकार तो और भी होंगे और शायद द्विवेदी जी से कहीं ज्यादा। महत्त्व की बात है—कला दृष्टि की समग्रता।"[63]

इससे भी बड़ी उपलब्धि यह है कि द्विवेदी जी ने कला दृष्टि की समग्रता के अपनी समीक्षा के संकल्प को रचनात्मक स्तर पर अवतरित किया है। हिन्दी आलोचना में आचार्य द्विवेदी की इस एकल उपलब्धि के महत्त्व को सामने लाते हुए नामवर सिंह ने दिखाया है कि "अपने उपन्यासों में नृत्य, चित्र, स्थापत्य, मूर्ति और संगीत आदि विविध कला-प्रसंगों के सूक्ष्म विवरण के द्वारा आचार्य द्विवेदी इस सत्य को प्रमाणित कर देते हैं कि सर्जनात्मक दृष्टि की सम्पूर्णता ही आलोचनात्मक दृष्टि की सम्पूर्णता का आधार है।"[64]

साहित्य और कला की समन्वित समग्र दृष्टि को प्रतिफलित और चरितार्थ करनेवाली आचार्य द्विवेदी की महत्त्वपूर्ण पुस्तकें, यथा—'प्राचीन भारत के कलात्मक विनोद' और 'कालिदास की लालित्य योजना' के मौलिक योगदान की तरफ पाठकों का ध्यान आकर्षित करते हुए कहते हैं कि "हिन्दी में साहित्यशास्त्र के साथ कलाशास्त्र के लगभग वीराने में हजारीप्रसाद द्विवेदी ने अपने ढंग से एक नई पहल की थी और उस दिशा में 'साहित्य का मर्म' शीर्षक विनिबन्ध के बाद 'लालित्य तत्त्व' सबसे गम्भीर प्रयास है। उनके आकस्मिक निधन के साथ 'लालित्य तत्त्व' दुर्भाग्य से अधूरा रह गया, लेकिन 'हिन्दी साहित्य की भूमिका' की तरह वह ग्रन्थ 'कलाशास्त्र' की भूमिका के रूप में सदैव स्मरणीय रहेगा।"[65]

आचार्य द्विवेदी मूलतः और स्वभावतः सर्जक प्रतीत होते हैं। उनके आलोचनात्मक ग्रन्थों के सर्वाधिक केन्द्रीय वैचारिक स्थल भी ललित निबन्धों की जैसी सर्जनात्मकता से आप्लावित प्रतीत होते हैं। आचार्य द्विवेदी की आलोचना की इस निजता को महत्त्वपूर्ण मानते हुए नामवर सिंह ने कहा है कि "आचार्य हजारीप्रसाद द्विवेदी समालोचकों की उस महान परम्परा में अन्यतम हैं, जहाँ सर्जनात्मक और आलोचनात्मक दोनों प्रकार की प्रतिभाओं का दुर्लभ मणि-कांचन योग पाया जाता है।...साहित्य चिन्तन से जहाँ उनका सृजन समृद्ध हुआ है, वहीं सर्जनात्मक अनुभव ने उनके

साहित्य चिन्तन को निरन्तर गतिशील और जीवन्त रखा।...यह सृजनशीलता ही समालोचक हजारीप्रसाद द्विवेदी की अपनी स्वकीयता, अपनी विशिष्टता है।''[66] इस अप्रतिम मौलिकता और विशिष्टता के कारण ''पंडितजी, दरअसल सामान्य साहित्य समालोचक नहीं, बल्कि वे राजशेखर के शब्दों में कला और साहित्य के 'तत्त्वाभिनिवेशी' मर्मज्ञ सहृदय थे।''[67]

आचार्य द्विवेदी की यह 'सहृदयता' उनकी सर्जनात्मक कृतियों में ज्यादा स्वाभाविक रूप से अभिव्यक्त हुई है। आलोचकों ने अभी तक द्विवेदी जी के उपन्यासों की चरित (जीवनी) और कथा (उपन्यास या ऐतिहासिक उपन्यास) की दृष्टि से समीक्षा की थी। नामवर सिंह ने द्विवेदी जी के उपन्यासों—विशेषकर 'बाणभट्ट की आत्मकथा' से प्रवाहित मूल भाव के 'लहरमान' को पहली बार पकड़ते हुए इस सत्य को उद्घाटित किया कि '' 'बाणभट्ट की आत्मकथा' में बाणभट्ट की कहानी से लोग इतने अभिभूत हो जाते हैं कि मुखौटे के रूप में प्रयुक्त दीदी की कहानी के महत्त्व की ओर ध्यान ही नहीं जाता, जबकि स्वयं दीदी की मर्मवेदना-जनित सनकीपन की कहानी सम्पूर्ण 'उपन्यास का स्वर' निर्धारित करनेवाली है और ध्यान से सुनें तो नेपथ्य में धीमे-धीमे अन्तर्ध्वनि के समान निरन्तर बजती रहती है।''[68]

नामवर सिंह ने संकेत किया है कि 'आत्मकथा' को पढ़ते हुए देखा जा सकता है कि द्विवेदी जी ने जिस भौगोलिक परिवेश का वर्णन किया है, वह ऐतिहासिक 'बाणभट्ट' से पूर्णतः सम्बद्ध नहीं है। दूसरे शब्दों में कहें तो द्विवेदी जी ने 'बाणभट्ट' को अपनी मातृभूमि के सन्दर्भ में चित्रित किया है। 'आत्मकथा' में वर्णित सरोवर, पर्व-त्योहार आदि की भौगोलिक स्थिति द्विवेदी जी की जन्मभूमि से सम्बन्धित है। सबसे महत्त्वपूर्ण संकेत यह है कि निउनिया (निपुणिका) हर्षकालीन ऐतिहासिक चरित्र नहीं है। 'आत्मकथा' में जिस तन्मयता और सहानुभति के साथ द्विवेदी जी ने निउनिया का चित्रण किया है, वह यह समझने के लिए काफी है कि निउनिया काल्पनिक पात्र न होकर द्विवेदी जी की समकालीन है। प्रतीत होता है कि यह द्विवेदी जी की 1945 तक की अधूरी और अपूर्ण आत्मकथा है। अर्थात् यह शान्तिनिकेतन के प्रवास तक के जीवन अनुभवों का काव्यात्मक चित्रण है।

'बाणभट्ट की आत्मकथा' साहित्य के सौन्दर्यशास्त्र का अभिनव मानदंड स्थापित करती है। कल्पना और यथार्थ, प्राचीनता और आधुनिकता में विभाजित रूढ़ विधागत प्रतिमानों से इस कृति का मूल्यांकन सम्भव नहीं है। 'बाणभट्ट की आत्मकथा' का साहित्य रूप काफी जटिल है। नामवर सिंह ने पहली बार इसके स्थापत्य की जटिलता को सुलझाते हुए स्पष्ट किया कि ''इस कथा में चक्र के भीतर चक्र है : आवरण पर आवरण।''[69] और ''द्विवेदी जी अपनी कृतियों में कम-से-कम दुहरा अवगुंठन इस्तेमाल करते हैं : एक तो अपने अभिन्न व्योमकेश शास्त्री

का और दूसरा वह व्यक्ति चरित्र जो पूरी कथा लिखकर शास्त्री जी को देता है।... कला सृजन में निर्वैयक्तिक होने के लिए कलाकार 'मास्क' अथवा मुखौटे का प्रयोग करता है। कहने की आवश्यकता नहीं कि द्विवेदी जी ने इस मुखौटे की प्रविधि का प्रयोग जमकर किया है।''[70] और द्विवेदी जी द्वारा अभिकल्पित यह मुखौटा जहाँ द्विवेदी जी का ''चेहरा छिपाता है, वहीं भावों को ज्यादा से ज्यादा उद्घाटित करता है।''[71]

अपनी अभिव्यक्ति, संरचना (फॉर्म) और भाव के स्तर पर 'बाणभट्ट की आत्मकथा' न तो आधुनिक आत्मकथा है, न ही तथ्यपूर्ण जीवनी और न यूरोपीय फॉर्म में सीमित होनेवाला उपन्यास। निर्मल वर्मा जैसे पश्चिम से आतंकित आधुनिकतावादियों का मार्गदर्शन करते हुए नामवर सिंह ने द्विवेदी जी की साहित्यिक-सांस्कृतिक उपलब्धियों को प्रकाशित करते हुए यह तार्किक स्थापना दिया है कि ''ऐसी प्रतिभा न तो निबन्ध नाम से जानी जानेवाली विधा के चौखटे में फिट आ सकती थी, न उपन्यास नामक सुनिश्चित विन्यास वाले कला रूप से ही सन्तुष्ट हो सकती थी। अकारण नहीं है कि उपन्यास की सुपरिचित विधा से बँधे आलोचकों को द्विवेदी जी की कथाकृतियों को उपन्यास मानने में प्रायः संकोच हुआ है।''[72]

जबकि वास्तविकता यह है कि द्विवेदी जी ने विधा का अनुकरण नहीं, सर्जन किया है—''हर बड़ी प्रतिभा की तरह द्विवेदी जी ने अपने लिए अपनी काट का एक नया साहित्य रूप गढ़ा है।''[73] द्विवेदी जी ने न तो प्राचीन भारतीय विधाओं का अक्षरशः अनुकरण किया और न आधुनिक विधाओं की परिपाटी पर चलना स्वीकार किया। परम्परागत जानी-पहचानी विधाओं में द्विवेदी जी के अभिनव प्रयोग असमंजस में डालते हैं कि ''आखिर चिर-परिचित विधाओं में यह गड्डमड्ड क्यों? न उपन्यास ठीक-ठीक उपन्यास और न निबन्ध ठीक-ठीक निबन्ध! क्या यह भी कोई पुनर्नवता है—पुनर्नवा विधाओं की दिशा में एक प्रयास?''[74]

हिन्दी साहित्य का तथ्य है कि ''एक यूरोपियन उपन्यास का जो ढाँचा बना हुआ था, उस ढाँचे को तोड़ने का पहला प्रयास हिन्दी में सफल ढंग से यदि किसी ने किया तो हजारीप्रसाद द्विवेदी ने किया।''[75] द्विवेदी जी ''अपने चारों उपन्यासों के द्वारा हिन्दी में भारतीय उपन्यास का नया प्रतिदर्श प्रस्तुत कर रहे थे, जो पश्चिमी उपन्यासों की संरचना के बरक्स एक स्वकीय संरचना थी और उसका आधार मुख्यतः भारतीय आख्यान परम्परा थी।''[76] और ''द्विवेदी जी ने यही नहीं कि एक भारतीय उपन्यास लिखा बल्कि उपन्यास के लिए उन्होंने अपनी आत्मकथा के द्वारा एक कथा की नींव भी डाली थी।''[77] यह आत्मकथा 'ऑटोबायोग्राफी' नहीं है। यह खंडित, अहं केन्द्रित व्यक्तित्व की पुनर्रचना नहीं है। अपनी कथात्मकता में यह 'आत्म' के बजाय सामान्य 'आत्मा' की कथा है और अपनी सार्वभौमिकता में यह 'विश्वात्मा का भी प्रतिरूप है' क्योंकि'' 'बाणभट्ट' केवल भारत में नहीं होते।''[78]

आचार्य द्विवेदी का विपुल कृतित्व इतना विस्तृत, बहुमुखी और साहित्य की परिधि को पार करनेवाला है कि "पंडित जी के सन्दर्भ में ही सोचा जा सकता है कि भारतीय साहित्य को बल्कि कहना चाहिए कि संस्कृति को उनका क्या योगदान है। वे केवल साहित्य के इतिहासकार या साहित्य के रचयिता नहीं थे। मैं समझता हूँ कि संस्कृति पर जितना अधिक उन्होंने लिखा है, बहुत कम लोगों ने उतना लिखा है।"[79] आचार्य द्विवेदी आचार्य रामचन्द्र शुक्ल की परम्परा के आलोचक नहीं हैं, "वे तो पंडित रामावतार शर्मा, चन्द्रधर शर्मा 'गुलेरी' और राहुल सांकृत्यायन की परम्परा में आनेवाले लेखक हैं। हिन्दी के अध्यापकों और आलोचकों की जो सूची बनाई जाती है उसमें रखकर आप उन्हें छोटा करेंगे।"[80] नामवर सिंह ने आचार्य द्विवेदी की सर्जना की 'जय-यात्रा' को संश्लेषित करते हुए कहा है कि दूसरे आलोचकों या इतिहासकारों की तरह "इतिहास नहीं लिख रहे हैं वे, इतिहास को रचा है, सृजित किया है उन्होंने।"[81] अपनी नवोन्मेषित सर्जनशीलता से द्विवेदी जी ने "इतिहास को पुनर्नवता प्रदान की है...सृजनशीलता का दूसरा नाम, सही नाम है—पुनर्नवता।"[82]

हिन्दी आलोचना की मुख्य धारा काव्य केन्द्रित प्रतीत होती है। शुक्ल जी और द्विवेदी जी के बीच श्रेष्ठता के विवाद ने 'दूसरी परम्परा की खोज' और द्विवेदी जी से सम्बन्धित नामवर सिंह के इन निबन्धों के व्यापक अर्थ-सन्दर्भों एवं आलोचना की नवोन्मेषशालिनी सर्जना से ध्यान हटाकर इसकी बृहत्तर उपलब्धियों पर विमर्श नहीं होने दिया है। आचार्य हजारीप्रसाद द्विवेदी पर नामवर सिंह के ये निबन्ध हिन्दी काव्येतर आलोचना के चरमोत्कर्ष प्रतीत होते हैं। ये केवल आलोचना के निबन्ध नहीं हैं—इनके सीमित कलेवर में उपन्यास की सी पठनीयता है और जीवनी, निबन्ध, संस्मरण, रेखाचित्र, पत्र, डायरी आदि साहित्यिक विधाएँ अपनी नवीन प्रयोगधर्मिता के साथ परस्पर समन्वित होकर नवोन्मेषित हो गई हैं। मानो हिन्दी आलोचना सारी रचनात्मक विधाओं के अन्त:सन्निकर्ष से एक उज्ज्वल पुस्तक में रूपान्तरित हो गई है। इतिहास, आलोचना, उपन्यास और निबन्ध आदि विधाओं से गुजरने का यह सर्जनात्मक मौलिक रास्ता पहले किसी और आलोचक ने तय नहीं किया था। जिस तरह बाणभट्ट ने गद्यकाव्य को उसके चरम उत्कर्ष पर पहुँचा दिया, उसी तरह इन निबन्धों ने मानो हिन्दी काव्येतर आलोचना को उसके विकास के उच्चत्तम शिखर पर पहुँचा दिया है! ये निबन्ध द्विवेदी जी के व्यक्तित्व एवं सर्जना-जगत् को विश्लेषित नहीं करते बल्कि उनका अन्त:साक्षात्कार कराते प्रतीत होते हैं।

यथार्थ में किसी रचना का अर्थ उतना ही होता है जितना वह समझी जाती है। द्विवेदी जी को नामवर सिंह के रूप में एक समझनेवाला साक्षात्कारकर्ता मिला है और यह साक्षात्कार मूल संवाद से ज्यादा जीवन्त, सांकेतिक और प्रासंगिक प्रतीत

होता है। रचनाकारों के जीवन एवं साहित्य पर लिखी गई पाँच-पाँच सौ पृष्ठों वाली भारी-भरकम कलेवर वाली पुस्तकें जिस अर्थ को नहीं प्राप्त कर सकी हैं, उस लक्ष्य और अर्थ को इन निबन्धों ने सिद्ध कर लिया है।

नामवर सिंह के व्यक्तित्व, जीवन-संघर्ष, जीवन-मूल्य, साहित्यिक-सांस्कृतिक दृष्टि और आलोचनात्मक प्रतिभा का घनीभूत और उच्चतम प्रतिफलन आचार्य हजारीप्रसाद से सम्बन्धित लेखन में हुआ है। प्रतीत होता है कि नामवर सिंह अपनी 'दूसरी परम्परा' से वैसे ही अभिन्न हैं, जैसे आचार्य हजारीप्रसाद द्विवेदी अपनी 'आत्मकथा' के 'बाणभट्ट' से। द्विवेदी जी ने जैसे 'बाणभट्ट' को माध्यम बनाकर वस्तुतः अपनी आत्मकथा कही है, वैसे ही नामवर सिंह ने आचार्य द्विवेदी के माध्यम से वस्तुतः अपने को ही अन्वेषित करने का प्रयास किया है। जिस तरह हम 'बाणभट्ट की आत्मकथा' की भ्रमोत्पादक शैली और उसके ऐतिहासिक परिवेश की जीवन्तता से इतने अभिभूत और सम्मोहित हो जाते हैं कि वास्तविक कथा-पुरुष को नहीं देख पाते हैं, उसी तरह हम 'दूसरी परम्परा' के प्रत्यक्ष पुरुष (आचार्य हजारीप्रसाद द्विवेदी) के नेपथ्य में यात्रारत 'दूसरी परम्परा' के राही और अन्वेषक नामवर सिंह को नहीं देख पाते हैं। जबकि सूक्ष्म दृष्टि डालने पर वास्तविक प्रथम पुरुष सामने आ ही जाता है।

आचार्य द्विवेदी ने तमाम भूल-भुलैया के बावजूद 'बाणभट्ट की आत्मकथा' के अन्त में यह स्पष्ट संकेत कर ही दिया है कि प्रस्तुत आत्मकथा किसकी है? क्या नामवर सिंह ने भी 'दूसरी परम्परा की खोज' यात्रा में ऐसा कोई संकेत जाने-अनजाने छोड़ा है? कभी-कभी पाठक को भी 'डिटेक्टिव' बनना पड़ता है! तो क्यों न हम 'दूसरी परम्परा की खोज' की एक जाँच कर लें?

आचार्य हजारीप्रसाद द्विवेदी के प्रति ऊपर से संश्लिष्ट दिखनेवाली नामवर सिंह की समीक्षा-दृष्टि आन्तरिक स्तर पर दो भागों में विभाजित प्रतीत होती है। इसका एक भाग वस्तुपरक प्रतीत होता है, जहाँ वे आचार्य द्विवेदी की इतिहास दृष्टि, औपन्यासिक तथा निबन्धकला और भारतीय साहित्य और संस्कृति में उनके योगदान की चर्चा करते हैं। इन बिन्दुओं के सन्दर्भ में नामवर सिंह मुख्यतः साहित्यिक विमर्श करते प्रतीत होते हैं।

आचार्य द्विवेदी के सन्दर्भ में नामवर सिंह का दूसरा पक्ष विचारधारात्मक और आत्मपरक प्रतीत होता है, जहाँ वे साहित्यिक-सांस्कृतिक सन्दर्भ में दूसरी परम्परा की खोज करते हैं और यह कहने की आवश्यकता नहीं है कि ये सन्दर्भ ही नामवर सिंह की 'दूसरी परम्परा' की 'गोल्डेन ट्रेजरी' हैं। अब हम इन्हीं आत्मपरक अंशों की छानबीन करेंगे, जिससे 'दूसरी परम्परा' के मूल उत्स तक पहुँच सकें!

नामवर सिंह ने 'दूसरी परम्परा की खोज' की भूमिका में स्वीकार किया है कि "परम्परा के समान खोज भी एक गतिशील प्रकिया है।"[83] और 'दूसरी परम्परा की

खोज' में "न पंडित जी की कृतियों की आलोचना है, न मूल्यांकन का प्रयास। अगर कुछ है तो बदल देनेवाली उस दृष्टि के उन्मेष की खोज, जिसमें एक तेजस्वी परम्परा बिजली की तरह कौंध गई थी। उस कौंध को अपने अन्दर से गुजरते हुए"[84] जो नामवर सिंह ने महसूस किया है, उसी की प्रकाशित अभिव्यक्ति है—नामवर सिंह की 'दूसरी परम्परा की खोज'।

नामवर सिंह आचार्य द्विवेदी के व्यक्तित्व और कृतित्व की 'जय-यात्रा' के साक्षी भर नहीं हैं, इसमें उनकी 'अपनी खोज' भी मिली हुई है। इस सत्य को नामवर सिंह की आत्मस्वीकृति से भी बल मिलता है, जब वे इस तथ्य को स्वीकार करते हैं कि "जो परम्परा पीढ़ियों से चलकर स्वयं पंडित जी तक आते-आते बदल चुकी थी और स्वयं पंडित जी के हाथों कट-छँटकर और बन गई, वह स्वयं मेरे प्रयास में कट-छँटकर कुछ और न हो जाएगी, इसका दावा कैसे किया जा सकता है?"[85] और यह कट-छँटकर बदली 'परम्परा' ही नामवर सिंह की दूसरी परम्परा है।

नामवर सिंह की समीक्षा-यात्रा की शुरुआत की सूक्ष्मता से परीक्षा करने पर यह स्पष्ट हो जाता है कि 'दूसरी परम्परा की खोज' आचार्य हजारीप्रसाद द्विवेदी के आकस्मिक निधन के उपरान्त 'बिजली की कौंध' की भाँति आकस्मिक नहीं है। बल्कि आकस्मिक प्रतीत होनेवाली 'बिजली सी कौंध वाली' 'दूसरी परम्परा' के मेघ खंडों का संघनन तो नामवर सिंह के स्नातककालीन छात्र-जीवन से ही शुरू हो गया था। छात्र नामवर सिंह पर आचार्य द्विवेदी के प्रभाव को हम अतिरिक्त महत्त्व देते प्रतीत होते हैं। वास्तविकता यह है कि आचार्य द्विवेदी के बनारस हिन्दू विश्वविद्यालय में आगमन के पूर्व ही समीक्षक नामवर सिंह का उदय हो चुका था। यहाँ मैं नामवर सिंह के व्यक्तित्व पर द्विवेदी जी के प्रभाव को नकार नहीं रहा हूँ, बल्कि इस तथ्य को सामने रख रहा हूँ कि नामवर सिंह के साहित्यिक संस्कारों के निर्माण में आचार्य द्विवेदी की तुलना में दूसरे अध्यापकों का अधिक प्रभाव रहा है। यहाँ भी मैं प्रभाव शब्द का ही प्रयोग कर रहा हूँ, क्योंकि इन प्रभावों के ग्रहण और त्याग का विवेक नामवर सिंह का खुद का रहा है।

नामवर सिंह ने साक्षात्कारों में अपनी दृष्टि और प्रतिभा के निर्माण में इन अध्यापकों की योगदान की चर्चा की है। बनारस हिन्दू विश्वविद्यालय के छात्र होने से नामवर सिंह को आचार्य शुक्ल की 'मुख्य परम्परा' तो विरासत में प्राप्त हुई ही थी। 1950 में द्विवेजी जी से तो परिपक्व नामवर सिंह का परिचय हुआ था। तब तक नामवर सिंह का साहित्यिक संस्कार बन चुका था और कवि शमशेर बहादुर सिंह के अनुसार तब तक नामवर के रूप में हिन्दी में एक नए आलोचक का उदय हो चुका था। छात्र नामवर सिंह को केशव प्रसाद मिश्र जैसे विशुद्ध अध्यापक मिले थे, उन्होंने ही नामवर सिंह का ध्यान संस्कृत में 'कालिदास' और 'भवभूति' की दो भिन्न परम्पराओं की तरफ आकृष्ट किया था। वास्तविकता तो यह है कि छात्र

नामवर सिंह आचार्य शुक्ल की स्थापित प्रबल परम्परा के मूल्यांकन और अपने नए लक्ष्य के निर्धारण के अन्तराल में विद्यार्थी काल से ही 'दूसरी परम्परा की खोज' करते प्रतीत होते हैं। 'दूसरी परम्परा की खोज' आचार्य शुक्ल और आचार्य द्विवेदी की साहित्यिक दृष्टि, मान्यताओं और निष्कर्षों की भिन्नता की खोज नहीं है, बल्कि यह नामवर सिंह का मानववादी (मानवतावादी नहीं) सांस्कृतिक चिन्तन है, जिसकी ठोस शुरुआत 1949 से होती है।

द्विवेदी जी के बनारस हिन्दू विश्वविद्यालय आने से पूर्व 1949 में 'शुक्ल जयन्ती' के अवसर पर काशी हिन्दू विश्वविद्यालय की हिन्दी समिति में नामवर सिंह ने 'हिन्दी समीक्षा और आचार्य शुक्ल'[86] शीर्षक निबन्ध पढ़ा था, जो 'जनवाणी' जनवरी 1950 में प्रकाशित हुआ था। नामवर सिंह की उम्र तब 23 वर्ष थी। यह निबन्ध युगीन सीमाओं में शुक्ल जी की उपलब्धियों एवं सीमाओं का सबसे सुचिन्तित, वैज्ञानिक और आलोचनात्मक समीक्षा है। इस निबन्ध में शुक्ल जी की उपलब्धियों एवं प्रासंगिकता को रेखांकित करने के साथ ही नामवर सिंह ने कहा था कि कबीर का विरोध शुक्ल जी ने केवल तत्त्वमीमांसीय मतभेदों के कारण नहीं किया बल्कि उसका आधार उनका सामाजिक आचार सिद्धान्त था। शुक्ल जी ने "हिन्दू-मुस्लिम एकता के लिए जायसी को ढाल बनाकर कबीर को इसलिए ठुकरा दिया कि कबीर को अपनाने से वर्ण-व्यवस्था की मर्यादा को धक्का लगने का भय था।"[87]

यह कहने की आवश्यकता नहीं है कि इस निबन्ध में व्यक्त विचारों को ही नामवर सिंह ने आगे विकसित किया है। यह शुक्ल जी के मूल्यांकन के साथ ही नामवर सिंह का आत्मानुसन्धान भी प्रतीत होता है। यह आचार्य शुक्ल की प्रभुत्वशाली परम्परा के वास्तविक बोध से अपने भावी मार्ग एवं गन्तव्य के निर्धारण की प्रक्रिया प्रतीत होती है।

23 वर्ष की उम्र में नामवर सिंह ने महसूस किया था कि शुक्ल जी का "जीवन के प्रति दृष्टिकोण रवि ठाकुर और गांधीजी की तरह व्यापक तथा मानवतावादी न हो सका।"[88] शुक्ल जी की ऐतिहासिक सीमा थी कि "वे अपने सिद्धान्तों को समाजवादी समता के निकट ले जाने में अन्त तक अक्षम रहे।"[89] कुल मिलाकर शुक्ल जी "द्विवेदी युगीन मान्यताओं के सुधारक के रूप में खड़े हुए।"[90] क्या अब भी यह प्रमाणित करने की आवश्यकता है कि यहीं से नामवर सिंह की 'दूसरी परम्परा की खोज' शुरू होती है, जिसका प्रयोजन "मुख्यत: पंडितों की इकहरी परम्परा की संकीर्णता का निदर्शन है।"[91]

नामवर सिंह ने स्वयं स्वीकार किया है "किसी आलोचक के निष्कर्ष महत्त्वपूर्ण नहीं हुआ करते, निष्कर्ष के पीछे की चिन्तन-प्रणाली महत्त्वपूर्ण हुआ करती है।"[92] आलोचक की इस चिन्तन प्रणाली का पता उसकी 'ग्रहणशीलता' से चलता है। नामवर सिंह ने अपनी 'दूसरी परम्परा की खोज' यात्रा में आचार्य हजारीप्रसाद

द्विवेदी की 'गोल्डेन ट्रेजरी' को आलोकित किया है। आचार्य द्विवेदी के विस्तृत रचना वाङ्मय की उन्हीं स्वर्णिम निधियों को नामवर सिंह ने ग्रहण किया है जिनको मानवतावादी, प्रासंगिक और प्रगतिशील कहा जा सकता है। दूसरे शब्दों में कहें तो नामवर सिंह ने द्विवेदी जी को अपनी 'दूसरी परम्परा' में समाहित करने का प्रयास किया है।

नामवर सिंह की 'दूसरी परम्परा' के आचार्य हजारीप्रसाद द्विवेदी और वास्तविक आचार्य हजारीप्रसाद द्विवेदी के बीच के अन्तर्विरोधों को दबाया नहीं जा सकता है। नि:सन्देह रूप से आचार्य के रचना-संसार का एक भाग जहाँ वैज्ञानिक, प्रगतिशील और मानवतावादी है वहीं उसके कुछ भाग वैज्ञानिकता और प्रगतिशीलता के विपरीत भी प्रतीत होते हैं। आर्य-अनार्य मूलक नस्लीय दृष्टि, परम्परा पर अत्यधिक जोर, ज्योतिष में अगाध विश्वास और आधुनिक साहित्य की तुलना में प्राचीन और मध्यकालीन साहित्य और संस्कृति में अत्यधिक अभिरुचि, इन्हीं अन्तर्विरोधों को प्रकट करती हैं। आचार्य द्विवेदी के इन अन्तर्विरोधों के प्रति नामवर सिंह में भी भाववादी असमंजस दिखाई देता है, क्योंकि आचार्य द्विवेदी 'दूसरी परम्परा' के वैज्ञानिक, तार्किक और मानववादी प्रतिमानों पर पूरी तरह चरितार्थ होते प्रतीत नहीं होते। तभी नामवर सिंह को स्वीकार करना पड़ा है कि "इस दृष्टि से वे अपनी साहित्यिक रुचियों में पूरी तरह आधुनिक भी न थे। मूलत: उनकी रुचि क्लासिकीय थी, जिसमें अपने युग के अनुरूप रवीन्द्री स्वच्छन्दतावाद का पुट था। इस अभिरुचि का एक आयाम लोक-संस्कृति भी था। फिर भी आश्चर्यजनक है कि उनकी दृष्टि आधुनिक थी—चीजों को देखने का ढंग आधुनिक था। अनेक विचारकों की तरह उनके व्यक्तित्व में भी दृष्टि और रुचि के बीच यह असंगति थी।"[93]

इसके अलावा यह असंगति भी है कि मानववादी 'दूसरी परम्परा' के प्रति नामवर सिंह के मुखर, पारदर्शी और संघर्षशील स्वभाव के विपरीत द्विवेदी जी "स्वभाव के फक्कड़ थे और फक्कड़ लड़ाकू नहीं होता। वस्तुत: वे सुन्दर-शोभन और शुभ के उत्सव-विधायक थे। साहित्य में जहाँ भी उन्हें कुछ महिमामय दिखता था, उसके स्वागत में वे उल्लसित हो उठते थे।"[94] निर्णायक विरोध द्विवेदी जी का स्वभाव प्रतीत नहीं होता है। *जबकि संवाद, संघर्ष और प्रगति* नामवर सिंह की 'दूसरी परम्परा' की पद्धति भी है और चेतना भी।

संवाद, संघर्ष और प्रगति की त्रिआयामी 'दूसरी परम्परा' में जहाँ नामवर सिंह के लिए 'शुक्ल जी का लोकधर्म बहुत कुछ वर्णाश्रम धर्म' से अनुचालित, यथास्थितिवादी है, वहीं नामवर सिंह द्विवेदी जी और मुक्तिबोध को शुक्ल जी से ज्यादा परिवर्तनकामी मानते हैं, पर वे यह भी महसूस करते हैं कि भक्ति काव्य के सन्दर्भ में द्विवेदी जी और मुक्तिबोध की सामाजिक दृष्टि प्रगतिशील होते हुए भी विचारधारात्मक क्रान्तिकारिता की 'तार्किक परिणति' तक नहीं पहुँचती है। भक्ति

काव्य केवल ईश्वरोपासना का काव्य नहीं है। यह सामाजिक आचार-विचार और व्यवस्था की एक अभिव्यक्ति, आग्रह और प्रस्तावना भी है। विभिन्न धाराओं के प्रतिनिधि भक्त कवियों के सामाजिक विचारों के मध्य एक द्वन्द्व परिलक्षित होता है। साथ ही, भक्ति काव्य के सामाजिक विचार और कलात्मक श्रेष्ठता में एक अन्तर्विरोध दिखाई देता है।

नामवर सिंह ने इस सन्दर्भ में आचार्य द्विवेदी और मुक्तिबोध की मान्यताओं को 'दूसरी परम्परा' की तार्किक परिणति तक पहुँचाते हुए कहा है कि "निर्गुण सन्तों की चर्चा के प्रसंग में द्विवेदी जी जिस प्रकार उनका शास्त्र वंचित होना शुभ समझते हैं, उससे स्पष्ट है कि वे शास्त्रों के घातक प्रभाव से भली-भाँति परिचित हैं, फिर भी यदि अन्य प्रसंगों में उस बात को भूल जाते हैं तो इसे प्राणधारा के वेग का ही फल कहा जाएगा। शायद यही वजह है कि जितने विश्वसनीय ढंग से हिन्दी साहित्य की प्राणधारा का दिग्दर्शन कराते हैं, अन्तर्धाराओं के अन्तर्विरोध का निरूपण उतनी स्पष्टता से करते प्रतीत नहीं होते। शायद इसका एक कारण यह हो कि कम से कम भक्ति आन्दोलन में उत्तरोत्तर शास्त्र का सहारा लेनेवाली कृतियाँ साहित्यिक दृष्टि से श्रेष्ठतर होती गईं। यह भी एक विरोधाभास ही है कि शास्त्र-संवलित होकर साहित्य जिस मात्रा में सामाजिक दृष्टि से लोक-विमुख तथा लोक-विरोधी विचारों की ओर विचलित होता गया, काव्य-भाषा तथा काव्य-कला की दृष्टि से उसी मात्रा में समृद्धतर होता गया। कबीर से चलकर क्रमशः जायसी, सूर और तुलसी के विकास का मूल्यांकन इस दृष्टि से रोचक हो सकता है। किन्तु यह प्रश्न न तो मुक्तिबोध ने उठाया है और न द्विवेदी जी ने ही, इसलिए महत्त्वपूर्ण होते हुए भी प्रस्तुत प्रसंग में इसकी चर्चा अप्रासंगिक होगी।"[95]

स्पष्ट है कि नामवर सिंह की मनोकांक्षित 'दूसरी परम्परा' अपने प्रवाह में भले ही कबीर, निराला, द्विवेदी जी और मुक्तिबोध को समाहित करती है, पर वह इन रचनाकारों की भाववादी दृष्टि से असन्तुष्ट भी प्रतीत होती है, और नामवर सिंह अपने मानववादी, वैज्ञानिक और क्रान्तिकारी समाजवादी चेतना से इनको तार्किक पूर्णता तक ले जाना चाहते हैं। कबीर, निराला और द्विवेदी जी मानवतावादी ही प्रतीत होते हैं, जबकि नामवर सिंह की 'दूसरी परम्परा' वस्तुतः मानववादी संस्कृति की खोज है। 'दूसरी परम्परा' का लक्ष्य ही है—मानववादी, लोकतांत्रिक, समतामूलक समाजवादी समाज की स्थापना के लिए संघर्ष। यह संघर्ष संस्कृति और सभ्यता के सभी पक्षों में निहित है, इस कारण इसमें परम्परा और संस्कृति का मूल्यांकन भी शामिल है।

नामवर सिंह का सारा कृतित्व 'हमारे यहाँ' के इकहरे परम्परावाद के विरुद्ध भारतीय संस्कृति की विविधता, जटिलता, विशालता और अन्तर्विरोधों से सम्पन्न जीवन्तता का भविष्योन्मुखी पुनःसृजन है। नामवर सिंह आचार्य द्विवेदी और रामविलास

शर्मा के समान अतीत अनुरागी नहीं हैं। नामवर सिंह द्वारा अतिरिक्त 'आर्य-प्रेम' और 'वैदिक-राग' के कारण रामविलास शर्मा की मृत्यु-उपरान्त की गई आलोचना आकस्मिक और व्यक्तिगत नहीं थी। 'आर्य जाति' की 'गर्वोक्ति' और 'उसके दम्भ' का विरोध नामवर सिंह शुरू से करते आए हैं। आर्य-अनार्य मूलक दृष्टि का सहारा लेनेवाली आचार्य द्विवेदी की इतिहास दृष्टि की भी नामवर सिंह ने आलोचना की है। 1985 में 'मिथक' पर विचार करते हुए वे पुनः नस्लवादी दृष्टि का विरोध करते हुए कहते हैं कि "हम लोग आर्य जाति के स्वाभिमान के अनुगामी हैं—वेदज्ञ नहीं, वेदज्ञ के नाती बहुत से यहाँ पड़े हुए हैं, जो अपने को आर्य समझते हुए और आर्य नीति का ही वर्चस्व ढोते हुए दिखाई पड़ते हैं।"[96]

ज़बकि भारतीय संस्कृति "और हमारी परम्परा में जो भी सुन्दर है, वह आर्य नाम से प्रचारित मिथक से भिन्न है।"[97] उदाहरणार्थ—"भरत मुनि की कहानी से मालूम होता है कि रस नामक कला-विधि केवल आर्यों की चीज नहीं है। आर्येतर लोगों ने ही रस सृष्टि की। अन्य स्रोतों में भी रस को अथर्ववेद से सम्बद्ध माना जाता है जो अनार्यवेद कहा जाता है। रस गन्धर्वों के द्वारा प्रदत्त था। आज हम समझते हैं कि यक्ष, गन्धर्व, किन्नर नाम यूँ ही दे दिए गए हैं। ये प्राचीन काल में ट्राइब थे। संगीत, नृत्य, वाद्य, नाट्य आदि इन्हीं से सम्बन्धित थे। भारतीय संस्कृति के माध्यम से आर्यों का जो रूप ऋग्वेद में मिलता है, उसमें वे शौर्य एवं पराक्रम के लिए प्रसिद्ध हैं। सुकुमार कलाएँ आर्येतर जातियों के माध्यम से आईं। रस नामक तत्त्व भी दूसरी जनजातियों के माध्यम से हमारे यहाँ नाटक में आया।"[98]

भारतीय संस्कृति की इस बहुमुखी सुन्दरता की सुरक्षा की चिन्ता के कारण ही नामवर सिंह 'आर्य संस्कृति' की शुद्धता के अहंकार पर चोट करते हैं। अतः नामवर सिंह द्वारा रामविलास शर्मा की की गई आलोचना व्यक्तिगत नहीं है, बल्कि इसका सांस्कृतिक सन्दर्भ है। यह नामवर सिंह की 'दूसरी परम्परा' की सहज और तार्किक प्रतिक्रिया है।

नामवर सिंह अपनी 'दूसरी परम्परा' की खोज-यात्रा में सम्पूर्ण मनुष्य की तलाश करते प्रतीत होते हैं। जीवन का समग्र विकास ही सम्पूर्ण मनुष्य का सौन्दर्य है और "यह सौन्दर्य वस्तुतः एक सृजन व्यापार है। इस सृजन की क्षमता मनुष्य में अन्तर्निहित है। वह इस सौन्दर्य सृजन की क्षमता के कारण ही मनुष्य है। इस सृजन व्यापार का अर्थ है—बन्धनों से विद्रोह। इस प्रकार सौन्दर्य विद्रोह है, मानव-मुक्ति का प्रयास है।"[99] और मानव-मुक्ति के सृजनशील संघर्ष में "मनुष्य की पहचान संघर्ष भूमि में होती, पूजा की वेदी पर नहीं।"[100]

मानव-मुक्ति के लिए सृजनशील संघर्ष ही यथास्थितिवादी 'पहली' के समानान्तर 'दूसरी परम्परा' है। मानव-मुक्ति के लिए सृजनशील संघर्ष ही वह निर्णायक बिन्दु है जहाँ नामवर सिंह के लिए तुलसी की अपेक्षा कबीर, आचार्य शुक्ल की अपेक्षा

आचार्य द्विवेदी, पन्त की अपेक्षा निराला और अज्ञेय की अपेक्षा मुक्तिबोध अधिक प्रासंगिक हो जाते हैं।

नामवर सिंह की 'दूसरी परम्परा' एक तरह से संस्कृति के लोकतंत्र में 'प्रतिपक्ष' की तलाश है। यह इतिहास और काल का दुर्लभ संयोग है कि 'दूसरी परम्परा' नामवर सिंह के कारण मुख्य परम्परा प्रतीत होती है। साहित्य और समाज की यह 'दूसरी परम्परा' संख्या की द्योतक नहीं है। 'दूसरी' का सांकेतिक अर्थ—'प्रथम' से भिन्न 'अन्य' है जो किसी भी जाति, लिंग, धर्म या राष्ट्र से सम्बन्धित हो सकता है। यह प्रभुत्वशाली 'प्रथम' से भिन्न 'अन्यों' के सह-अस्तित्व की स्वीकृति का घोषणा-पत्र है। इस मूलभूत सत्य से अनजान कुछ नितान्त मौलिक और अतिरिक्त उत्साही लोग 'तीसरी' और 'चौथी' परम्परा की खोज कर रहे हैं।

जिस तरह आचार्य हजारीप्रसाद द्विवेदी ने 'बाणभट्ट' के बहाने वस्तुत: अपनी आत्मकथा लिखी है, उसी प्रकार नामवर सिंह ने आचार्य द्विवेदी के माध्यम से 'दूसरी परम्परा की खोज' की अपनी अन्तहीन यात्रा शुरू की है। जिस तरह द्विवेदी जी ने अपने को बाणभट्ट में रूपान्तरित (ट्रांसपोर्ट) कर लिया है, उसी प्रकार नामवर सिंह ने स्वयं को द्विवेदी जी में रूपान्तरित कर लिया है। ध्यान से सुनने पर स्पष्ट हो जाता है कि 'दूसरी परम्परा' की खोज के नेपथ्य में गूँजती आवाज द्विवेदी जी की नहीं, अपितु नामवर सिंह की है। पर जिस तरह 'बाणभट्ट' केवल भारत में नहीं होते हैं, उसी तरह 'दूसरी परम्परा की खोज' की यह असमाप्त यात्रा केवल नामवर सिंह की नहीं है, वरन् प्रथम से भिन्न सभी दूसरों की जय-यात्रा है।

पर 'दूसरी परम्परा की खोज' सम्प्रदाय निर्माण की कोशिश नहीं है। इस मुक्तिकामी 'दूसरी परम्परा' को दक्षिणपन्थ और वामपन्थ दोनों के अन्ध-बिन्दुत्व से खतरा है। तभी तो यह शेर अर्थवान हो उठता है :

''जाहिदे तंग नजर ने मुझे काफिर जाना
और काफिर ये समझता है मुसलमाँ हूँ मैं।''

जबकि 'दूसरी परम्परा' तो पैगाम-ए-मुहब्बत है, जहाँ तक पहुँचे :

''उनका जो काम है वो अहले-सियासत जानें
अपना पैगाम-ए-मुहब्बत है जहाँ तक पहुँचे।''

प्रस्तुत पुस्तक 'आचार्य हजारीप्रसाद द्विवेदी की जय-यात्रा' के सन्दर्भ में अब इतना कहना पर्याप्त है कि यह नामवर सिंह की 'दूसरी परम्परा की खोज' की असमाप्त यात्रा के अविस्मरणीय एवं महत्त्वपूर्ण पड़ाव सी प्रतीत होती है। अब तक अप्रकाशित 'द्विवेदी साहित्य में मिथकीय प्रयोग', 'आचार्य हजारीप्रसाद द्विवेदी का कवि रूप', 'भारतीय साहित्य में आचार्य हजारीप्रसाद द्विवेदी का योगदान', 'बाणभट्ट की आत्मकथा : पुन:पाठ', 'आचार्य हजारीप्रसाद द्विवेदी की जय-यात्रा आदि निबन्धों/व्याख्यानों को यहाँ पहली बार प्रकाशित किया जा रहा है। पुस्तक को

पूर्णता प्रदान करने के लिए आचार्य हजारीप्रसाद द्विवेदी पर केन्द्रित नामवर सिंह की टिप्पणियों को भी शामिल कर लिया गया है। निबन्धों/व्याख्यानों को कालक्रम के अनुसार देने की अपेक्षा बहुत कुछ विषयानुसार संयोजित करने का प्रयत्न किया गया है।

सम्भव है कि इस भूमिका में आचार्य द्विवेदी के सन्दर्भ में मेरी मान्यताओं से आचार्य द्विवेदी के प्रति नामवर सिंह की श्रद्धा भावना को ठेस पहुँचे! पर आचार्य द्विवेदी ने ही 'गुरुमंत्र' दिया है कि सत्य के लिए किसी से न डरना, गुरु से भी नहीं, मंत्र से भी नहीं, लोक से भी नहीं, वेद से भी नहीं।

पंकज बोस की सहायता और सलाह के बिना यह पुस्तक सम्भव नहीं थी। मेरी पत्नी प्रीति का मानसिक सहयोग अपरिहार्य रहा है। अशोक महेश्वरी जी ने भी विश्वास और धैर्य के साथ इस पुस्तक का इन्तजार किया है। सहयोग के लिए सबका धन्यवाद!

—ज्ञानेन्द्र कुमार सन्तोष

नई दिल्ली
29.1.2016

सन्दर्भ

1. नामवर सिंह : इतिहास और आलोचना, राजकमल प्रकाश, तीसरा संस्करण 1978, पृ. 137
2. वही, पृ. 138
3. वही, पृ. 138
4. वही, पृ. 138
5. वही, पृ. 138
6. वही, पृ. 138
7. वही, पृ. 138
8. वही, पृ. 138
9. वही, पृ. 138
10. वही, पृ. 158
11. वही, पृ. 158
12. वही, पृ. 158
13. वही, पृ. 158
14. सं. शिवप्रसाद सिंह : शान्तिनिकेतन से शिवालिक, नेशनल पब्लिशिंग हाउस, 1988, पृ. 70
15. वही, पृ. 70
16. वही, पृ. 70
17. वही, पृ. 200
18. वही, पृ. 217

19. वही, पृ. 220
20. वही, पृ. 220
21. 'आलोचना' त्रैमासिक, अप्रैल-जून एवं जुलाई-सितम्बर, 1979
22. निर्मल वर्मा : पत्थर और बहता पानी, सं. नन्दकिशोर आचार्य, वाग्देवी पॉकेट बुक्स, बीकानेर, 2000, पृ. 25
23. वही, पृ. 25
24. वही, पृ. 11
25. निर्मल वर्मा : लेखक की आस्था, सं. नन्दकिशोर आचार्य, वाग्देवी पॉकेट बुक्स, बीकानेर, 2001, पृ. 20
26. निर्मल वर्मा : पत्थर और बहता पानी, पृ. 25
27. वही, पृ. 15-16
28. वही, पृ. 30
29. वही, पृ. 31
30. वही, पृ. 34
31. निर्मल वर्मा : लेखक की आस्था, पृ. 118
32. वही, पृ. 97
33. वही, पृ. 103
34. वही, पृ. 118
35. वही, पृ. 118
36. वही, पृ. 119
37. नामवर सिंह : प्रेमचन्द और भारतीय समाज, राजकमल, 2011, पृ. 32
38. अज्ञेय : स्मृति लेखा, नेशनल पेपरबैक्स, सातवाँ संस्करण, 2009, पृ. 137
39. वही, पृ. 130
40. वही, पृ. 130
41. वही, पृ. 130
42. नामवर सिंह के 'फक्कड़पन का दर्शन' निबन्ध से उद्धृत
43. नामवर सिह : दूसरी परम्परा की खोज, राजकमल प्रकाशन, 1997, पृ. 15
44. वही, पृ. 13
45. वही, पृ. 15
46. 'आलोचना' 1979 में प्रकाशित 'दूसरी परम्परा की खोज' निबन्ध से उद्धृत
47. वही
48. वही
49. हजारीप्रसाद द्विवेदी : कबीर, राजकमल प्रकाशन, पृ. 193
50. नामवर सिंह : दूसरी परम्परा की खोज, पृ. 113
51. नामवर सिंह के 'साहित्य का नया छन्दः शास्त्र' निबन्ध से उद्धृत
52. वही
53. वही

54. 'आलोचना' में प्रकाशित 'दूसरी परम्परा की खोज' निबन्ध से उद्धृत
55. वही
56. वही
57. वही
58. वही
59. वही
60. वही
61. रामविलास शर्मा : लोकजागरण और हिन्दी साहित्य, वाणी प्रकाशन, पृ. 57
62. वही, पृ. 51
63. 'साहित्य का नया छन्दः शास्त्र' निबन्ध से उद्धृत
64. वही
65. नामवर सिंह के 'द्वा सुपर्णा...' निबन्ध से उद्धृत
66. 'साहित्य का नया छन्दः शास्त्र' निबन्ध से उद्धृत
67. द्वा सुपर्णा से
68. नामवर सिंह : दूसरी परम्परा की खोज, पृ. 16
69. वही, पृ. 113
70. वही, पृ. 114
71. वही, पृ. 115
72. वही, पृ. 119
73. वही, पृ. 119
74. नामवर सिंह के 'निबन्ध का छन्द' निबन्ध से उद्धृत
75. नामवर सिंह के व्याख्यान 'बाणभट्ट की आत्मकथा : पुनःपाठ' से उद्धृत
76. 'द्वा सुपर्णा...'
77. 'बाणभट्ट की आत्मकथा : पुनःपाठ' से उद्धृत
78. हजारीप्रसाद द्विवेदी : बाणभट्ट की आत्मकथा, पृ. 234
79. 'भारतीय साहित्य में आचार्य हजारीप्रसाद द्विवेदी का योगदान' व्याख्यान से उद्धृत
80. वही
81. वही
82. वही
83. नामवर सिंह : 'दूसरी परम्परा की खोज' की भूमिका से उद्धृत
84. वही
85. वही
86. नामवर सिंह : हिन्दी समीक्षा और आचार्य शुक्ल, राजकमल, 2013, पृ. 13
87. वही, पृ. 10
88. वही, पृ. 10
89. वही, पृ. 53
90. वही, पृ. 53

91. नामवर सिंह : दूसरी परम्परा की खोज, पृ. 90
92. नामवर सिंह : आलोचक के मुख से, राजकमल प्रकाशन, पृ. 96
93. नामवर सिंह के 'फक्कड़पन का दर्शन' निबन्ध से उद्धृत
94. वही
95. नामवर सिंह : दूसरी परम्परा की खोज, पृ. 85
96. 'द्विवेदी साहित्य में मिथकीय प्रयोग' व्याख्यान से उद्धृत
97. वही
98. नामवर सिंह : नामवर के नोट्स, राजकमल प्रकाशन, 2016, पृ. 93
99. नामवर सिंह : दूसरी परम्परा की खोज, पृ. 99
100. वही, पृ. 21

अनुक्रम

दूसरी परम्परा की खोज*

आज पंडितजी के पुण्य स्मरण का दिन है। मन स्मृतियों से आच्छन्न है। किन्तु जिसे संस्मरण कहते हैं, ऐसा लिखने लायक कुछ भी याद नहीं आता। याद आ रहा है सिर्फ वह सहज प्रसन्न मुखमंडल और उसमें भी बोलती हुई सी स्नेह-सिक्त बड़ी-बड़ी आँखें। सम्मुख होते ही सारा कुहासा छँट जाता है। मस्तिष्क स्वच्छ स्फटिक के समान पारदर्शी हो जाता है। समय का अन्तराल मिट जाता है। अतीत वर्तमान बन जाता है। जिसे इतिहास कहते हैं, वह शायद ऐसी ही स्मृति का एक क्षण है।

और मुझे ऐसा ही एक क्षण याद आता है। काशी के नवम्बर की एक शाम। वह उनकी द्विजत्व-प्राप्ति का दिन था। उस दिन वे काशी से शान्तिनिकेतन गए थे। उस दिन को वे बड़ा महत्त्व देते थे। प्रतिवर्ष उसे द्विजत्व-प्राप्ति के दिन के रूप में मनाते थे। सो, उस दिन बातों-बातों में उन्होंने अपने जीवन की वह घटना सुनाई। घटना शान्तिनिकेतन की ही है। एक विधवा अपनी कन्या का विवाह हिन्दू विधि से करना चाहती थी। पंडितों ने कहा कि नान्दी श्राद्ध विधवा नहीं कर सकती। गुरुदेव ने पंडित हजारीप्रसाद द्विवेदी को बुलवाया। पूछा, ''हिन्दुओं का हजारों वर्ष का इतिहास है, क्या उसमें पहली बार ऐसी घटना हो रही है? पहले भी तो कभी ऐसी स्थिति आई होगी?'' पंडितजी ने घर आकर स्मृति ग्रन्थों की छानबीन की। देखा कि पूर्वपक्ष में ऐसे बहुत से वचन हैं, जो विधवा के इस अधिकार को स्वीकार करते हैं। लेकिन वचनों की संगति लगाते समय निष्कर्ष रूप में यही कहा गया है कि विधवा को ऐसा अधिकार नहीं है। आकर गुरुदेव को बताया तो हँसकर बोले, ''क्या पूर्वपक्ष के वे ऋषि कुछ कम पूज्य हैं जिनका खंडन उत्तरपक्ष में किया गया है?'' गुरुदेव के इस प्रश्न ने पंडितजी को झकझोर दिया। अब तक जिस परम्परा को वे एक, अखंड और अविरुद्ध रूप में देखते आ रहे थे, वह सहसा शिवधनुष के समान खंड-खंड हो गई। आँखों के सामने उस दिन परम्परा का एक दूसरा ही रूप प्रकट हुआ। यह इतिहासबोध का उदय था। क्या यह दूसरे जन्म—नए जन्म—से

* आलोचना में प्रकाशित यह निबन्ध नामवर सिंह की पुस्तक 'दूसरी परम्परा की खोज' के निबन्ध 'दूसरी परम्परा की खोज' से भिन्न, मौलिक और पूर्व का है।

कुछ कम महत्त्वपूर्ण है? घटना जरूर छोटी है, किन्तु क्या एक छोटी घटना ही कभी-कभी बड़े परिवर्तन का निमित्त नहीं बन जाती?

आगे चलकर इस घटना का प्रभाव किस रूप में व्यक्त हुआ, इसकी एक झलक इस उद्धरण में मिल सकती है : "इस देश में कुछ ऐसे उत्साहपरायण समालोचकों का आविर्भाव हुआ है जो सब समस्याओं का समाधान एक ही कसौटी पर कस के करने लगे हैं—'हमारे यहाँ' ऐसा माना है, या 'हमारे यहाँ' ऐसा नहीं माना है। 'हमारे यहाँ' उनका अमोघ ब्रह्मास्त्र है जिससे किसी को भी धराशायी किया जा सकता है...यह प्राय: भुला दिया जाता है कि 'हमारे यहाँ' कोई छोटा-मोटा ज्ञान रत्नाकर नहीं है। किसी एक ही विचार को भारतीय विचार कह देना न केवल अपनी अल्पज्ञता का प्रदर्शन करना है, बल्कि अपने देश की विशाल ज्ञान-परम्परा का अपमान करना भी है। न जाने इस 'हमारे यहाँ' नामक समुद्र में कितने ज्ञान के रत्न और संस्कारों के नक्र-मकर भरे पड़े हैं। इसमें आत्मवादी हैं, अनात्मवादी हैं, वैराग्यमार्गी हैं, भोगमार्गी हैं, द्वैतवादी हैं, अद्वैतवादी हैं, शून्य-विश्वासी हैं, नियति-विश्वासी हैं। नाना मत-मतान्तरों के इस विशाल भंडार से ज्ञान के एकाध टुकड़े चुनकर उसी को सम्पूर्ण मनीषा की एकमात्र उपज मान लेना क्या उचित है? हमारे देश का इतिहास हजारों वर्षों की निरन्तर प्रवहमान विचारधारा से समृद्ध है। हमारे पूर्वजों ने अपने सुदीर्घ इतिहास में न जाने कितनी सामयिक परिस्थितियों से युद्ध किया है और कितने विकट प्रश्नों का समाधान खोजा है। वे परिस्थितियाँ समाप्त हो गईं, उन विकट प्रश्नों को उपस्थित करनेवाले घटनाचक्र महाकाल के रथचक्र के नीचे पिस गए, इतिहास की अनवरुद्ध धारा के वेग में उन प्रश्नों के सोचे समाधान भी समाप्त हो गए, केवल किनारों पर छिटककर छूट गए कुछ ग्रन्थ, कुछ शिलालेख और कुछ अनुभव हमारे पास रह गए हैं। भारतीय विचारधारा इन सबसे बड़ी वस्तु है। हमारा ज्ञान-भंडार केवल संयोगवश प्राप्त कुछ छिटके-फुटके तालपत्रों और प्रस्तुत खंडों की लिपियों तक ही सीमाबद्ध नहीं है। और कुछ थोड़े से श्लोकों में उसे बाँधने का प्रयत्न तो एकदम हास्यास्पद है।"

प्रसंगवश, यह लम्बा उद्धरण 'साहित्य का मर्म' है, जो लखनऊ विश्वविद्यालय से 'डॉक्टर ऑफ लिटरेचर' की मानद उपाधि प्राप्त होने के बाद भाषण-माला के रूप में दिया गया था और तब आचार्य नरेन्द्र देव लखनऊ विश्वविद्यालय के कुलपति थे। अति कथन न होगा, यदि यह कहा जाए कि आचार्य द्विवेदी का सारा कृतित्व 'हमारे यहाँ' के इस इकहरे परम्परावाद के विरुद्ध भारतीय संस्कृति की विविधता, जटिलता, विशालता और अन्तर्विरोधों से सम्पन्न जीवन्तता का भविष्योन्मुखी पुन:सृजन है।

प्रश्न उठता है कि यह विशाल ज्ञानरत्नाकर ज्ञानवापी कैसे बना और कब बना? इस प्रश्न का उत्तर पाने के लिए आचार्य द्विवेदी इतिहास के पथ पर अग्रसर हुए और

इस बौद्धिक यात्रा में 'मध्ययुग' की ऐतिहासिक परिकल्पना उपलब्ध हुई, जिसका दूसरा नाम 'जबदी हुई या स्तब्ध मनोवृत्ति' का काल भी है। इस 'मध्यकाल' की मार्मिक छवि समय-समय पर अनेक रूपों में अंकित हुई है, जिसका उपसंहार पंजाब विश्वविद्यालय के तत्त्वावधान में दिए गए 'मध्यकालीन बोध का स्वरूप' शीर्षक पाँच व्याख्यानों की पुस्तिका में हुआ है।

मोटे तौर से आठवीं शताब्दी के आस-पास भारतीय इतिहास में ऐसा दृश्य उपस्थित होता है जब 'मनुष्य धीरे-धीरे विशाल और असीम ज्ञान के प्रति जिज्ञासा का भाव छोड़ता जाता है तथा धार्मिक आचारों और स्वत:प्रमाण माने जानेवाले आप्त वाक्यों का अनुयायी हो जाता है। साधारणत: आप्त समझे जानेवाले ग्रन्थों की बाल की खाल निकालनेवाली व्याख्याओं पर अपनी समस्त बुद्धि खर्च कर देता है।' इसलिए इस काल में 'जो पुस्तकें लिखी गई हैं, उनमें नया कुछ कहने का दावा बहुत कम है। अधिकतर पूर्ववर्ती आचार्यों की बातों को प्रामाणिक मानकर पुस्तकें लिखी गई हैं और सर्वत्र यह मनोभाव दृष्टिगोचर होता है कि श्रेष्ठ चिन्तन पहले के लोग कर गए हैं। अब या तो व्याख्या करनी है या उनकी बातों का संक्षेप में संग्रह कर देना।' अतीत के प्रति इस अतिरिक्त श्रद्धा के मूल में आत्मविश्वास की कमी स्पष्ट झलकती है और आत्मविश्वास की कमी का कारण है परिवर्तनेच्छा का अभाव। आधुनिक काव्यजगत् के अनुभव के आलोक में इस मनोवृत्ति को समझाते हुए आचार्य द्विवेदी कहते हैं, "आधुनिक युग में यह विश्वास किया जाने लगा है कि साहित्यकार जब लिखता है तो उसके द्वारा कुछ बदलना चाहता है। वह अपने इर्द-गिर्द की परिस्थितियों में कुछ असुन्दर या अशोभन देखता है और उसे सुन्दर-शोभन में परिवर्तित करने के लिए व्याकुल हो उठता है। वास्तविक परिवेश और अनुध्यात शोभनता के बीच जितना ही अधिक व्यवधान होता है उतनी ही अधिक उसकी व्याकुलता होती है इस व्यवधान को पाटने की। पर केवल बँधी-बँधाई परिपाटियों से चालित होकर लिखने से वह उद्देश्य पूरा नहीं हो सकता।" कहने की आवश्यकता नहीं कि मध्ययुगीन मनीषा में यह व्याकुलता न थी, क्योंकि वह परिवर्तनकामी नहीं बल्कि यथास्थिति-स्थापक थी। इस संरक्षणशील प्रवृत्ति के कारण ही उस युग में केवल औचित्य-निरूपण का प्रयत्न दिखाई पड़ता है। शास्त्रों के बीच संगति लगाने की कोशिश भी इसी मनोवृत्ति का परिणाम है, क्योंकि असंगतियाँ चुनौती देती हैं और 'स्तब्ध मनोवृत्ति' में चुनौती का सामना करने का साहस नहीं होता। यह 'स्तब्ध मनोवृत्ति' बहुत कुछ वही है, जिसे गुलेरीजी ने 'कछुवा धर्म' कहा है। मध्ययुग अपने जमाने की नई चुनौतियों का मुकाबला करने का साहस न जुटा सका, इसीलिए उसने अपने आपको अन्दर समेट लिया—अतीत में।

इस्लाम के आक्रमण के समय भारतीय मनीषा में यह प्रवृत्ति प्रबल हुई; किन्तु पश्चिम के प्रचंड आघात के समय प्रबलतर हो गई। 'हमारे यहाँ' वाला ब्रह्मास्त्र इस

दौर में और भी उग्र हो उठा। किन्तु इस बीच एक नई बात हुई। पश्चिम के प्रभाव से एक ऐसा बुद्धिजीवी समाज पैदा हुआ जो अपने अतीत से सर्वथा अनजान था और पश्चिम की विचारधारा ही जिसकी एकमात्र बौद्धिक पूँजी थी। ऊपर-ऊपर से देखने पर यह बौद्धिक समाज परम आधुनिक मालूम होता है, किन्तु कहीं न कहीं वह भी एक प्रकार से 'स्तब्ध मनोवृत्ति' का शिकार है। आचार्य द्विवेदी की दृष्टि इस आधुनिक बुद्धिजीवी की विडम्बनापूर्ण स्थिति की ओर भी गई है। 'साहित्य का मर्म' में ही वे कहते हैं कि "वैसे तो भारतवर्ष का सम्बन्ध यूरोप के देशों से बहुत पहले ही हो चुका था, परन्तु वह निविड़ संयोग जो चित्त को चालित कर सकता है, उन्नीसवीं शताब्दी में ही हुआ। जिन बातों को आजकल इस देश में 'पाश्चात्य प्रभाव' कहा जाता है, वे पश्चिमी देशों में भी बहुत पुरानी नहीं हैं। वहाँ के समाज में वे बहुत संघर्ष और कशमकश के बाद धीरे-धीरे गृहीत हुई हैं। परन्तु इस देश में अंग्रेजी शासन की प्रतिष्ठा के बाद यहाँ की शिक्षा-पद्धति को एकाएक ऐसा रूप प्राप्त हुआ कि इस देश का विद्यार्थी एक ओर तो अपने देश के संस्कारों से एकदम विच्छिन्न हो गया और दूसरी ओर पाश्चात्य साहित्य में प्राप्त बातों को उसने इस रूप में ग्रहण किया मानो ये उन देशों में अनादि-काल से चली आ रही हों।" इस प्रकार यदि एक ओर पश्चिम की प्रतिक्रिया में भारतीय अतीत में शरण लेनेवाले पंडित हैं तो दूसरी ओर भारत के अतीत से विच्छिन्न पश्चिमी विचारों के सम्मुख आत्म-समर्पण करनेवाले आधुनिक बुद्धिजीवी। प्रपत्ति का भाव समान है, और समान है ऐतिहासिक बोध का अभाव।

ऐसा लगता है कि आचार्य द्विवेदी के लक्ष्यीभूत श्रोता दोनों ही हैं। यदि वे एक को अपनी संस्कृति की विविधता की याद दिलाकर कठमुल्लापन से बचने का अनुरोध करते हैं तो दूसरे को अपनी संस्कृति की सम्पन्नता की ओर आकृष्ट कर आत्मनिर्वासन से मुक्त होने का दिशा संकेत देते हैं। यदि एक के सम्मुख पश्चिमी चिन्तन की वैज्ञानिकता का निरूपण करके आधुनिक युग की आवश्यकता को पहचानने का आमंत्रण देते हैं तो दूसरे का ध्यान उस चिन्तन की ऐतिहासिकता की ओर आकृष्ट करके आधुनिक रूढ़ियों से मुक्त होने की सलाह देते हैं। इस क्रम में न वे अतीत के किसी स्वर्ण युग का सपना दिखाते हैं, न हजारों साल के चिन्तन का पका-पकाया कोई सत् या अर्क पेश करते हैं, न पश्चिमी भौतिकता के विरुद्ध भारतीय आध्यात्मिकता की हिमायत करते हैं और न पूर्व-पश्चिम का सर्व-सुलभ सामंजस्य ही प्रस्तावित करते हैं। उल्लेखनीय है कि आचार्य द्विवेदी उन्नीसवीं सदी के तथाकथित बंगाल पुनर्जागरण के सभी प्रकार के समाधानों से एकदम मुक्त हैं।

उदाहरण के लिए परम्परा और रूढ़ि का प्रश्न लिया जा सकता है। पुनर्जागरण काल के सुधारकों ने अतीत के दो भेद किए। जो मृत और त्याज्य है उसे उन्होंने रूढ़ि की संज्ञा दी और जिसे उन्होंने जीवन्त और ग्राह्य समझा उसे परम्परा कहा। कहने

की आवश्यकता नहीं कि यह धारणा आज भी प्रगतिशील चिन्तन का सर्वस्वीकृत अंग है। ऐसा सोचना ठीक है या गलत, इस निर्णय पर पहुँचने से पहले रूढ़ि के विषय में जरा आचार्य द्विवेदी को सुन लें। 'मध्यकालीन बोध का स्वरूप' में कहते हैं : "प्रत्येक शब्द, प्रत्येक मूर्ति, प्रत्येक रेखा और प्रत्येक चिह्न जब तक अपने पीछे के तत्त्वचिन्तन के साथ आते हैं तो प्रतीक होते हैं, परन्तु जब उनके पीछे काम करनेवाले तत्त्वचिन्तन भुला दिए जाते हैं तो वे रूढ़ हो जाते हैं। विष्णु का गगनाभ नील वर्ण उनकी अनन्तता का संकेत करता है, उनके चारों हाथ और उनके शस्त्र भी अनन्तकाल और गति के निदर्शक हैं, पर विष्णु की मूर्ति को उनका फोटोग्राफ मान लेना रूढ़ है और स्तब्ध मनोवृत्ति का परिचायक है। किसी भी देवता की मूर्ति फोटो नहीं है। यथार्थ चित्र संकेताभिधान होता है और तत्त्वचिन्तन को मुखर करनेवाला विग्रह प्रतीक होता है।" अन्यत्र भरतमुनि के नाट्यशास्त्र में वर्णित नाट्य-धर्मी रूढ़ियों का इसी प्रकार विवेचन करते हुए वे पुनः कहते हैं : "जब नाट्यशास्त्रकार ने बताया कि शुक या सारिका का अभिनय अँगुलियों की त्रिपताक मुद्राओं द्वारा और बड़े पक्षियों और जन्तुओं का अभिनय विभिन्न अंगहारों से होना चाहिए तो वह निरर्थक रूढ़ि भर नहीं था, किन्तु धीरे-धीरे उस मूल अर्थ की स्मृति लोप होती गई और साधारण प्रेक्षक के लिए इनका समझना कठिन हो गया।" आधुनिक प्रेक्षक को जैसे आश्वस्त करते हुए वे इतना और जोड़ देते हैं : "ऐसा नहीं समझना चाहिए कि हमारे इस नए युग में ही हम लोग उस अर्थ को भूल गए हैं। बहुत पहले ही उनका अर्थ भुला दिया गया था...(यहाँ तक कि) अभिनवगुप्त जैसे पंडित को भी कई शब्दों के अर्थ बताने में कठिनाई अनुभव करनी पड़ी थी।" अन्त में निष्कर्षस्वरूप आचार्य द्विवेदी कहते हैं : "फिर भी यह सत्य है कि कुछ-न-कुछ रूढ़ियों के बिना साहित्य का कार-बार नहीं चल सकता। ये रूढ़ियाँ मानवीय चेष्टाओं और आचारों में तथा जागतिक व्यापारों में कृत्रिम मानवीय मूल्यों का आरोप करके उनमें विशिष्टता और गरिमा का संचार किया करती हैं। रूढ़ियों को भुलाने का अर्थ है इस प्रकार के मूल्यों को भुलाना और इस प्रकार की विशिष्टता और गरिमा की मात्रा में हेर-फेर का होना।" रूढ़ियों के इस विवेचन के बाद भी क्या परम्परा से रूढ़ि को अलगाना आसान है? रूढ़ि यदि मूलतः प्रतीक है तो क्या हम आज भी उसके निर्माण से रुक सकते हैं? यदि प्रतीक-रचना-व्यापार के क्रम में रूढ़ि की स्थिति दुर्निवार हो तो फिर हम किस-किस रूढ़ि का त्याग करते रहेंगे? इसलिए रूढ़ियों का त्याग आवश्यक है या उनकी रचना में निहित तत्त्व-चिन्तन के बोध के आलोक में उनका अर्थसन्धान? वस्तुतः प्रश्न रूढ़ि तक ही सीमित नहीं है, बल्कि इसका विस्तार 'मिथक' तक जाता है और कहने की आवश्यकता नहीं कि मिथक प्राचीन हों या आधुनिक, सीधे-सीधे त्याग देने के सरल समाधान की अपेक्षा अधिक पेचीदा और कठिन संघर्ष की अपेक्षा रखते हैं—जो वैज्ञानिक दृष्टि के विकास और व्यापक प्रभुत्व से ही सम्भव है।

किन्तु ऐसा लगता है कि आचार्य द्विवेदी एक मिथक को तोड़ने के लिए दूसरे मिथक का प्रयोग करने में भी विश्वास रखते हैं। क्लोद लेवी-स्त्रोस की बात मानें तो मिथक और इतिहास परस्पर विरोधी हैं, फिर भी यह एक चमत्कार ही है कि आचार्य द्विवेदी 'शव-साधना' के तांत्रिक मिथक से इतिहास का निरूपण करते हैं। 'विचार-वितर्क' में संकलित 'शव-साधना' शीर्षक निबन्ध में वे एकदम अनासक्त भाव से घोषणा करते हैं : "प्राचीन युग मर चुका है, वह जी नहीं सकता।...यदि कोई पंडित समझता है कि पुराना जमाना जी जाएगा, पुराने आचार फिर से प्रचलित हो जाएँगे, पुराना गौरव फिर पनप उठेगा तो उसने अपनी साधना का रहस्य नहीं समझा।" इसलिए जब वे यह कहते हैं कि "प्राचीनता का अध्ययन उत्तम शव-साधना है" तो उसी साँस में यह भी जोड़ते हैं कि "वह युग एक साधन है। यदि इस युग का लक्ष्य वह युग ही है तो साधना अधूरी है।" यदि प्राचीन युग साधन है तो फिर साध्य क्या है? लक्ष्य क्या है? "लक्ष्य है, भविष्य का युग।" अतीत की सार्थकता भविष्य-निर्माण के उपयोग में आने में है। अतीत उपयोग में कैसे आएगा? साधना से। ऐसी साधना जिससे अतीत के शव में शक्ति का संचार हो, वह शव से शिव हो जाए, अधोमुखी शव का मुँह उलटकर साधक की ओर हो जाए, अतीत और वर्तमान दोनों सम्मुखीन हों—आमने-सामने हों और अतीत एक जीवित मनुष्य की भाँति वर्तमान से बात करे—अतीत और वर्तमान में संवाद शुरू हो। क्या हम इस संवाद को परम्परा नहीं कह सकते? अब देखा जाए कि 'शव-साधना' का यह सारा विवेचन मिथक है या इतिहास? क्या इस एक मिथक से अतीत, वर्तमान और भविष्य एक प्रवाह में नहीं जुड़ जाते?

यह भविष्योन्मुखी समय और उस समय की गति या प्रगति ही आचार्य द्विवेदी का अभीष्ट है।

कभी-कभी यह देखकर कुछ हैरानी-सी होती है कि प्राचीन साहित्य और संस्कृति में इतना रसे-बसे होने पर भी पंडितजी कहीं मोहासक्त नहीं हैं। प्राचीन ही क्यों, आधुनिक से भी उन्हें एक प्रकार का 'बौद्धिक वैराग्य' सा है—यह 'बौद्धिक वैराग्य' उन्हीं का शब्द है, जिसकी व्याख्या उन्होंने अनेकत्र विस्तार से की है और अच्छी तरह समझाने की कोशिश की है कि यह सामान्य वैराग्य से भिन्न एक विशेष प्रकार की वैज्ञानिक दृष्टि है, जिसमें अनुराग सन्निविष्ट है। हैरानी थोड़ी ही देर में दूर हो जाती है जब हमारी दृष्टि उनके सतत आराध्य महाकाल पर जाती है। यह दूसरा मिथक है जिसका प्रयोग वे अपनी इतिहास-दृष्टि के लिए अक्सर करते हैं। 'महाकाल का कुंठ नृत्य' उनकी कृतियों में अक्सर दृष्टिगोचर होता है। एक बार तो उन्हें भाषण करते देखकर, मेरे पास बैठे एक सहृदय भक्त कुछ इस प्रकार विचलित हो उठे थे गोया वे महाकाल का कुंठ नृत्य साक्षात् देख रहे हों। बहरहाल यह 'महाकाल के कुंठ नृत्य' का एहसास ही है जो आचार्य द्विवेदी को कहीं मोहासक्त

नहीं होने देता। इसके पदचाप से न अतीत सुरक्षित है, न वर्तमान और न शायद भविष्य ही। विश्वास न हो तो 'अशोक के फूल' की ये पंक्तियाँ देखें : "आज जिसे हम बहुमूल्य संस्कृति मान रहे हैं, वह क्या ऐसी ही बनी रहेगी? सम्राटों-सामन्तों ने जिस आचार-निष्ठा को इतना मोहक और मादक रूप दिया था वह लुप्त हो गई; धर्माचार्यों ने जिस ज्ञान और वैराग्य को इतना महार्घ समझा था, वह समाप्त हो गया, मध्ययुग के मुसलमान रईसों के अनुकरण पर जो रस-राशि उमड़ी थी, वह वाष्प की भाँति उड़ गई, तो क्या यह मध्ययुग के कंकाल में खिला हुआ व्यावसायिक युग का कमल ऐसा ही बना रहेगा? महाकाल के प्रत्येक पदाघात में धरती धसकेगी। उसके कुंठ नृत्य की प्रत्येक चारिका कुछ-न-कुछ लपेटकर ले जाएगी। सब बदलेगा, सब विकृत होगा—सब नवीन बनेगा।"

महाकाल का यह अकुंठ नृत्य नहीं, कुंठ नृत्य है। यह स्वर सर्वनाश का नहीं, परिवर्तन का है, नवीन निर्माण का है। निश्चय ही, यहाँ विनाश भी है, पर विनाश का पदाघात शाश्वतवाद पर पड़ता है। व्यवस्था अक्सर शाश्वतवाद का सहारा लेती है। शाश्वतवाद एक अरसे से सत्ता का सुरक्षा कवच रहा है। व्यवस्था-विरोधी विचारक समय-समय पर इस शाश्वतवाद के विरुद्ध लोहा लेने के लिए 'सर्व क्षणिकम्' या 'नश्वरतावाद' के तीर चलाते रहे हैं। इसलिए एकबारगी ऐसा भी लग सकता है कि आचार्य द्विवेदी बौद्धों, चार्वाकों, तांत्रिकों और मध्ययुगीन सन्तों की पुरानी बात ही दुहरा रहे हैं। लेकिन ध्यान से देखें तो द्विवेदीजी ऐसे हवाई फायर करनेवाले नहीं हैं। उनका शाश्वतवाद पर आक्रमण इतिहास के ठोस तथ्यों पर आधारित है। उदाहरण के लिए 'मेरी जन्मभूमि' शीर्षक निबन्ध में पहले वे अपने गाँव की छोटी समझी जानेवाली जातियों के उत्थान-पतन के तथ्य विस्तार से देते हैं; फिर यह कहते हैं : "हमारे गाँव की तमाम छोटी-बड़ी जातियाँ यह सिद्ध करने को पर्याप्त हैं कि तथाकथित जातिप्रथा कोई फौलादी ढाँचा नहीं है, उसमें अनेक उतार-चढ़ाव होते रहे हैं और होते रहेंगे।" अन्त में साहित्यकारों को सन्देश-सा देते हुए कहते हैं : "कर्तव्य तो स्पष्ट है कि वे कभी किसी प्रथा को चिरन्तन न समझें, किसी रूढ़ि को दुर्विजेय न मानें और आज बननेवाली रूढ़ियों को भी त्रिकालसिद्ध सत्य न मान लें।"

शाश्वतवाद के विरुद्ध परिवर्तनवाद में आचार्य द्विवेदी की ऐसी अटूट आस्था का कारण यह है कि वे प्रत्येक मान्यता, प्रत्येक प्रथा को उसके ठोस सामाजिक आधार पर रखकर जाँचते हैं। जब वे जातियों के उतार-चढ़ाव की बात करते हैं तो उस उतार-चढ़ाव के ठोस आर्थिक और राजनीतिक तथ्य देते हैं, जिनसे पता चलता है कि कैसे एक छोटी जाति आर्थिक दृष्टि से सम्पन्न होने के कारण आगे चलकर बड़ी जाति मान ली गई और राजनीतिक शक्ति खोकर कुछ ही दिनों में एक बड़ी जाति छोटी जाति हो गई। यह क्रान्तिकारी दृष्टि है, जिसके कारण आचार्य द्विवेदी

जाति-प्रथा सम्बन्धी सुधारवादी कार्यक्रमों की आलोचना करते हुए इतनी साफ बात कह सके : "जाति-प्रथा से विद्रोह करने के लिए अनेक धार्मिक आन्दोलन हुए हैं, परन्तु उन्होंने समस्या को दूर करने में सफलता नहीं पाई।...इस देश में बहुत से साधुमना व्यक्ति हैं जो समझते हैं कि वेद पढ़ा देने या जनेऊ पहना देने से इन जातियों का 'उद्धार' हो जाएगा। बहुत से लोग इनका छुआ अन्न ग्रहण कर लेने के कारण अपने को बड़ा सुधारक समझते हैं। यह मनोवृत्ति उचित नहीं है। जन-जागृति जिस दिन सचमुच होगी, उस दिन ऊँची मर्यादा वाले इनका 'उद्धार' नहीं करेंगे, ये स्वयं अपनी मर्यादा उच्च बनाएँगे।...निस्सन्देह यह जागृति धर्म और समाज-सुधार का सहारा न लेगी। वह आर्थिक और राजनीतिक शक्तियों पर कब्जा करेगी।"

इस ठोस सामाजिक आधार के कारण ही आचार्य द्विवेदी की दृष्टि सच्चे अर्थों में ऐतिहासिक है—क्रान्तिकारी है। इसलिए जब वे परिवर्तन की बात करते हैं तो नितान्त उच्छेदवादी नहीं हो जाते और शाश्वत का खंडन करते हुए नैरन्तर्य को भूल नहीं जाते। समग्रत: यह ऐतिहासिक दृष्टि परिवर्तन में अन्तर्निहित नैरन्तर्य है। इसीलिए आचार्य द्विवेदी एक ओर जहाँ बार-बार परिवर्तन पर बल देते हैं, वहीं दूसरी ओर वे 'प्राणधारा' की भी बात करते रहते हैं। 'मेरी जन्मभूमि' में उन्होंने इतिहास को 'जीवन के—मनुष्य के धारावाहिक जीवन के सारभूत रस का प्रवाह' कहा है; और 'कल्पलता' में संकलित 'साहित्य का नया कदम' शीर्षक एक काल्पनिक वार्तालाप में कुछ विस्तार से इसी सत्य का निर्वचन इस प्रकार किया है : "साहित्य का इतिहास ग्रन्थों और ग्रन्थकारों के उद्‌भव और विलय की कहानी नहीं है। वह कालस्रोत में बहे आते हुए जीवन्त समाज की विकास कथा है। ग्रन्थकार और ग्रन्थ उस प्राणधारा की ओर सिर्फ इशारा ही करते हैं। वे ही मुख्य नहीं हैं। मुख्य है वह प्राणधारा जो नाना परिस्थितियों से गुजरती हुई आज हमारे भीतर अपने आपको प्रकाशित कर रही है। साहित्य के इतिहास में हम अपने-आपको ही पढ़ने का सूत्र पाते हैं। जो प्राणधारा नाना देश-काल की विभिन्न परिस्थितियों से गुजरती हुई हमारे भीतर तक पहुँची है वही किसी भी इतिहास का मुख्य लक्ष्य है। मैं उन समस्त पुस्तकों का एक स्वर से प्रतिवाद करता हूँ जो इतिहास के नाम पर चला दी गई हैं, पर इस प्राणधारा को प्रकट करने में असमर्थ हैं। मैं इतिहास को जीवन का अनिरुद्ध स्रोत मानता हूँ और दृढ़ता के साथ कहना चाहता हूँ कि यही मानना सही मानना है।" इस प्रसंग में उल्लेखनीय है कि आचार्य द्विवेदी 'हिन्दी साहित्य की भूमिका' का नाम शुरू-शुरू में 'भारतीय साहित्य की प्राणधारा' रखना चाहते थे। इस बात का पता पंडित बनारसीदास चतुर्वेदी को 29 जनवरी, 1940 को लिखे पत्र से लगता है।

इस प्राणधारा को आचार्य द्विवेदी अक्सर 'मनुष्य की दुर्जय विजय यात्रा' भी कहते हैं, किन्तु अपने सर्वोत्तम रूप में यह कला और साहित्य की भाषा में ही व्यक्त होती है। 'महाकाल के कुंठ नृत्य' में समय भी नृत्य की गतिशीलता में प्रकट होता

है और जब साहित्य की चर्चा छिड़ती है तो देखते-देखते 'छन्द' सहसा केन्द्र में आ जाता है। 'साहित्य का मर्म' की परिणति 'छन्द' के यशोगान में ही नहीं बल्कि रवीन्द्रनाथ की एक कविता के 'दमतोड़' छन्द में किए गए रूपान्तर से होती है। छन्द को आचार्य द्विवेदी केवल कविता का धर्म नहीं मानते, बल्कि उसे सम्पूर्ण सृष्टि का मूल मानते हैं और गति-यति के सन्तुलन को अत्यन्त व्यापक सन्दर्भ में निरूपित करते हैं। छन्द के रूप में इतिहास का यह निरूपण आकस्मिक और अकारण नहीं है। जो इतिहास-बोध केवल समाज-विज्ञान नहीं, बल्कि मानव-विज्ञान है उसकी सौन्दर्यशास्त्रीय परिणति स्वाभाविक है। इतिहास-बोध अपने उत्कर्ष के चरम शिखर पर सौन्दर्यशास्त्रीय परिकल्पना में ही व्यक्त हो सकता है, जैसा कि स्वयं मार्क्स के इतिहास-दर्शन में भी दृष्टिगोचर होता है। आवश्यकता की पहचान के द्वारा मनुष्य अन्ततः जिस मुक्ति को प्राप्त करता है उसे 'आनन्द' या 'सुन्दर' जैसे शब्दों से बताने में भले ही संकोच हो, किन्तु जिस मानव अवस्थिति में सभी प्रकार के 'एलियनेशन' का अन्त हो, उसका वर्णन किसी सौन्दर्यशास्त्रीय प्रत्यय द्वारा करने के सिवा दूसरा विकल्प नहीं है।

'विचार प्रवाह' के अन्तिम निबन्ध 'जनता का अन्तःस्पन्दन' में आचार्य द्विवेदी ने इतिहास की इसी आवश्यकता पर बल देते हुए लिखा है : "जो जाति 'सुन्दर' का सम्मान नहीं कर सकती, वह यह भी नहीं जानती कि बड़े उद्‌देश्य के लिए प्राण देना क्या चीज है। वह छोटी-छोटी बातों के लिए झगड़ती है, मरती है और लुप्त हो जाती है। 'सुन्दर' का सम्मान करना किसी भी जाति की महिमा की कसौटी है।" ध्यान देने की बात है कि द्विवेदीजी ने जिस 'सुन्दर' के सम्मान को महिमा की कसौटी माना है, उसका लक्ष्य कोई व्यक्ति—विशिष्ट व्यक्ति—नहीं बल्कि समूची जाति है। प्रश्न यह है कि जनता किस तरह सुन्दर ढंग से जीवन बिताना सीखे, सुन्दर को पहचानना सीखे, सुन्दर का सम्मान करना सीखे और सीखे सुन्दर का सृजन करना। इस प्रश्न का उत्तर देते हुए आचार्य द्विवेदी बिना हिचक के अपने आपको सत्ख्यातिवादी घोषित करते हुए कहते हैं कि जो कभी था ही नहीं, वह कभी हो भी नहीं सकता अर्थात् जो वस्तु जनता के भीतर नहीं है उसको उद्‌बुद्ध करने की चेष्टा बेकार है। सौभाग्य से, द्विवेदीजी का दृढ़ विश्वास है कि वह वस्तु अर्थात् 'सुन्दरता' जनता के भीतर स्तब्ध पड़ी हुई है, उपयुक्त उद्‌दीपक के अभाव में वह स्पन्दित नहीं हो रही है। इस उद्‌दीपक वस्तु को समाज में प्रतिष्ठित करना वांछनीय है। किन्तु 'वांछनीय है' कहने से ही काम नहीं चलेगा। इसके लिए सक्रियता अपेक्षित है। इसीलिए आचार्य द्विवेदी आगे यह भी कहते हैं : "बहुत से लोग कुछ भी न करने को भलापन समझते हैं। यह गलत धारणा है। सुन्दर जीवन क्रियाशील होता है; क्योंकि क्रियाशीलता ही जीवन का रूप है। क्रियाशीलता को छोड़कर जीवन का 'सौन्दर्य' टिक नहीं सकता।" स्पष्ट है कि 'सुन्दर' की रक्षा और सृजन निठल्ले नहीं

कर सकते हैं, बल्कि क्रियाशील जन ही कर सकते हैं। कहने की आवश्यकता नहीं कि द्विवेदीजी की दृष्टि में सुन्दर का दावेदार जनता है क्योंकि वह उत्पादक है और उत्पादन के लिए श्रम करती है। द्विवेदीजी जिसे क्रियाशीलता कहते हैं, उसमें श्रम और संघर्ष दोनों सम्मिविष्ट हैं। सुन्दर के लिए क्रियाशील होने का अर्थ है सुन्दर के सृजन के लिए श्रम करना और संघर्ष करना।

आकस्मिक नहीं है कि साहित्य और कला के इतिहास में आचार्य द्विवेदी को वही युग जीवन्त और सुन्दर दिखाई पड़ते हैं, जिनमें जनता के साहित्यकार और कलाकार सक्रिय होते हैं और परजीवी तथा उपभोगी वर्ग की जड़ीभूत सौन्दर्याभिरुचि को तोड़कर नए सौन्दर्य का सृजन करते हैं। इसीलिए वे समूचे मध्ययुग में भक्तिकाव्य की श्रेष्ठता का बखान करते हैं। उनके उपन्यासों के अन्तर्गत भी संकट की घड़ी में जब राजा और सामन्त निरुपाय हो जाते हैं तो जनता के बीच से अति साधारण चरित्र बलिदान के लिए आगे आते हैं। 'बाणभट्ट की आत्मकथा' में भट्टिनी के रक्षार्थ आभीर सैनिक जान की बाजी लगा देते हैं और 'चारुचन्द्रलेख' में कारुनटों के बीच से मैना तथा अलहना जैसे चरित्र ज्योति स्फुलिंग के रूप में प्रज्वलित हो उठते हैं। प्रसंगवश, वे कारुनट वही हैं जो सैन्य कौशल में दक्ष होने के अलावा कारुकला में भी प्रवीण हैं। इस प्रकार आचार्य हजारीप्रसाद द्विवेदी के इतिहास की मूल संचालक शक्ति जनता है—जनता यानी सामूहिक, संगठित सचेत जन : इतिहास को बदलनेवाला भी, इतिहास को जारी रखनेवाला भी, इतिहास को सिरजनेवाला भी और इतिहास को भोगनेवाला भी! आचार्य द्विवेदी का 'इतिहास विधाता' यही है।

उस मुखमंडल पर इस 'इतिहास विधाता' का प्रतिबिम्ब आज मैं स्पष्ट देख रहा हूँ। क्या यह सिर्फ मेरा भ्रम है?

[आलोचना-त्रैमासिक के अप्रैल-जून एवं जुलाई-सितम्बर 1979 में प्रकाशित]

इतिहास की शव-साधना

"मैं जब-जब अपने देश के प्राचीन आचार-विचार और क्रिया-कलाप अध्येताओं को देखता हूँ तब-तब मुझे तांत्रिक शव-साधना की बात याद आती है।" पंडित हजारीप्रसाद द्विवेदी का यह वाक्य पढ़कर स्वयं उनकी याद न आना असम्भव है। मरे हुए जमाने की पीठ पर बैठकर जो पंडित ज्ञान की साधना कर रहे हैं, उनमें द्विवेदीजी अन्यतम हैं। लेकिन अक्सर कितनी गलतफहमी का शिकार हुई है यह इतिहास की शव-साधना!

मुझे 1955 का एक प्रसंग याद आता है। काशी हिन्दू विश्वविद्यालय में प्रगतिशील लेखकों की एक संगोष्ठी थी। अध्यक्ष थे डॉ. रामविलास शर्मा और पंडित हजारीप्रसाद द्विवेदी उद्घाटनकर्ता। पंडितजी ने अपने भाषण में उसी चिर-परिचित शव-साधना के सादृश्य पर इतिहास की व्याख्या करते हुए विस्तार से बतलाया कि किस प्रकार साधना से शव का मुँह उलटकर साधक की ओर हो जाता है। एक तो पंडितजी की ओजस्वी वाणी दूसरे तांत्रिक प्रतीक का चमत्कार। खूब तालियाँ बजी थीं। अन्त में डॉ. शर्मा बोले : "इस शव-साधना में खतरा यह है कि शव की जगह साधक का ही मुँह उलट जाता है।" यह वाक्य मुझे अब भी याद है। जोर से तालियाँ बजीं। लगा कि सारी साधना उड़ गई। अब किस-किस को समझाइए कि स्वयं द्विवेदीजी ही इस खतरे से आगाह कर चुके हैं। लेकिन 'विचार और वितर्क' ढूँढ़कर 'शव-साधना' शीर्षक निबन्ध पढ़ने की जहमत कौन उठाए?

द्विवेदीजी ने बार-बार इस बात पर जोर दिया है कि प्राचीन युग का अध्ययन साधन मात्र है, उसे साध्य समझना गलत है। यदि कोई पंडित समझता है कि पुराना जमाना जी जाएगा, पुराने आचार-विचार फिर से प्रचलित हो जाएँगे, पुराना गौरव फिर पनप उठेगा, तो उसने अपनी साधना का रहस्य नहीं समझा। प्रसंगवश, उन्होंने ऐसे अधूरे साधकों की आलोचना की है, जो शव के ही होकर रह जाते हैं। जैसे, बैठे गुप्ता पीरियड में, तो बस वहीं बैठे रह गए। नावै नहीं खुलती। इसीलिए मध्ययुग को अपने अध्ययन के लिए चुनकर भी द्विवेदीजी मध्ययुग में ही बैठे नहीं रह गए। क्योंकि मध्ययुग उनकी मंजिल नहीं है।

प्राचीन इतिहास की सामग्री के उद्धार में लगे हुए विद्वानों के लिए द्विवेदीजी के मन में आदर कम न था, किन्तु उस प्रयास से वे पूरी तरह सन्तुष्ट न थे। 'साहित्य का मर्म' में उन्होंने लिखा है कि 'विशेषज्ञों का एक दल, जिनमें विदेशी पंडितों का महत्त्वपूर्ण स्थान था, अपने देश की विद्या का अध्ययन करके लुप्त होती हुई सामग्री का उद्धार करने में लग गया। बहुत-कुछ बचाया जा सका, बहुत-कुछ उबारा जा सका, परन्तु इन विषयों का उस प्रकार उपयोग नहीं किया जा सका जिस प्रकार जीवन-रस देनेवाले साहित्य का होना चाहिए। प्रधान प्रेरणास्रोत विदेशी विचारक ही बने रहे और इसके शिक्षितों ने अपने पुराने साहित्य के प्रति एक ऐसा मनोभाव पैदा कर लिया जिसे अंग्रेजी में म्यूजियम इंट्रेस्ट कहते हैं। यह एक दृष्टि से बहुत बुरा हुआ।...सामाजिक पृष्ठभूमि से विच्छिन्न होकर प्राचीन ग्रन्थ केवल प्रदर्शनी की वस्तु रह गए।' (विचार प्रवाह, पृ. 107)

भारत के प्रत्नविद्याविदों की दृष्टि सीमा समझनेवालों में आचार्य द्विवेदीजी निश्चय ही हिन्दी के प्रथम विद्वान हैं। ऊपर-ऊपर से देखने पर ये भारतीय प्रत्नविद्याविद् अंग्रेजी शिक्षाप्राप्त आधुनिक विचारोंवाले थे, किन्तु इनकी दृष्टि पश्चिम के उन विद्वानों से भिन्न न थी, जिन्हें ओरिएंटलिस्ट या प्राच्यविद्याविद् कहा जाता है। पश्चिम निर्मित ओरिएंटलिज्म की सीमा यह थी कि इसका निर्माण पश्चिम की अपनी आवश्यकता के अनुसार हुआ था। इसलिए उसमें पूर्व का उपयोग भी पश्चिम की अपनी आवश्यकता के अनुरूप हो रहा था। स्वभावतः पूर्व के अतीत से पश्चिम के विद्वानों का वह लगाव न हो सकता था, जो कायदे से पूर्वी विद्वानों का होता, किन्तु पूर्वी विद्वान भी पश्चिम प्राच्यविद्याविदों के प्रभाव में अपनी विरासत के प्रति लगभग वैसे ही म्यूजियम इंट्रेस्ट के शिकार हो गए। इस स्थिति पर खेद प्रकट करते हुए आचार्य द्विवेदी उसी निबन्ध में कहते हैं : "विचारों की विकास-परम्परा की जानकारी के द्वारा जो ऐतिहासिक दृष्टि इस देश में प्रतिष्ठित हुई, वह यद्यपि नवीन युग की देन थी, परन्तु वह सम्पूर्ण रूप से विदेशी थी क्योंकि उसका प्रवाह पश्चिमी मनीषियों की विचार-शृंखला के भीतर से स्थिर किया गया था और इस देश के विचारकों का उसमें कोई स्थान न था।" इस प्रकार हमारी विचार-परम्परा का स्रोत पहले तो अज्ञान के कारण सूख गया और बाद में उपेक्षा के कारण भुला दिया गया। (वही, पृ. 106)

स्पष्ट है कि द्विवेदीजी को अतीत के इतिहास की सामग्री से ज्यादा चिन्ता परम्परा की, विचार-परम्परा के विकास की थी। वे अपने अतीत को संग्रहालय में नहीं, बल्कि वास्तविक जीवन सन्दर्भ में देखना चाहते थे। उन्हें चिन्ता इस बात की थी कि परम्परा का वह स्रोत सूख गया और उसे भुला दिया गया। द्विवेदीजी की इतिहास-दृष्टि का मूलाधार यही चिन्ता है, यही पीड़ा है। चिन्ता परम्परा के सूखने की, पीड़ा परम्परा भूलने की। भारत के प्रत्नविद्याविदों और पश्चिम के प्राच्यविद्याविदों

को यह पीड़ा न थी—शायद हो भी नहीं सकती थी। इसीलिए उस तथाकथित आधुनिक इतिहास-दृष्टि से द्विवेदीजी का मार्ग भिन्न था।

इस पीड़ा को रवीन्द्रनाथ ठाकुर ने एक जगह बड़े ही मार्मिक शब्दों में इस प्रकार व्यक्त किया है : "हमारे देश के प्राचीन काल के साथ आधुनिक काल का प्रथागत बन्धन है, लेकिन तो भी न जाने किस जगह पर हमारे मन में नाड़ियों का सम्बन्ध ऐसा कहीं टूट गया है कि उस काल से मानसिक प्राण रस अव्याहत रूप से प्रवाहित होता हुआ आज हमारे पास पहुँच नहीं रहा है।...हमारे बीच ऐसा कौन-सा महाप्रलय हुआ था जिससे प्राचीन काल का कार्य-कलाप वर्तमान काल के निकट एक पहेली बन गया है? हमारे जातीय जीवन-इतिहास के बीच के कई पन्ने कौन फाड़कर ले गया जिससे हम उस समय के समाज के साथ संगति नहीं बैठा पा रहे हैं? आज हमारे विधान रह गए हैं, लेकिन उनका वह विधाता नहीं है, शिल्पी नहीं है, लेकिन उसके शिल्प की निपुणता से देश ढका हुआ है। ऐसा लगता है कि जैसे हम लोग किसी परित्यक्त राजधानी के खँडहरों में रह रहे हैं, उस राजधानी की ईंटें जहाँ खिसक गई हैं वहाँ हमने बस कीचड़ और गोबर लीप दिया है।" (बँगला जातीय साहित्य, रवीन्द्रनाथ के निबन्ध-2 सा.अ., पृ. 310)

इस सम्बन्ध-विच्छेद से भी अधिक दुख कवि को इस बात का है कि प्राचीन पूर्व पुरुषों से हमारा सम्बन्ध ऐसा टूट गया है कि हम यह समझने की क्षमता भी खो बैठे हैं कि उनके साथ हमारा पार्थक्य कहाँ है? (वही, पृ. 311)

कहने की आवश्यकता नहीं कि परम्परा के टूटने और परम्परा से टूटन की यह पीड़ा उन्हें हो ही नहीं सकती, जिनका अतीत से सम्बन्ध प्रथागत बन्धन का है—वह बन्धन जो मरने के बाद भी बना रहता है। फिर कहाँ की टूटन और कहाँ की पीड़ा? वहाँ फिर इस सवाल की भी उम्मीद नहीं कि वह कौन-सा महाप्रलय था? और जीवन इतिहास के वे पन्ने कौन फाड़कर ले गया?

जब अपने कहलानेवालों का यह हाल है तो पश्चिम के उन प्राच्यविद्याविशारदों से क्या उम्मीद, जिनके लिए यह परम्परा अपनी नहीं थी और जो कहीं न कहीं उस महाप्रलय के कर्ता से जुड़े थे अथवा उस विनाशलीला में सहभागी थे। फिर भी क्या विडम्बना है कि उसी पश्चिम के एक कोने में बैठा हुआ एक विचारक साफ नजरों से भारत की इस महाप्रलय को देख रहा था और इस दृष्टि में रवीन्द्रनाथ की किसी कदर कम पीड़ा न थी। वह कोई प्राच्यविद्याविद् नहीं, बल्कि एक इतिहासकार था—उभरते हुए पूँजीवाद और उपनिवेशवाद को खत्म करने की दिशा दिखानेवाला एक क्रान्तिकारी—कार्ल मार्क्स। सन् सत्तावन की राज-क्रान्ति के चार साल पहले—'भारत में ब्रिटिश राज' शीर्षक लेख में मार्क्स ने लिखा था : 'इंग्लैंड ने तो भारतीय समाज का सारा का सारा ढाँचा तोड़ डाला और उसके नवनिर्माण के कोई लक्षण अभी तक नजर नहीं आते। इस भाँति एक तरफ भारतीय जनता की पुरानी दुनिया खो गई और दूसरी तरफ नई

दुनिया मिली नहीं, जिससे उसकी वर्तमान दुखपूर्ण दशा और भी करुण हो जाती है और ब्रिटिश शासन के नीचे भारत अपनी सभी प्राचीन परम्पराओं, अपने समूचे पिछले इतिहास से कट जाता है।'

किन्तु इतिहास और द्वन्द्व-न्याय के मर्मज्ञ मार्क्स इस पीड़ा में ही डूब नहीं गए, वे पीड़ा का वह दूसरा पहलू भी देख सके जिसमें इंग्लैंड भारत में औद्योगिक क्रान्ति लाने में अनजाने ही इतिहास का अस्त्र बन गया। अन्त में मार्क्स कहते हैं : तब एक प्राचीन संसार के लड़खड़ाकर गिरने का दृश्य हमारी निजी भावनाओं के लिए चाहे जितना भी कटु क्यों न हो, इतिहास की दृष्टि से 'गेटे' के शब्दों में हमें यह कहने का अधिकार है : 'तो क्या हम इस जुल्म से दुखी हों जबकि यह हमारे लिए नई खुशियाँ ला रहा है?'

अब इस पृष्ठभूमि में यदि हम पं. हजारीप्रसाद द्विवेदी की इतिहास की शव-साधना को देखें तो अतीत के कृत्य पर विषाद और हर्ष का यही द्वन्द्व-न्याय दृष्टिगोचर होगा।

द्विवेदीजी के प्रसिद्ध निबन्ध 'अशोक के फूल' को ही लें। आरम्भ में पुष्पित अशोक को देखकर मन उदास हो जाता है। लेकिन अन्त इस वाक्य से होता है कि उदास होना बेकार है। उदासी का कारण यह है कि भारतीय साहित्य और संस्कृति में अशोक जिस वैभव के साथ आया था, वह वैभव बाद में न रहा—यहाँ तक कि आज लोग उसे पहचानते भी नहीं। सुन्दर के चले जाने पर उदास होना स्वाभाविक ही है। किन्तु इसी क्रम में आगे चलकर द्विवेदीजी को याद आता है कि अशोक का वृक्ष कितना भी मनोहर हो, कितना भी रहस्यमय हो, कितना भी अलंकारमय हो, परन्तु है वह उस विशाल सामन्ती सभ्यता की परिष्कृत रुचि का ही प्रतीक, जो साधारण प्रजा के परिश्रमों पर पली थी, उसके रक्त के संचार कणों को खाकर बड़ी हुई थी और लाखों-करोड़ों की उपेक्षा से जो समृद्ध हुई थी। ऐसी सभ्यता के मिटने पर उदास क्या होना? यहीं द्विवेदीजी इतिहास के विकास के उस अगले चरण को लक्षित करते हैं जिसमें मशीन का रथ-घर्घर है और विज्ञान का सवेग धावन। इस व्यावसायिक संघर्ष में अशोक की संस्कृति का पिस जाना निश्चित था। इस प्रकार द्विवेदीजी की स्पष्ट दृष्टि इतिहास की अनिवार्यता को भी देख रही है। फलतः दृष्टि बदलती है। मन उदासी से उबरता है। महसूस होता है कि पुराने चित्त से इसको देखनेवाला उदास होता है। वह अपने को पंडित समझता है। पंडिताई भी एक बोझ है—जितनी ही भारी होती है उतनी ही तेजी से डुबोती है। तब वह बोझ नहीं रहती। वह उस अवस्था में उदास नहीं करती।

अतीत के विवेचन में आचार्य द्विवेदी के भाव-बोध का यही बुनियादी ढाँचा है। पहले अतीत के अत्यन्तगत होने का भाव। इस भाव की आँच में अतीत को जीवन्त करने की सर्जनात्मक कोशिश। फिर उस जीवन्त अतीत में अन्तर्विरोधों की

पहचान और म्रियमाण तत्त्वों का एहसास। अन्त में इतिहास की अनिवार्यता के आलोक में अतीत के जीवन्त तत्त्वों के विकास का विश्वास। इस भाव-बोध के कारण ही आचार्य द्विवेदी द्वारा प्रस्तुत अतीत के पुनर्निर्मित चित्र म्यूजियम इंट्रेस्ट वाले प्रत्नविद्यात्रिदों के पांडित्यपूर्ण, तथ्यात्मक विवरणों से अधिक जीवन्त, मनोरम और प्रेरणाप्रद हो सके हैं। आचार्य द्विवेदी की इतिहास-दृष्टि इसी भाव-बोध की उपज है।

स्पष्ट है कि इतिहास के इस बोध के लिए आधुनिक युग की उस विध्वंस-लीला का एहसास आवश्यक है जिसमें अतीत के विनाश के साथ ही भविष्य के निर्माण का सन्देश निहित है। इस विध्वंस का एहसास कुछ इतना असामान्य है कि संवेदनशील मानस में इसकी अभिव्यक्ति प्रायः मिथकीय रूपों में हुई है। विचित्र संयोग है कि आचार्य द्विवेदी ने विध्वंस के जिस अनुभव का साक्षात्कार तांत्रिक शव-साधना के मिथक के रूप में किया, वाल्टर बेंजामिन ने उसी को 'पॉल क्ली के नया फरिश्ता' नामक चित्र के सहारे एक अन्य मिथक के रूप में देखा। इतिहास-दर्शन की नवीं थीसिस में बेंजामिन ने इस अन्तर्दृष्टि का अंकन इस प्रकार किया है : 'क्ली के नया फरिश्ता' नामक चित्र में फरिश्ता इस प्रकार देखता है गोया जिस वस्तु पर एकाग्र भाव से दृष्टि गड़ाए हुए है, उससे हट जाना चाहता है। उसकी आँखें फटी हैं, मुँह खुला है, डैने फैले हैं। उसका रुख अतीत की ओर है। हम जहाँ घटनाओं की शृंखला देखते हैं, वह सिर्फ एक विध्वंस देखता है, जो उसके पैरों के पास मलबे का ढेर लगाता जा रहा है। फरिश्ता चाहता है कि वह ठहरे, मुर्दों को जगाए और टुकड़ों को जोड़कर मुकम्मल करे। लेकिन स्वर्ग से तूफान आ रहा है और उसके पंख उस तूफान में इतनी बुरी तरह फँस गए हैं कि फरिश्ता उन्हें बन्द भी नहीं कर सकता। यह तूफान उसे उस भविष्य की ओर ठेल रहा है जिसकी ओर उसकी पीठ है। इधर उसके सामने मलबे का ढेर आकाश छू रहा है। यह तूफान वही है, जिसे हम प्रगति कहते हैं।

बेंजामिन के इस इतिहास-फरिश्ते को अगर भारत में ब्रिटिश राज के विध्वंस के मार्क्सीय सन्दर्भ में रखकर देखें तो पूरा अर्थ मूर्तिमान हो उठता है। निश्चय ही द्विवेदीजी की साधना का शव बेंजामिन के फरिश्ते से बहुत-सी बातों में भिन्न है, फिर भी एक विध्वंस की छाया वहाँ की पृष्ठभूमि में है। साधना के लिए जो उपयुक्त शव है, वह युद्ध में लड़ते-लड़ते मरा, उल्लास के साथ। उसी निबन्ध में अतीत की एक मोहक चित्रावली पेश करते हुए द्विवेदीजी अन्त में कहते हैं : "बड़े-बड़े विशाल मन्दिर, जयस्तम्भ, राजप्रासाद और दुर्गप्राकार इस प्रकार खड़े हैं, मानो हँसते-खेलते उन्हें बिजली मार गई हो, मानो सम्मुख युद्ध में उन्हें किसी ने काट डाला हो।"

अनुभव के ऐसे ही क्षण में अतीत की वह समग्र झलक मिलती है, जिसे

स्टीफेन स्पेंडर ने 'स्ट्रगल ऑफ द मॉडर्न' में वर्तमान के साथ अतीत की मुठभेड़ से प्राप्त होनेवाला विजन कहा है, जो एक अखंड अनुभव के रूप में होता है।

पंडितों की पंचायत में एकादशी की निश्चित तिथि पर बहस सुनते-सुनते द्विवेदीजी में बिजली की कौंध के समान वह अन्तर्दृष्टि दिखती है। ननु-तथाच और उक्तंच की धुआँधार वर्षा से मध्ययुग का आकाश इतना आविल जान पड़ा कि बीसवीं शताब्दी का ज्ञानलोक अनेक चेष्टाओं के बाद भी निबन्धकारों की असली समस्या तक न पहुँच सका। मैंने फिर एक बार सोचा, शास्त्रीय वचनों के इन विशाल पर्वतों को खोदकर यह चुहिया क्यों निकाली जा रही है। इस चिन्तन क्रम में चलते हुए वे इस बिन्दु पर पहुँचे हैं कि आज आलोचना चल रही है, वह उसी चेतना का भग्नावशेष है। उसमें कोई स्फूर्ति नहीं रह गई है। नीरस और प्रलम्बमान तर्कजाल से उकताकर मैं उद्विग्न हो रहा था। जी में आया, यहाँ से उठ चलूँ और इस विचार के आते ही मेरी कल्पना वहाँ से उठाकर मुझे अन्यत्र ले चली। मुझे ऐसा जान पड़ा, मैं सारे जगत् के छोटे-मोटे व्यापार को देख सकता हूँ। मेरी दृष्टि समुद्र पार करके अद्भुत कर्म-लोक में पहुँची। कहने की आवश्यकता नहीं कि इस अद्भुत कर्म-लोक, वैज्ञानिक प्रगति और औद्योगिक उन्नति का अग्रदूत यूरोप है—आधुनिक दुनिया।

इतिहास की जिस विराट अन्तर्दृष्टि की एक झलक में भारत और यूरोप, अतीत और वर्तमान, विच्छेद और संघात की दशा में सक्रिय हैं, उसी से द्विवेदीजी ने भारत के मध्ययुग का सांस्कृतिक साहित्यिक इतिहास प्रस्तुत किया है। अपने यहाँ मध्ययुग के विशेषज्ञों और सन्त-साहित्य के पंडितों की कमी नहीं है। सम्भव है, इनमें से किसी ने द्विवेदीजी से कुछ अधिक जानकारी जमा कर ली हो। आचार्य द्विवेदी की विशेषता जानकारी देने में नहीं, बल्कि समग्र अन्तर्दृष्टि में है, इतिहास के उस क्षण के अनुभव में है, अनुभव की तीव्रता में है। 'हिन्दी साहित्य की भूमिका' और 'मध्यकालीन बोध का स्वरूप' इसी अनुभव के आलोचनात्मक आलेख हैं।

मध्ययुग पर दृष्टि केन्द्रित करने का कारण यह है कि उसके पेट से यह हमारा आधुनिक युग उत्पन्न हुआ है। इस देश की जनता को, उसके विश्वासों को, धर्म परिवर्तन के कारणों को समझने की सामग्री इस काल के साहित्य में प्रचुर मात्रा में मौजूद है। इसे समझे बिना हम भारतवर्ष को ही ठीक-ठीक नहीं समझ सकेंगे। (विचार प्रवाह, पृ. 90)

मध्ययुग की जिस बात ने द्विवेदीजी का ध्यान सबसे पहले खींचा, वह है—उसकी स्तब्धता। सामूहिक रूप से परिवर्तन की इच्छा का अभाव, स्वतंत्र चिन्तन की कमी, आत्मविश्वास का अभाव और आप्तवाक्यों का अनुसरण आदि इस स्तब्धता के ही विविध रूप हैं। द्विवेदीजी ने इसी आधार पर मध्ययुग को स्तब्ध मनोवृत्ति या जबदी हुई मनोवृत्ति का काल कहा है। इस मनोवृत्ति का मूल उत्स उन्हें काल की

उस परिकल्पना में मिला जिसके अनुसार सारा इतिहास सतयुग, त्रेता, द्वापर और कलियुग नामक चार युगों की चक्राकार गति के रूप में निरूपित है। इस काल-परिकल्पना में निरन्तर पतन या ह्रास की धारणा निहित है। विद्वानों के साक्ष्य पर द्विवेदीजी इस तथ्य का उल्लेख करते हैं कि चौथी शताब्दी तक युग के इस प्रकार के विश्वास ने जड़ जमा ली होगी, किन्तु छठी शताब्दी में वर्णाश्रम व्यवस्था को आशा की ज्योति दिखी थी और सतयुग के पुनः प्रवर्तन की आशा बँधी थी। पर यह आशा देर तक न टिकी। सातवीं शताब्दी के बाद देश खंडित होने लगा और निराशा का स्वर प्रबल होता गया। बाद की शताब्दियों में कलियुग के जमकर बैठ जाने के विश्वास ने बल पकड़ा और स्तब्ध मनोवृत्ति का काल जमकर लोकचित्त को अभिभूत करने में समर्थ हुआ। (मध्यकालीन बोध का स्वरूप, पृ. 16-17) इसलिए आचार्य द्विवेदी लगभग नवीं-दसवीं शताब्दी से इस स्तब्ध मनोवृत्ति के काल की शुरुआत मानते हैं, जिसका विस्तार अठारहवीं शताब्दी तक दिखाई पड़ता है।

यह काल-सीमा विवादास्पद हो सकती है किन्तु कलियुग का मिथक अकाट्य है, जिसके अनुसार एक जाति स्वयं ही अपने पतन को स्वीकार कर लेती है। अब विचारणीय रह जाता है तो यह प्रश्न कि इस धारणा का प्रभाव कितना व्यापक है? द्विवेदीजी के विवेचन से ऐसा प्रतीत होता है कि स्तब्ध मनोवृत्ति का प्रभाव था कि आतंक मुख्यतः शास्त्र-शासित समाज पर था।

निश्चय ही मध्ययुग का चरित्र यदि इतना इकहरा होता तो दिलचस्प भी न होता। मध्ययुग के इस इकहरेपन को चुनौती देता है सन्तों और भक्तों का साहित्य। इसलिए द्विवेदीजी की 'हिन्दी साहित्य की भूमिका' 'मध्यकालीन बोध का स्वरूप' के लिए चुनौती है, जो एक तरह से शास्त्र को लोक की चुनौती भी है। इस प्रकार मध्ययुग का अन्तर्विरोध खुलकर सामने आता है। यदि एक ओर द्विवेदीजी को मध्ययुग में सर्वत्र स्तब्ध मनोवृत्ति दिखाई पड़ती है तो दूसरी ओर भूमिका में वे यह भी कहते हैं कि लोकमत की जैसी प्रधानता इस युग में दृष्टिगत हुई वैसी सम्पूर्ण भारतीय इतिहास में शायद कभी दिखी हो। (पृ. 72) इस काल में लोकशक्ति का इतना दबाव था कि पंडितों को भी लोकमत की ओर झुकने के लिए बाध्य होना पड़ा। (पृ. 26) साहित्य में लोक-भाषा का उत्कर्ष इसी शक्ति का प्रमाण था। द्विवेदीजी की भूमिका ने दलित-पीड़ित जातियों की उस जीवन्तता को उभारकर सामने रखा जिसके कारण कबीर, रैदास, दादू जैसे सन्त कवि पैदा हो सके। फिर उन्होंने इस ओर भी ध्यान आकर्षित किया कि शास्त्रों को चुनौती देनेवाले सन्त-कवियों के पीछे नीच समझी जानेवाली छोटी जातियों के असन्तोष और विद्रोह का व्यापक जन-आधार था। साहित्य के इतिहास में ये बातें इतनी मान्य हो गई हैं कि अब इनकी ऐतिहासिक भूमिका की ओर ध्यान भी नहीं जाता।

इस प्रसंग में उल्लेखनीय है कि आचार्य द्विवेदी भक्ति-साहित्य के लोकवादी

महत्त्व को उद्घाटित करते हुए भी उसकी मध्ययुगीन सीमा से बेखबर नहीं रहे। हिन्दी के अध्येता भक्ति-साहित्य के बारे में द्विवेदीजी के महिमा-बखान से तो परिचित हैं लेकिन आलोचना से एकदम अपरिचित हैं।

समाज को सचेत रूप से बदलने की इच्छा को आधुनिक युग की विशेषता मानते हुए आचार्य द्विवेदी जब भक्ति-साहित्य को इस कसौटी पर कसते हैं कि उसमें यह व्याकुलता तो मिलती है, किन्तु वह आधुनिक इसलिए नहीं कही जाती कि उसका अनुध्यात आदर्श परलोक में मनुष्य को मुक्त करना है। इसी लोक में, इस मर्त्यजगत को सुन्दर और शोभन बनाने के उद्देश्य से वह नहीं लिखा गया। भक्ति-साहित्य संसार के बाह्य रूप को यथास्थित छोड़कर व्यक्ति मानव के चित्त में परिवर्तन लाने पर अधिक जोर देता है। फिर भी लौकिक रस के कवियों की रचनाओं की तुलना में अधिक मुक्त और कुंठाहीन है। (मध्यकालीन बोध का स्वरूप, पृ. 19)

इस प्रकार भक्ति-साहित्य मध्यकालीन स्तब्धता को अंशतः तोड़ते हुए भी अन्ततः मध्यकालीनता की सीमा से पूर्णतः मुक्त नहीं हो पाता। कारण यह कि भक्ति की मुक्ति सम्बन्धी परिकल्पना एक ओर परलोकवादी है और दूसरी ओर व्यक्तिवादी। इस प्रकार भक्ति-साहित्य के जिस मानवतावाद की इतनी दुन्दुभी बजाई जाती है, वह सीमित है। इस मानवतावाद की सीमा स्पष्ट करते हुए अन्यत्र द्विवेदीजी कहते हैं कि आधुनिक युग के मानवतावाद के साथ मध्ययुग के उस मानवतावाद को भुला ही देना चाहिए जिसमें किसी-न-किसी रूप में यह स्वीकार किया गया था कि मनुष्य जन्म दुर्लभ है और भगवान अपनी सर्वोत्तम लीलाओं का विस्तार नर रूप धारण करके ही करते हैं। नवीन मानवतावाद की सबसे बड़ी बात है, इसकी ऐहिक दृष्टि और मनुष्य के मूल्य और महत्त्व की मर्यादा का बोध। (विचार प्रवाह, पृ. 188) इस नव-मानवतावादी दृष्टि की यह विशेषता है कि वह एक ओर तो उन सब पुरानी वैरागी मनोभावनाओं का प्रत्याख्यान करती है जो शरीर को नाना कृच्छ्राचारों से तापित करके किसी दूसरे शाश्वत सुख की ओर मनुष्य को प्रवृत्त करती है और दूसरी ओर इस जीवन का सम्पूर्ण रूप से उपभोग करने की प्रवृत्ति को प्रश्रय देती है। (वही, पृ. 186)

कितना विचित्र विरोधाभास है कि आचार्य द्विवेदी आधुनिक बोध की प्रतिष्ठा मध्यकालीन बोध के माध्यम से करते हैं। व्याख्या करते हैं वे मध्यकालीन बोध की, और प्रतिष्ठा होती है आधुनिक बोध की। ऊपर-ऊपर से देखने पर टी.एस. इलियट के प्रयास से इसकी समानता प्रतीत हो सकती है क्योंकि उसने भी हिमायत की परम्परा की और स्थापित हुई आधुनिकता। किन्तु जिस तरह द्विवेदीजी की परम्परा भिन्न है, उसी तरह आधुनिकता भी। इलियट की दृष्टि में परम्परा प्राक् औद्योगिक युग का वह समाज है जिसमें तथाकथित संवेदना का पृथक्करण नहीं हुआ था।

जबकि द्विवेदीजी के सम्मुख स्तब्ध मनोवृत्ति से ग्रस्त एक स्थिर समाज है, जिसे आमूल बदलने की आकांक्षा है। स्पष्टत: इलियट की दृष्टि जहाँ पीछे-देखू है, द्विवेदीजी की दृष्टि आगे-देखू।

इस प्रसंग में आचार्य द्विवेदी ने इतिहास, परम्परा और सम्प्रदाय में जो अन्तर किया है, वह उल्लेखनीय है। एक व्याख्यान में उन्होंने कहा है कि परम्परा का शब्दार्थ है—एक का दूसरे को, दूसरे का तीसरे को दिया जानेवाला क्रम। वह अतीत का समानार्थक नहीं है। परम्परा से हमें समूचा अतीत प्राप्त नहीं होता। उसका निरन्तर निखरता, छँटता, बदलता हुआ रूप प्राप्त होता है। सम्प्रदाय उसे कहा जाता है जब प्रयत्नपूर्वक किसी आचार या विचार को पीढ़ियों तक सुरक्षित रखने का प्रयत्न होता है। सम्प्रदाय स्थिति संरक्षक है, इसलिए वह परम्परा के विरुद्ध है और इतिहास के भी, साथ ही आधुनिकता के भी।

इस सन्दर्भ में मध्ययुग की परम्परा पर विचार करें तो उसमें बाधा उपस्थित करनेवाले सम्प्रदायों की भूमिका स्पष्ट हो जाएगी। 'अशोक के फूल' निबन्ध संग्रह में 'घर जोड़ने की माया' शीर्षक निबन्ध में द्विवेदीजी ने बड़े रोचक ढंग से दिखाया है कि कबीर जैसे मठ सम्प्रदाय विरोधी सन्त के नाम पर भी आगे चलकर किस प्रकार अनेक सम्प्रदाय खड़े कर दिए गए। इन सम्प्रदायों के ही चलते मध्ययुग स्तब्ध मनोवृत्ति का शिकार हुआ था। यह प्रक्रिया आज भी समाप्त नहीं हुई है बल्कि परम्परा के नाम पर अनेक रूपों में चल रही है।

सम्प्रदाय-विचार के समान ही मध्ययुग के प्रसंग में द्विवेदीजी का रूढ़ि-विचार भी महत्त्वपूर्ण है। 'हिन्दी साहित्य की भूमिका' के अन्तर्गत परिशिष्ट में उन्होंने बड़े श्रम से समस्त काव्य-रूढ़ियों को एकत्र किया है, जिनकी प्रासंगिकता बहुतों के लिए अस्पष्ट है। आगे चलकर उनका ध्यान कथानक रूढ़ियों की ओर गया और उन्होंने हिन्दी साहित्य के आदिकाल, पृथ्वीराज रासो और प्रसंगवश जायसी के पद्मावत में प्रयुक्त कथानक रूढ़ियों का विस्तृत विवेचन किया। खेद है कि द्विवेदीजी के इस प्रयास का उपयोग साहित्य के इतिहास लेखन में अभी तक न हो सका।

ऐसा प्रतीत होता है कि किसी कृति की तथाकथित अन्तर्वस्तु को प्रस्तुत करने की अधीरता में सामान्यत: साहित्य के अध्येता इस महत्त्वपूर्ण विशेषता की उपेक्षा कर जाते हैं कि कवि प्राय: उपयुक्त रूढ़ियों का भी यथास्थान उपयोग करता है। विश्लेषण की प्रक्रिया में अक्सर जिन बातों को हम किसी युग-विशेष का यथार्थ मान लेते हैं, वह अन्तत: एक रूढ़ि निकलती है, जिसका मूल स्रोत पहले के किसी युग में होता है। इस प्रकार साहित्य और समाज के सम्बन्ध पर विचार करते समय काव्य-रूढ़ियों और कथानक-रूढ़ियों का व्यवधान विशेष रूप से विचारणीय है। इन काव्य-रूढ़ियों का खयाल न रखने के कारण ही हिन्दी की रीतिकालीन कविता की जो स्थूल सामाजिक व्याख्याएँ की गई हैं, वे भयावह हैं। देखा जाए तो भक्तिकाव्य

की समाजशास्त्रीय व्याख्या में भी व्यवधानस्वरूप आनेवाली रूढ़ियों का विवेचन बहुत से अतिसरलीकरण से रक्षा कर सकता है। द्विवेदीजी के रूढ़ि-विचार से एक बात स्पष्ट होकर सामने आती है कि साहित्य भी एक प्रकार का संस्थान अथवा प्रतिष्ठान है, जो अन्य सभी संस्थानों के समान अपनी अभिव्यक्तिपरक रूढ़ियों से वैयक्तिक सृजन को किसी-न-किसी हद तक नियंत्रित करने की कोशिश करता है।

इस प्रकार आचार्य द्विवेदी ने अपनी परम्परा के अध्ययन के लिए इतिहास को एक दृष्टि ही नहीं दी, बल्कि एक इतिहास पद्धति भी दी है।

कहने की आवश्यकता नहीं कि आचार्य द्विवेदी ने यह दृष्टि और पद्धति अपनी जातीय परम्परा के भीतर से ही अर्जित की है। यह नहीं कि उसकी अभिव्यक्ति इसी जातीय परम्परा का विकास है, बल्कि वह भारतीय चिन्ताधारा का स्वाभाविक विकास भी है। यदि उन्होंने पश्चिम के प्राच्यविद्याविशारदों की ऐतिहासिक दृष्टि को तिरस्कृत किया तो केवल इसलिए नहीं कि वह अभारतीय है अथवा पश्चिम की है, बल्कि इसलिए कि उससे भारतीय चिन्ताधारा के स्वाभाविक विकास में बाधा पड़ती है और वह दिग्भ्रमित होता है। इस स्वकीयता में ही उसकी मौलिकता है—मौलिकता, जो आचार्य द्विवेदी की दृष्टि में समाज की मंगल दृष्टि से अनुप्राणित, परम्पराप्राप्त, शास्त्र दृष्टि से सुसंस्कृत और लोकचित्त में सहज ही सुचिन्तित तत्त्वों को सरस रूप में प्रतिफलित करने में समर्थ व्यक्तित्व की अभिव्यक्ति है।

['पूर्वग्रह' में प्रकाशित]

लोक और शास्त्र

प्रसिद्ध अंग्रेज इतिहासकार वेंसन स्मिथ ने 'भारत का इतिहास' लिखा था। हमारे समय में वेंसन स्मिथ का इतिहास स्कूलों में पढ़ाया जाता था और क्लासिक माना जाता था। इनकी मुख्य स्थापना यह थी कि भक्ति आन्दोलन मुसलमानों के प्रति हिन्दुओं की प्रतिक्रिया थी। भारतीय स्थापत्य और कला पर अनेक ग्रन्थ लिखनेवाले अंग्रेज इतिहासकार हेवेल की भी यही स्थापना थी। आचार्य हजारीप्रसाद द्विवेदी ने 'हिन्दी साहित्य की भूमिका' में लिखा है, ''प्रोफेसर हेवेल ने अपने 'हिस्टरी ऑफ आर्यन रूल' में लिखा है कि मुसलमानी सत्ता के प्रतिष्ठित होते ही हिन्दू राजकाज से अलग कर दिए गए। इसलिए दुनिया के झंझटों से छुट्टी मिलते ही उनमें धर्म की ओर, जो उनके लिए एकमात्र आश्रय स्थल रह गया था, स्वाभाविक आकर्षण पैदा हुआ। यह गलत व्याख्या है।'' इसलिए भक्ति आन्दोलन को मुसलमानों के विरुद्ध प्रतिक्रिया बताने की जिम्मेदारी मूलतः साम्राज्यवादी इतिहासकारों पर है। इस विचारधारा का आभ्यन्तरीकरण हमारे यहाँ के विद्वानों ने कर लिया था—चाहे वे इतिहास के विद्वान हों या साहित्य के इतिहासकार हों। इस तर्कमूल धारणा को चुनौती देनेवाले विद्वानों में हिन्दी साहित्य में सबसे पहले आचार्य हजारीप्रसाद द्विवेदी थे, जिन्होंने इतिहास के साँचे को बदला कि हिन्दी साहित्य का इतिहास हिन्दू-मुस्लिम संघर्ष के ढाँचे पर नहीं लिखा जाना चाहिए और न ही ऐसा लिखा जा सकता है। हिन्दी साहित्य पर विचार करने का साँचा और ढाँचा बिलकुल दूसरा होगा। जब कोई साँचा बदलता है तो ऐसे युगान्तरकारी या क्रान्तिकारी परिवर्तन होते हैं।

इसलिए 'हिन्दी साहित्य की भूमिका' केवल आचार्य रामचन्द्र शुक्ल के इतिहास में यत्र-तत्र कुछ संशोधन ही नहीं करती बल्कि हिन्दी साहित्य के इतिहास के पूरे ढाँचे को पहली बार चुनौती देती है और उस ढाँचे से हटकर नए ढाँचे में सोचने की दिशा देती है। द्विवेदी जी ने कहा है कि यदि अगली शताब्दियों में भारतीय इतिहास की अत्यधिक महत्त्वपूर्ण घटना अर्थात् इस्लाम का विस्तार न भी घटी होती तो भी वह इसी रास्ते आता। उसके भीतर की शक्ति उसे इसी स्वाभाविक विकास की ओर ठेले लिये जा रही थी। द्विवेदी जी की यह धारणा स्थापना मात्र भर नहीं है बल्कि उनके चिन्तन का विकास भारतीय चिन्तनधारा का स्वाभाविक विकास है। वीरगाथाएँ

पूर्ववर्ती अपभ्रंश-काव्यों की परम्परा में भक्ति की परम्परा का ही एक सुदृढ़ अध्याय हैं। यह परम्परा महाभारत काल से चली आ रही है। 'गीता' इसका उदाहरण है। 'श्रीमद्भगवद्गीता' में पहले भी लिखा गया था। मुसलमानों के आने का इससे कोई सम्बन्ध नहीं है। इसलिए सगुण हो या निर्गुण भक्ति, वह सिर्फ वीरगाथा की परम्परा या प्रतिक्रिया भर नहीं है, बल्कि चिन्तनधारा का स्वाभाविक विकास है। इसलिए रीतिकाल या लक्षण ग्रन्थों के अलंकार शास्त्र की परम्परा के सन्दर्भ में द्विवेदी जी ने कहा कि 'गाथा सतसई' या 'अमरूक शतक' नया नहीं है। इसलिए भक्ति को इस्लाम की प्रतिक्रिया के रूप में देखना और वीरगाथा के पात्रों को मुसलमान चढ़ाइयों से जोड़कर देखना, सतही चीज है। यह भी कि रीतिकाल तक काव्य रूप और उसकी सम्पूर्ण चिन्तनधारा भारतीय चिन्तनधारा का स्वाभाविक विकास है।

इन तथ्यों के आधार पर इन्होंने काव्य भाषा और हिन्दी साहित्य के तीन प्रमुख कालों की प्रवृत्तियों को दिखाने की कोशिश की। इसके साथ उन्होंने यह भी स्पष्ट किया कि यह भाषा काव्य स्वाभाविक चिन्तनधारा का स्वाभाविक विकास होते हुए भी एक विशेष प्रकार के द्वन्द्व का परिणाम है। इस द्वन्द्व में बौद्धों की भाषा में कहें तो विच्छिन्न प्रवाह है और यहाँ भाषा काव्य में युगान्तरकारी मोड़ का कारण दूसरा द्वन्द्व है। उन्होंने कहा कि यह शास्त्र और लोक का द्वन्द्व है। शास्त्र और लोक के द्वन्द्व से ही हम साहित्य के इतिहास को देख सकते हैं। राजनीति का इतिहास देखने के लिए दूसरे प्रकार के आर्थिक और सामाजिक द्वन्द्व पर विचार करना होगा। लेकिन संस्कृति और साहित्य के भीतर जो प्रमुख द्वन्द्व है, वह शास्त्र और लोक का द्वन्द्व है। शास्त्रकार या शास्त्र के निर्माता आचार्य, मुनि, ऋषि समाज के उस तबके के प्रतीक हैं जो अधिकारों की दृष्टि से ऊँचे हैं, मर्यादाएँ बाँधते हैं, धर्म नियन्ता हैं, अभिरुचि का निर्माण करते हैं। ये प्रायः ऊँची जाति के हैं। ऊँची जातियों में भी इससे विद्रोह करके लोक का पक्ष लेनेवाले लोग पहले भी बराबर रहे हैं। यह ऊँचा तबका संस्कृति, दर्शन, चिन्तन, धर्म आदि के शास्त्र की मर्यादा बाँधकर यथास्थिति कायम रखना चाहता है। मूल अंग्रेजी से ग्रहण करते हुए द्विवेदी जी ने एक और शब्द लिया है--'कंजरवेटिव'। कंजरवेटिव का मतलब हमारे यहाँ अनुदार लगाते हैं, दकियानूस कहते हैं, दक्षिणपन्थी कहते हैं। द्विवेदी जी ने इसके लिए एक अच्छा शब्द दिया है— रक्षणशील। कंजरवेटिव का मतलब ही यही होता है। अनुदार आदि इसका अनुवाद नहीं है। जो रक्षणशील हैं, जो लोग अपनी विरासत की पूँजी को सुरक्षित रखना चाहते हैं, वे कंजरवेटिव हैं। यह अपने आपमें कोई बुरी चीज नहीं है। यदि यह प्रवृत्ति न रही होती तो वेद नष्ट हो गए होते। जब लिखने की परम्परा नहीं थी तो वेदों को वाचिक परम्परा से सुरक्षित रखा गया। यह कंजरवेटिव वर्क है। अपनी परम्परा को सुरक्षित रखा गया, अनेक प्राचीन ग्रन्थ सुरक्षित रखे गए और उसके साथ अनेक नियम, आचार आदि भी सुरक्षित रखे गए। हर जाति कुछ चीजों को सुरक्षित

रखती है, इस नाते उनके साथ कुछ बुरी चीजें भी चली जाती हैं लेकिन कुछ अच्छी चीजें भी सुरक्षित रहती हैं। आजकल जैसी परम्परा चल रही है कि यदि हमारे घर की औरतों ने लोकाचार की बहुत-सी चीजों को सुरक्षित न रखा होता तो शादी-ब्याह के समय अब लगभग ऐसी स्थिति आ रही है कि क्या करना होगा, पता नहीं रहता। ऐसे मौकों पर अब भी बुजुर्ग औरतें ही बुलाई जाती हैं। सदियों से इस लोकाचार को सुरक्षित रखा गया है। इसलिए शास्त्र का मतलब है जो पहले से अच्छी-बुरी जैसी भी परम्परा चली आ रही है, बिना विचार किए हुए उसे सुरक्षित रखना। गलत-सही का भेद किए बिना ममता और दृढ़ता के साथ उसे बचाए रखना। इनमें अच्छा काम क्रमशः कानून बन जाता है, जिसके पालन को अनिवार्य बना दिया जाता है। कभी-कभी इनकी एक तरह की शृंखला बन जाती है। इसीलिए द्विवेदी जी ने कहा है कि शास्त्र का मूल अर्थ होता है—संगति लाना। जहाँ शास्त्र में दो चीजों का विरोध होता है, उस असंगति को भूलकर आचार्य लोग संगति लाते हैं। शास्त्र में जब असंगतियाँ दिखाई पड़ें तो उन असंगतियों को नए तर्कों से जोड़कर संगति लगाते हुए यह दिखाने की कोशिश करना कि जो कहा गया है, ठीक ही कहा गया है। इस पूरी प्रक्रिया में शास्त्र में लचीलापन नहीं होता, नई सृजनशीलता नहीं रह जाती। समाज बदल गया और शास्त्र रक्षणशीलता के कारण जहाँ का तहाँ है। चार हजार साल पहले जो मान्यताएँ बनीं, पिछली सदियों में वर्णव्यवस्था छत्तीस जातियों में बदल गई। नई-नई बाहर से आनेवाली जातियों व कबीले से जुड़कर अपनी आचार परम्परा के कारण कुछ और ले आए। सोचिए? वेद में कितने देवता हैं? एक-एक करके अब तैंतीस करोड़ देवता हो गए। ये कहाँ से आए? नई जातियाँ अपने साथ अपने देवता भी ले आईं और उनको भी इनमें शामिल कर लिया गया। उस जाति को भी वर्णव्यवस्था में स्थान दे दिया गया और उसका नाम भी आ गया, उसके आचार-विचार और संस्कार जुड़ गए। इस शास्त्रव्यापी रक्षणशीलता में इतना बड़ा परिवर्तन हुआ। शास्त्र लोकजीवन, लोकसंस्कृति में निरन्तर परिवर्तन होते रहने के बावजूद उल्लेखनीय है कि इस सामाजिक ढाँचे में जिसे लोक कहते हैं, उन्हें शास्त्र से वंचित रखा गया, जैसे—स्त्रियाँ वेद नहीं पढ़ेंगी, शूद्र वेद नहीं पढ़ेंगे। धर्मशास्त्र का अधिकार इन लोगों का है, इनका नहीं। रक्षणशीलों ने स्वयं शास्त्र को एक ऐसी चीज बना दिया जो कुछ लोगों के लिए दुर्लभ हो गया। दुर्लभ होने के साथ ही उनके शास्त्र में आधुनिक जीवन-नियमन की भी कोशिश हुई। पूरी प्रक्रिया में शास्त्र सर्वजन सुलभ न होने के कारण और कुछ लोगों को शास्त्र वंचित बना देने के कारण भारतीय समाज के इन दोनों तबकों के बीच द्वन्द्व अनिवार्य था।

इस तनाव का नतीजा स्वभावतः यह हुआ कि लोक ने अपने आचार-विचार बनाए। लोक के बीच कुछ नए बुद्धिजीवी हुए, जिन्होंने अपने शास्त्र बना लिये। इस तरह लोक-चिन्ता और शास्त्र-चिन्ता के बीच टकराव हिन्दी साहित्य के आरम्भ से

बहुत पहले से चला आ रहा है। इस टकराव के कारण अनेक नई चीजें सामने आईं हैं। द्विवेदी जी ने कहा है कि शास्त्र और लोक के प्राचीन टकराव के बावजूद एक हजार ईसवी-सन् के आसपास लोक-चिन्ता की ओर समाज का झुकाव हुआ। 'गीता' से एक शताब्दी बाद भारतीय पांडित्य आचार-विचार और भाषा के क्षेत्र में स्वभावतः लोक की ओर झुक गया था। बार-बार लोक द्वारा ऐसे प्रयास किए गए और शास्त्र ने अपने ढाँचे को पुनर्गठित किया। उदाहरणार्थ—पाँचवीं शताब्दी में जब हम भागवत धर्म का उदय मानते हैं, तब सम्पूर्ण शास्त्र नए ढंग से लिखे और कहे गए। ऐसा इतिहासकार बताते हैं। अनेक स्मृतियाँ इसी बीच पुनर्गठित की गईं। संचित की गईं। सातवीं शताब्दी के अन्त और आठवीं शताब्दी के आरम्भ में सबसे महत्त्वपूर्ण कार्य शंकराचार्य ने किया जबकि समस्त दर्शनों को वेदान्त द्वारा व्यवस्थित किया गया। इस बीच इतनी बड़ी धार्मिक सामाजिक क्रान्ति हुई कि उसने पूरा शास्त्र हजम कर लिया। जब ब्राह्मण धर्म को चुनौती देनेवाला अवर्ण धर्म उभरा और उसने जाति व्यवस्था को चुनौती दी, उसे क्षरित करने या देशनिकाला देने की कोशिश की गई। बौद्ध धर्म के साथ यही हुआ। शंकराचार्य ने विजय पताका फहराई। दक्षिण और उत्तर में एकच्छत्र साम्राज्य घोषित हुआ। इसके बाद उत्तर-दक्षिण दोनों जगहों में एक उथल-पुथल दिखाई पड़ती है। द्विवेदी जी ने जो बात कही है, वह इतिहाससम्मत है। वह है, योगी और योग की धारा। तंत्र और योग के बारे में विवाद की गुंजाइश नहीं है। यह धारा जनजातियों में बिखरी हुई है, जनजातियों में, वर्णव्यवस्था में जिन्हें निकृष्ट कोटि का मानते हैं। योग और योगी की यह धारा बौद्धों से नाथों और शैवों में विद्यमान थी। बाहर से जो इस्लाम को माननेवाले सूफी सन्त आए, और सूफियों से उस समय सबसे ज्यादा मुठभेड़ जिससे होती है, वे कलन्दर हैं। इसका प्रभाव इतना था कि जायसी की 'पद्मावत' में योगी जब महादेव के यहाँ पहुँचते हैं तो योग की साधना का सूफियों से टकराव दिखता है। सम्पूर्ण सूफी साहित्य में कलन्दर, योगी की उपस्थिति इसका प्रमाण है कि एक हजार ईसवी-सन् के आसपास जैसा द्विवेदी जी ने कहा कि शास्त्र लोक में छिप गया। तंत्र या लोक की कोई उपेक्षा नहीं कर सकता था, योग पतंजलि योग भी था। यह वह योग नहीं था जिसके आदि में अथर्ववेद मिलते हैं। यह वह योग था जिसमें शास्त्र लिखे गए। यहाँ ध्यान दीजिए कि यह लोकगीतों के रूप में नहीं आ गया था, लोककथाएँ नहीं थीं, बल्कि लोक के बीच से एक नया दर्शन तंत्र के रूप में उदित हुआ था। यह अपेक्षाकृत साधनामूलक था। स्वतंत्रता देता था। शूद्रों को स्वतंत्रता और अनेक अधिकार देता था। इन नई नैतिक मान्यताओं के आधार पर तंत्र ने शास्त्र को चुनौती दी थी। किन्तु आगे चलकर तंत्र भी एक शास्त्र बन गया।

सबसे महत्त्वपूर्ण बात यह हुई कि एक नई भाषा उदित हुई जो संस्कृत, पालि, प्राकृत तीनों से अलग थी। वैदिक संस्कृति और लौकिक संस्कृति की भाषा में बड़ा

परिवर्तन हुआ। इसका सबसे बड़ा प्रमाण यह है कि वाल्मीकि रामायण पढ़नेवाले वेद नहीं समझ सकते। जैसे गायत्री मंत्र का छन्द कुछ उदात्त और अनुदात्त ध्वनियों पर आधारित है। यह वर्णयुक्त नहीं, वर्णमुक्त है। अपभ्रंश प्राकृत का हलका-फुलका परिवर्तन नहीं है। अपभ्रंश गुणात्मक परिवर्तन का सूचक है, क्योंकि अपभ्रंश के साथ एक नया वृत्त आया जिसे दोहा कहा गया है और दोहा वार्णिक वर्णवृत्त नहीं है, बल्कि शूद्र मात्रिक छन्द है। इसके पहले मात्रिक छन्द न तो पालि में था और न ही प्राकृत में। अपभ्रंश के कारण प्रचुरता और प्रबलता के साथ काव्य रचना होने लगी। कालिदास की 'उर्वशी' (विक्रमोर्वशीयम्) में पुरूरवा का सारा प्रलाप अपभ्रंश में ही है। यानी कि अपभ्रंश पागल के प्रलाप की भाषा थी। अर्थात् अपभ्रंश वह भाषा थी, जिसे पुरूरवा होश में नहीं बोलता था बल्कि पागलपन या विरह उन्माद में ही अपभ्रंश का सहारा लेता था। जैसे अंग्रेजी में दीक्षित भोजपुरिया प्रदेश के लोग जब धाराप्रवाह अंग्रेजी बोलते हैं और दुर्भाग्य से भी ऐसा न हो, यदि उन्हें सन्निपात हो जाए तो वे भोजपुरिया बोलते पाए जाते हैं। इसलिए सन्निपात या सन्ताप में या अवचेतन में लोकभाषा ही फूटती है। इसलिए ग्यारहवीं शताब्दी के आसपास अपभ्रंश का एक चिन्तनधारा के रूप में परिवर्तन हुआ और शास्त्र बनाम लोक के द्वन्द्व में शास्त्र को झुकना पड़ा। नया छन्द, नई भाषा, नए काव्य रूप स्वीकार करने पड़े। इन नए काव्य रूपों में विस्तार से द्विवेदी जी ने शास्त्र बनाम लोक के द्वन्द्व को स्वीकार किया। इससे यह अर्थ न लगाया जाए कि द्विवेदी जी शास्त्र के बड़े दुश्मन थे या लोक के बड़े पक्षधर थे। इतिहासकार के नाते जो वास्तविकता देखी, उसे कहना जरूरी समझा। शास्त्र लोक के सामने झुका, इसलिए कहना जरूरी समझा। पक्षधरता उनकी क्या है, यह विवेचन से स्पष्ट होगा। द्विवेदी जी भी ब्राह्मण थे, शास्त्राचार्य पास किया था। शिक्षा-दीक्षा संस्कृत में हुई। फिर भी वे लोक के पक्षधर थे। दरअसल हिन्दी साहित्य में लोक निर्णायक भूमिका निभाता है। ऐसा नहीं है कि संस्कृत काव्य समाप्त हो गया था, लेकिन यह एक सीमित वर्ग, सीमित विचारधारा की मानसिकता तक सिमट गया था। जनजीवन में जो व्याप्त है, उसे यदि जानना है तो लोक को जानना होगा। पंडितराज जगन्नाथ को पढ़कर सोलहवीं सदी के भारत को नहीं जान सकते, तुलसीदास को पढ़ना ही होगा। एक हजार ईसवी-सन् के बाद की भारतीय मनीषा को समझने के लिए आधुनिक भारतीय भाषाओं के साहित्य को जानना जरूरी होगा। केवल संस्कृत के आधार पर इसे समझा नहीं जा सकता। जिस प्रकार अंग्रेजी में लिखे उपन्यासों व साहित्य के आधार पर आधुनिक भारत के इतिहास, साहित्य या समाज को नहीं समझा जा सकता बल्कि इसके लिए भारतीय भाषाओं में लिखे साहित्य को पढ़ना पड़ेगा, इसी प्रकार संस्कृत के आधार पर मध्यकाल के भारत को समझ नहीं सकते, हिन्दी पढ़ना ही पड़ेगा। इसलिए उस काल के भारत को आज के संस्कृत के पंडित नहीं जानते तो आश्चर्य नहीं होना चाहिए।

इसी सन्दर्भ में हिन्दी के भक्तिकाल से सम्बद्ध आचार्य रामचन्द्र शुक्ल ने 'सूरदास' नामक पुस्तक में भक्ति के विकास पर लम्बा अध्याय लिखा है और वेद-उपनिषद से लेकर गीता, लोक भक्ति का विकास जिस तरह से हुआ है, उसे विस्तार से दिखाया है। दूसरी ओर, संस्कृत के अनेक पंडित लिखते हैं कि हिन्दी के भक्ति काव्य में विशेषकर सगुण भक्ति में जो कुछ भी है, भागवत से लिया गया है। वे इससे सन्तुष्ट हो जाते हैं कि हमने यदि 'गीता' या 'भागवत' पढ़ लिया तो हम भक्ति काव्य नहीं भी पढ़ेंगे तो वंचित नहीं रहेंगे। द्विवेदी जी ने कहा है कि हिन्दी का भक्ति काव्य संस्कृत के भक्ति दर्शन से भिन्न है। यहाँ यह प्रश्न उठता है कि भक्ति सचमुच महत्त्वपूर्ण है कि नहीं। 'गीता' में बताया गया है कि पूरा ज्ञान मार्ग ही है। लेकिन भक्ति वह मार्ग है जिसमें ज्ञान और कर्म से ऊपर भक्ति को प्रतिष्ठा मिली। यह प्रतिष्ठा ऐसी हुई कि तुलसीदास जैसे व्यक्ति भी विचार करके ज्ञान कर्म से ऊपर भक्ति को स्थापित करते हैं और लिखते हैं, 'मुक्ति निरादर भगति लुभाने'। जो भक्त हैं, वे मुक्ति का निरादर करते हैं और भक्ति के प्रति आकर्षित होते हैं। पहले का सम्पूर्ण चिन्तन धर्म के बन्धन से मुक्त होता था जिससे कि बाद में जन्म न लेना पड़े। लेकिन भक्तों ने नया पाठ शुरू किया, ''जनम जनम रघुपति भगति''—अर्थात् हम बार-बार जन्म लेना चाहते हैं और हर जन्म में रघुपति की भक्ति चाहते हैं। एक ओर सम्पूर्ण चिन्तन था कि दुबारा जन्म लेना न पड़े, दूसरी ओर भक्ति दर्शन में भक्त बार-बार जन्म लेना चाहता है। इसलिए पहले का साहित्य पुनर्जन्म से मुक्ति का साहित्य है तो बाद का साहित्य बार-बार जन्म लेकर रघुपति भक्ति है। यही लोक का मार्ग है। लोक के मनुष्य बहुत दुखी रहते हुए भी इसी लोक में प्रेम चाहते हैं, लेकिन मुक्ति नहीं चाहते। पलायन नहीं चाहते।

(अन्तर्दृष्टि-05)

साहित्य का नया छन्दः शास्त्र

आचार्य हजारीप्रसाद द्विवेदी समालोचकों की उस महान परम्परा में अन्यतम हैं, जहाँ सर्जनात्मक और आलोचनात्मक दोनों प्रकार की प्रतिभाओं का दुर्लभ मणि-कांचन योग पाया जाता है। यह सही है कि उनका मन साहित्य सृजन में अधिक रमता था, किन्तु साहित्य समीक्षा को उन्होंने गौण-कर्म के रूप में ग्रहण नहीं किया है। साहित्य चिन्तन से जहाँ उनका सृजन समृद्ध हुआ है, वहीं सर्जनात्मक अनुभव ने उनके साहित्य चिन्तन को निरन्तर गतिशील और जीवन्त रखा। सृजन और समीक्षा के इस द्वन्द्वात्मक सम्बन्ध का परिणाम यह हुआ कि आचार्य द्विवेदी ने औसत आलोचक की तरह साहित्य को तैयार माल के रूप में ग्रहण करके स्थिर सिद्धान्तों के निर्माण के बौद्धिक व्यायाम में रुचि नहीं ली, बल्कि सृजन क्रिया के रूप में साहित्य की अन्तर्निहित सम्भावनाओं के उन्मोचन का प्रयास किया। यह सृजनशीलता ही समालोचक हजारीप्रसाद द्विवेदी की अपनी स्वकीयता, अपनी विशिष्टता है।

संयोग से इस विशिष्टता का स्पष्ट कथन उनकी एक सर्जनात्मक कृति 'पुनर्नवा' नामक उपन्यास में मिलता है : "तेरा बाप शास्त्र का बड़ा भारी पंडित है। काव्य का, संगीत का, चित्र का, मूर्ति का सहृदय पारखी है। मगर मैं उसकी कमजोरी जान गया हूँ। वह इन बातों को तैयार माल की तरह देखता है। सुनार जैसे अँगूठी बनाकर ले आता है तो ग्राहक जैसे देखता है, उसी प्रकार। मगर ज्ञान या रस तैयार माल की तरह नहीं होता। वे इतिहास में पलते हैं और इतिहास को बनाते हैं।"

"ज्ञान और रस तैयार माल की तरह नहीं होते, बल्कि वे इतिहास में पलते हैं और इतिहास को बनाते हैं।"—इतनी बड़ी बात, उल्लेखनीय है कि आचार्य द्विवेदी सुमेर काका नाम के एक सीधे-सादे किसान के मुँह से कहलाते हैं, जो अटूट गँवार है, जो पोथी की बातें नहीं जानता, लेकिन सीधी बात को सीधे देखता है और एकदम सीधे ढंग से कहता भी है। यह बात एक अबोध बालिका मृणाल मंजरी से कही गई है, जिसके पिता देवरात हैं—शास्त्र के बड़े भारी पंडित और कलाओं के मर्मज्ञ सहृदय भी। सुमेर काका के कथन के अर्थगाम्भीर्य को पूरी तरह समझने के लिए सहृदय शास्त्राचार्य देवरात के उस विचार को भी जानना प्रासंगिक है, जिसकी कमजोरी सुमेर काका ने उजागर की है। यह बात कुछ ही समय पहले देवरात मृणाल

मंजरी को समझा चुके थे। देवरात का कथन इस प्रकार है : ''कविता भगवती महामाया की इच्छाशक्ति है, व्यवहार-जगत् उनकी क्रियाशक्ति का विलास है। इच्छाशक्ति कल्पलोक का निर्माण कर सकती है, क्रियाशक्ति केवल सृष्ट पदार्थों तक सीमित है। मुझे ऐसा लगता है कि उपउपन्न कवि चाहे तो कविता के कल्पलोक में फूल-सी सुकुमार बालिका से वज्र-सा कठोर महिष का निर्दलन करवा सकता है, पर व्यवहार-जगत् में यह सम्भव नहीं दिखता।''

देवरात, स्पष्ट ही, काव्य के कल्पलोक और व्यवहार-जगत् के बीच एक दुर्लंघ्य खाई देख रहे हैं और इस खाई के सामने निरुपाय हैं, जबकि सुमेर काका उस विभेद की भावना से मुक्त हैं। एक शास्त्र से आबद्ध है तो दूसरा व्यवहार की क्रियाशीलता से सन्नद्ध। एक के लिए कविता तैयार माल है तो दूसरे के लिए इतिहास का अंग। कौन सही है, शास्त्र या लोक-व्यवहार? आचार्य द्विवेदी अपना झुकाव देवरात के शास्त्र ज्ञान की अपेक्षा सीधे-सादे किसान सुमेर काका की सहज बुद्धि की ओर व्यक्त करते हैं। इसीलिए वे अपनी आलोचनात्मक कृतियों में साहित्य के आस्वाद पक्ष से अधिक बल साहित्य की सृजन-प्रक्रिया पर देते हैं।

'मध्यकालीन बोध का स्वरूप' में उन्होंने इस बात पर खेद प्रकट किया है कि रचना-प्रक्रिया के आनन्द पर भारतीय रसशास्त्री जोर नहीं देते। (पृ. 64) उनका स्पष्ट मत है : ''सहृदय रूप में काव्य के रसास्वाद को स्वीकार करना, कविता को स्थितिशील कलावस्तु (स्टेटिक ऑब्जेक्ट) मान लेने के समान है। इस प्रकार उसकी रचना-प्रक्रिया में गतिशीलता पक्ष (डाइनेमिक प्रोसेस) का आनन्द है, वह उपेक्षित हो जाता है।'' (पृ. 65) द्विवेदीजी का पक्ष इस बात से स्पष्ट हो जाता है कि वे उत्पादकता के आनन्द को भोक्ता के आनन्द के सामने नगण्य मान लेने की प्रवृत्ति को मध्यकालीन पतनशीलता का प्रभाव मानते हैं। (वही, पृ. 65) हिन्दी साहित्य के रीतिकाल पर विचार करते हुए वे कहते हैं : ''इस समय आर्थिक दृष्टि से समाज में, स्पष्ट रूप से, दो श्रेणियाँ हो गईं—एक तो उत्पादक वर्ग, जिसमें प्रधान रूप से किसान और किसानी से सम्बन्ध रखनेवाली जातियाँ—बढ़ई, लोहार, कहार, जुलाहा इत्यादि थीं, और दूसरा दल भोक्ता (राजा, रईस, नवाब आदि) या भोक्तृत्व का मददगार था। मुगल शासन के अन्तिम दिनों में भारतीय समाज के ये ही दो आर्थिक वर्ग थे—राजा, सामन्त, मनसबदार आदि भोक्ता वर्ग और कृषक और श्रमिकों का उत्पादक वर्ग।...इन दो वर्गों के मध्य कवियों, चित्रकारों, संगीतज्ञों आदि कलावन्तों का वर्ग था, जो प्रायः उत्पादक वर्ग से उत्पन्न होता था किन्तु भोक्ता वर्ग की स्तुति और मनोविनोद करके जीविका निर्वाह करता था।'' (हिन्दी साहित्य : उद्भव और विकास, पृ. 181) इस कथन से स्पष्ट है कि उत्पादक वर्ग में उत्पन्न होकर भी कवि और कलावन्त भोक्ता वर्ग की अभिरुचि के शिकार होकर साहित्य और कला के स्वधर्म से च्युत हो जाते हैं। इसके विपरीत यदि भक्तिकाव्य में इस

स्वधर्म की रक्षा हुई तो इसलिए कि उस काल में कवियों का सम्बन्ध उत्पादक वर्ग से है। इस धारणा की पुष्टि के लिए जर्मन मार्क्सवादी विचारक वाल्टर बेंजामिन के सुप्रसिद्ध निबन्ध 'लेखक : उत्पादक के रूप में' उल्लेखनीय है, जिसमें बर्टोल्ट ब्रेख्त के नाट्य-प्रयोग के उदाहरण द्वारा समाज की उत्पादन प्रक्रिया के अभिन्न अंग के रूप में सक्रिय साहित्य की सर्जनात्मक दृष्टि का विवेचन किया गया है।

साहित्य को उत्पादन प्रक्रिया के अभिन्न अंग के रूप में देखने के कारण ही आचार्य द्विवेदी यह विश्वास करते हैं : "काव्य सर्जक है, वह मनुष्य की दुनिया में नए भावों की सृष्टि करके विधाता के भाव-जगत् में वृद्धि करता आ रहा है।" इसलिए "जीवन के सम्पूर्ण सार-रसों से जो काव्य पुष्ट हुआ है वह जीवन की भाँति ही क्रियाशील, सर्जक और निरन्तर विकासमान वस्तु हो, यही वांछनीय है।" (विचार प्रवाह, पृ. 131-32)

साहित्य की सर्जनधर्मिता में विश्वास रखने के कारण ही आचार्य द्विवेदी साहित्य को किसी देश-काल निरपेक्ष स्थिर परिभाषा में बाँधने के प्रयत्न से बराबर बचते दिखाई भी पड़ते हैं। उनकी दृष्टि में साहित्य की एक सर्वमान्य परिभाषा करने से ज्यादा आवश्यक है साहित्य की समय-समय पर की गई परिभाषाओं के इतिहास का आकलन। कहने की आवश्यकता नहीं कि जो साहित्य इतिहास में पलता है और इतिहास को बनाता है, वह स्वयं भी एक प्रत्यय के रूप में ऐतिहासिक वस्तु है। इस प्रकार साहित्य की प्रत्येक परिभाषा, चाहे वह जितनी सार्वभौम और शाश्वत प्रतीत हो, वस्तुत: एक विशेष देश और काल की आवश्यकता की पूर्ति के लिए ही रची गई होती है, प्रत्येक परिभाषा का एक विशेष ऐतिहासिक सन्दर्भ होता है और यह सन्दर्भ ही प्रत्येक साहित्यिक मान्यता का वास्तविक अर्थ और सीमा स्पष्ट करता है।

आचार्य द्विवेदी इस ऐतिहासिक धारणा के लिए स्वयं संस्कृत काव्यशास्त्र से ही आधार प्रस्तुत करते हैं। काव्य की परिभाषा की व्याख्या करने के बाद टीकाकार लोग प्राय: एक ही प्रकार का तर्क उठाते हैं : "यदि यह परिभाषा स्वीकार कर ली गई तो बहुत-सी प्राचीन कविताओं को हम कविता नहीं कह सकते हैं।" उत्तर में कहलाया जाता है : "यह तो हम चाहते हैं—(इष्टापत्ति)।" फिर इसके उत्तर में कहलाया जाता है : "नहीं, आप ऐसा नहीं कह सकते क्योंकि आप जिस बात को मानना चाहते हैं उसके मानने से शिष्ट सम्प्रदाय का विरोध होगा (शिष्ट सम्प्रदाय विरोधात्)...इत्यादि।" इससे इतना तो स्पष्ट ही है कि भारतीय सहृदय शिष्ट परम्परा के विरोध को बर्दाश्त नहीं कर सकता। यही कारण है कि पुराने संस्कृत साहित्य का एक महत्त्वपूर्ण भाग आलोचना शास्त्र की बहुविधाषित मर्यादा से थोड़ा विच्छिन्न हो जाता है। (विचार प्रवाह, पृ. 109) इससे आचार्य द्विवेदी यह निष्कर्ष निकालते हैं कि "साहित्य के अध्ययन के लिए हमें अलंकार शास्त्र से बाहर आना चाहिए।" बाहर अर्थात् स्वयं रचे जाते साहित्य में और फिर साहित्य से समाज में। समाज में

इसलिए कि "शब्द और अर्थ के साहित्य को लेकर कारोबार करनेवाली विधा निश्चित रूप से मनुष्य के सामाजिक रूप की व्याख्या करती है। इसलिए साहित्य के अध्ययन के लिए केवल पोथी में लिखे हुए लक्षण ही नहीं बल्कि वृहत्तर मानव समाज का भी परिचय आवश्यक है।" (वही)

साहित्य की परिभाषा की ऐतिहासिक सीमा का स्पष्ट अनुभव आचार्य द्विवेदी को 'हिन्दी साहित्य का आदिकाल' (1952) लिखते समय हुआ। हिन्दी साहित्य के इतिहास की आरम्भिक रचनाओं की जाँच करते हुए द्विवेदीजी ने अनुभव किया कि बहुत-सी धार्मिक पुस्तकें असाहित्यिक कहकर खारिज कर दी गई हैं। उन्होंने इस प्रवृत्ति का प्रतिवाद करते हुए लिखा : "इधर कुछ ऐसी मनोभावना दिखाई पड़ने लगी है कि धार्मिक रचनाएँ साहित्य में विवेच्य नहीं हैं। कभी-कभी शुक्लजी के मत को भी इस मत के समर्थन में उद्धृत किया जाता है। मुझे यह बात उचित नहीं मालूम होती। धार्मिक प्रेरणा या आध्यात्मिक उपदेश होना काव्यत्व में बाधक नहीं समझा जाना चाहिए। इधर जैन-अपभ्रंश-चरित काव्यों की जो विपुल सामग्री उपलब्ध हुई है, वह सिर्फ धार्मिक सम्प्रदाय के मुहर लगाने मात्र से अलग कर दी जाने योग्य नहीं है। स्वयंभू, चतुर्मुख, पुष्पदन्त और धनपाल—जैसे कवि केवल जैन होने के कारण ही काव्य क्षेत्र से बाहर नहीं चले जाते। धार्मिक साहित्य होने मात्र से कोई रचना साहित्यिक कोटि से अलग नहीं की जा सकती। यदि ऐसा समझा जाने लगे तो तुलसीदास का 'रामचरितमानस' भी साहित्य क्षेत्र में अविवेच्य हो जाएगा और जायसी का 'पद्मावत' भी साहित्य-सीमा के भीतर नहीं घुस सकेगा।" (पृ. 11)

इस कथन से ऐसा लगता है कि द्विवेदीजी कुछ ऐसे लोगों के मत का प्रत्याख्यान कर रहे हैं जो प्रारम्भिक हिन्दी की धार्मिक रचनाओं को साहित्य की सीमा से बाहर करने की कोशिश कर रहे हैं और अपने इस कार्य के लिए आचार्य शुक्ल के मत का अवलम्ब ले रहे हैं जबकि सच्चाई यह है कि स्वयं आचार्य शुक्ल ने ही इस प्रवृत्ति का सूत्रपात किया। फर्क सिर्फ इतना है कि शुक्लजी ने जैन कवियों की जगह सिद्धों और योगियों की रचनाओं के बारे में इस प्रकार की बात कही है, जो इस प्रकार है : "सिद्धों और योगियों का इतना वर्णन करके इस बात की ओर ध्यान दिलाना हम आवश्यक समझते हैं कि उनकी रचनाएँ तांत्रिक विधान, योग साधना, आत्मनिग्रह, श्वास निरोध, भीतरी चक्रों और नाड़ियों की स्थिति, अन्तर्मुख साधना के महत्त्व इत्यादि की साम्प्रदायिक शिक्षा मात्र हैं, जीवन की स्वाभाविक अनुभूतियों और दशाओं से इनका कोई सम्बन्ध नहीं। अत: वे शुद्ध साहित्य के अन्तर्गत नहीं आतीं। उनको उसी रूप में ग्रहण करना चाहिए जिस रूप में ज्योतिष, आयुर्वेद आदि के ग्रन्थ।" (हिन्दी साहित्य का इतिहास, सं. 2006, पृ. 19)

इतना ही नहीं बल्कि इसी क्रम में आगे चलकर आचार्य शुक्ल ने ज्ञानाश्रयी शाखा की रचनाओं को साहित्य के दायरे से बाहर करते हुए लिखा : "इस शाखा

की रचनाएँ साहित्यिक नहीं हैं, फुटकर दोहों या पदों में हैं, जिनकी भाषा और शैली अधिकतर अव्यवस्थित और ऊटपटाँग हैं।" (वही, पृ. 71) निःसन्देह यहाँ असाहित्यिक का निर्णय अव्यवथित भाषा और ऊटपटाँग शैली के आधार पर दिया गया है, किन्तु पूर्ववर्णित साम्प्रदायिक विचार भी इस प्रसंग के कारण हैं। कबीर का स्पष्ट नामोल्लेख यहाँ नहीं है और शुक्लजी का इतिहास प्रमाण है कि वे कबीर की प्रखर प्रतिभा के कायल हैं, फिर भी कबीर को स्पष्ट शब्दों में उन्होंने कवि कहीं नहीं कहा है। प्रशिक्षित और निम्न श्रेणी की जनता पर इन सन्त-महात्माओं का भारी उपकार स्वीकार करते हुए वे पाश्चात्यों के सुर में सुर मिलाकर इन्हें धर्मसुधारक की उपाधि से विभूषित करते हैं। (वही)

सिद्धों, योगियों और निर्गुणिया सन्तों की रचनाओं को शुक्लजी ने जिस आधार पर असाहित्यिक माना है, उसे यदि ध्यान से देखा जाए तो साहित्यिक कसौटी का आभास देते हुए भी वह केवल साहित्यिक नहीं है। जब वे कहते हैं : "संस्कृत बुद्धि, संस्कृत हृदय और संस्कृत वाणी का वह विकास इस शाखा में नहीं पाया जाता जो शिक्षित समाज को अपनी ओर आकर्षित करता है।" तो एक तरह से अपनी साहित्यिकता की कसौटी का और खुलासा करते हैं। अब यदि इस 'संस्कृत बुद्धि, संस्कृत हृदय और संस्कृत वाणी' के सूत्र से सिद्धों, योगियों आदि को नापने की कोशिश करें तो आचार्य शुक्ल का यह कथन सामने आएगा : "यह बात ध्यान में रखना आवश्यक है कि चौरासी सिद्धों में बहुत से मछुए, चमार, धोबी, डोम, कहार, लकड़हारे, दर्जी तथा और बहुत से शूद्र कहे जानेवाले लोग थे। नाथ सम्प्रदाय भी तब फैला जब उसमें भी जनता की नीची और अशिक्षित श्रेणियों के बहुत से लोग आए जो शास्त्र-ज्ञान सम्पन्न न थे, जिनकी बुद्धि का विकास बहुत सामान्य कोटि का था। पर अपने को रहस्यदर्शी प्रदर्शित करने के लिए शास्त्रज्ञ पंडितों और विद्वानों को फटकारना भी वे जरूरी समझते थे।" (वही) इस दृष्टि से जो डोम, चमार या ऐसी ही किसी शूद्र जाति में पैदा हुआ हो, फिर भी जो शास्त्रज्ञ पंडितों को फटकारता हो और अपने आपको रहस्यदर्शी प्रदर्शित करता हो, उसे भला 'संस्कृत बुद्धि, संस्कृत हृदय और संस्कृत वाणी' से सम्पन्न कैसे माना जा सकता है? स्वभावतः ऐसे असंस्कृत व्यक्ति की वाणी साहित्यिक नहीं हो सकती। स्पष्ट है कि साहित्यिकता का प्रश्न अन्ततः सुसंस्कृति से जुड़ा हुआ है। जो सुसंस्कृत माना जाता है उसकी गाली भी साहित्यिक है, लेकिन जो असंस्कृत है उसका तेज-तर्रार वचन असाहित्यिक है। तुलसीदास यदि अलख जगानेवालों को नीच कहें तो वह काव्य है, कबीर का वचन काव्य नहीं है यदि वे कहें कि—

पांडे कौन कुमति तोहें लागी।
तू राम नाम न जपहिं अभागी।

इसी मान्यता के चलते कविता में एक के दार्शनिक कथन काव्य माने जाते हैं और

दूसरे के साम्प्रदायिक, क्योंकि वह स्थापित संस्कृति के विरोध में बोलता है। कहने की आवश्यकता नहीं कि साहित्य की परिभाषा करने का अधिकार समाज के उस समुदाय के हाथ होता है जिसका प्रभुत्व होता है—साहित्य पर, संस्कृति पर, धर्म पर, राजनीतिक सत्ता पर और अर्थव्यवस्था पर। प्रतिरक्षा में रहनेवाले अपनी समझ से चाहे जितना साहित्य की परिभाषा करें, संस्कृत बुद्धि उसे स्वीकार नहीं करती।

आचार्य द्विवेदी कबीर के कवित्व की प्रतिष्ठा करते हुए जैसे इसी स्थापित मान्यता को चुनौती देते हैं। कबीर नामक ग्रन्थ में वे कहते हैं : "यद्यपि कबीर ने कहीं काव्य लिखने की प्रतिज्ञा नहीं की तथापि उनकी आध्यात्मिक रस की गगरी से छलकें हुए रस से काव्य की कटोरी में भी कम रस इकट्ठा नहीं हुआ।" (1976, पृ. 222) अन्यत्र इसी बात को कुछ और विस्तार से इस प्रकार कहा गया है : "असली बात यह होती है कि नया मनुष्य नया प्राण लेकर नवीन आवेगों को झंकृत करता है और उनसे अपने हृदयगत भावों को कहलवा लेता है। कबीरदास इसलिए नहीं रुके कि उन्हें छन्द और अलंकार पढ़ लेने चाहिए। उन्होंने उस महारस का पान कर लिया था, उनका अन्तर उससे परिपूर्ण हो गया था, उन्होंने समूचे काल को निचोड़कर उसकी छाक पी ली थी। वे कहने को व्याकुल थे और इसीलिए कह गए, जिस भाषा में कह गए, वह सब नई है। साहित्य का आलोचक मूँड़ मारकर उसका हिसाब-किताब सम्हालता रहे, कहनेवाले को उसकी परवाह नहीं।" (विचार प्रवाह, पृ. 214)

साहित्य के इतिहास में जब ऐसा नया स्वर प्रकट होता है तो स्वभावतः साहित्य के परम्परागत संस्कारों में पले पंडितों को थोड़ी असुविधा होती है और उनके सामने दो विकल्प होते हैं : या तो नए का तिरस्कार कर परम्परित मान्यताओं की चहारदीवारी को और मजबूत बना लें या फिर नए को अन्तर्भुक्त कर परम्परित दायरे का और विस्तार करें। आचार्य द्विवेदी ने असन्दिग्ध रूप से दूसरा विकल्प चुना और साहित्य की सीमा का विस्तार किया। 'हिन्दी साहित्य का आदिकाल' में अपनी इसी व्यापक दृष्टि का परिचय देते हुए वे कहते हैं : "इस अन्धकार युग को प्रकाशित करने योग्य जो भी चिनगारी मिल जाए, उसे सावधानी से जिलाए रखना कर्तव्य है, क्योंकि वह बहुत बड़े आलोक की सम्भावना लेकर आई होती है, उसके पेट में केवल उस युग के रसिक हृदय की धड़कन का ही नहीं केवल सुशिक्षित चित्र के संयत और सुचिन्तित वाक्पाटव का ही नहीं, बल्कि उस युग के सम्पूर्ण मनुष्य को उद्‌भासित करने की क्षमता छिपी होती है।" (पृ. 27)

इस उद्धरण से स्पष्ट है कि आचार्य द्विवेदी किसी कृति के मूल्य का निर्णय सम्पूर्ण मनुष्य को उद्‌भासित करने की क्षमता से करते हैं, न कि रसिक हृदय की धड़कन अथवा सुशिक्षित चित्त के वाक्पाटव से। रसिक और सुशिक्षित समालोचक इसे द्विवेदीजी की उदारता समझते हैं और इस उदारता का सम्मान करते हुए भी वे

इस धारणा की साहित्यिकता के प्रति आश्वस्त नहीं हैं। एक ऐसे ही आलोचक के अनुसार : "द्विवेदीजी ने मनुष्यता को साहित्य और रस का पर्याय मान लिया है। इससे एक बड़ी बाधा यह उत्पन्न होती है कि साहित्य और असाहित्य के बीच कोई विभाजक रेखा नहीं खींची जा सकती। साहित्य पहले साहित्य है, इसके बाद वह कुछ और है। यद्यपि यह कुछ और उसके औदात्य-अनौदात्य के लिए बहुत-कुछ उत्तरदायी है फिर भी कुछ और उदात्तता किसी कृति को साहित्य बना पाने में असमर्थ है।" (डॉ. बच्चन सिंह, आलोचक और आलोचना, 1970, पृ. 181)

द्विवेदीजी ने मनुष्यता को रस का पर्याय माना है या नहीं, यह विवाद का विषय हो सकता है, किन्तु उस रस के इतिहास पर उन्होंने निश्चित रूप से विचार किया है, जिसे साहित्य का स्थिर और शाश्वत धर्म समझकर साहित्य-असाहित्य का निर्णय किया जाता है।

भारतीय साहित्य में रस सिद्धान्त के इतिहास का विवरण वैसे तो बहुत से विद्वानों ने दिया है और शास्त्रीय चर्चा भी कम नहीं हुई है, किन्तु इस बुनियादी बात की ओर किसी का ध्यान नहीं गया कि रस का आधार, जो एक सहृदय सामाजिक माना जाता है, उस हाड़-मांस के जीते-जागते इनसान को छोड़कर रस का इतिहास लिखना क्या सम्भव है? आचार्य द्विवेदी पहले पंडित हैं जिन्होंने भारतीय समाज में स्थिर सहृदय के इतिहास को केन्द्र बनाकर रस की अतिप्रचलित सैद्धान्तिक चर्चा से अलग रस का व्यावहारिक अर्थ बतलाना अधिक आवश्यक समझा। कहने की आवश्यकता नहीं कि रस के व्यावहारिक अर्थ की कुंजी सहृदय है क्योंकि सहृदय की अभिरुचि ही बहुत दूर तक काव्य के स्वरूप को निर्धारित करती रही है।

सामान्यत: रसशास्त्री अभिनव गुप्त के साक्ष्य पर कहते हैं कि काव्य और शास्त्र के निरन्तर अनुशीलन और अभ्यास से जिसका मन-मुकुर विमल हो चुका है और जो कवि के भाव के साथ हृदय-संवाद की क्षमता रखता है, उसे सहृदय कहा जाता है। सदियों पहले भरत मुनि ने जिस प्रेक्षक की विशेषताएँ बताने के लिए नाट्यशास्त्र में पूरा एक अध्याय लिखा, उसी के वंशजों द्वारा सहृदय का जो विवरण सदियों बाद के 'सहृदय हृदयलीला' ग्रन्थ में मिलता है, उससे पता चलता है कि वह बहुत अधिक संवेदनशील तो था ही इसके साथ ही रूप, वर्ण, प्रभा, आभिजात्य, विलासिता, मात्य, वस्त्र, उपलेपन आदि का निपुण जानकार भी होता था और सबसे बड़ी बात कि वह युवक रसिक और श्रृंगार-प्रिय होता था। यदि परवर्ती संस्कृत काव्य के इस सहृदय को ध्यान से देखें तो वह वात्स्यायन के 'कामसूत्र' के नागरक से बहुत मिलता-जुलता है। काव्य का सहृदय सामन्ती समाज का वह विशिष्ट अभिजन था, जो आभिजात्य के अनेक गुणों के साथ धन सम्पन्न भी था और जिसके पास काव्यशास्त्र विनोद के लिए पर्याप्त अवकाश था। कवि को इसी दुर्लभ अभिजन की खोज रहती थी। वह कवि के साथ हृदय-संवाद का भागी हो सकता था और इस

प्रकार वही इसका अधिष्ठान भी था। यदि रस का अर्थ इसके लिए वस्तुतः शृंगार-रस ही हो तो कोई आश्चर्य नहीं।

'मध्यकालीन बोध के स्वरूप' में आचार्य द्विवेदी ने बड़े विस्तार से ठोस तथ्यों के आधार पर यह दिखलाया है कि व्यवहार में रस का अर्थ शृंगार ही था। यद्यपि भरत मुनि ने नाटकों में आठ रसों का विधान स्वीकार किया है, किन्तु राजशेखर के साक्ष्य पर रस के आदि आचार्य नन्दिकेश्वर हैं, जिन्होंने भरत मुनि से पहले शृंगार के रूप में ही रस की प्रतिष्ठा की थी और आगे चलकर भोज जैसे कवि आचार्यों ने शृंगार रस को ही रस के रूप में मान्यता दी। निष्कर्ष यह कि, "इस काल का सहृदय सरस काव्य का अर्थ शृंगारी काव्य ही मानता रहा और लोकचित्त में कवि का शृंगारी रूप ही प्रतिष्ठित रहा। दीर्घकाल से लोकचित्त में व्याप्त धारणा को शास्त्रीय ग्रन्थ बहुत अधिक शिथिल नहीं कर सके।" अपनी इस मान्यता पर पंडितों की प्रतिक्रिया का जिक्र करते हुए द्विवेदीजी लिखते हैं : "मैंने यह बात एक बार पंडितों की एक मंडली में कही थी। उस समय थोड़ी नाराजगी प्रकट की गई थी। मुझे ऐसा लगा कि शृंगार रस को भारतीय काव्य का सर्वश्रेष्ठ प्रतिपाद्य मानने को कुछ विद्वान इसलिए उचित नहीं समझते थे क्योंकि उनकी दृष्टि में शृंगार रस निचली कोटि की स्त्रैण वृत्ति है।" क्या इस प्रसंग से हमारे पाखंड पर कुछ प्रकाश नहीं पड़ता? व्यवहार कुछ सिद्धान्त कुछ। लेकिन इस पार्थक्य को स्वीकार करने का साहस नहीं। रस की इसी खंड-चेतना से साहित्य-असाहित्य के निर्णय का दम्भ किया जाता है, इस आत्मछल के साथ कि आज का निर्णायक कहीं न कहीं उसी सहृदय का वंशज है। क्या रस की यह धारणा मनुष्य की परिकल्पना से सर्वथा मुक्त है? निश्चय ही यह मनुष्यता का पर्याय नहीं है और सम्पूर्ण मनुष्य का तो और भी नहीं, किन्तु है यह अन्ततः मनुष्य की परिकल्पना पर ही आधारित—यह दूसरी बात है कि मनुष्य की यह परिकल्पना काफी संकुचित है। शृंगार रस को ही रस माननेवाला सहृदय द्विवेदीजी का सम्पूर्ण मनुष्य नहीं बल्कि एक अपूर्ण मनुष्य है।

सम्पूर्ण मनुष्य वाले रस की परम्परा दूसरी है, जिस पर आचार्य द्विवेदी ने 'मध्यकालीन बोध का स्वरूप' नामक ग्रन्थ के अन्तर्गत 'रस-कवियों का साक्ष्य' शीर्षक के पाँचवें और अन्तिम व्याख्यान में विचार किया है। उल्लेखनीय है कि इस महान परम्परा के लिए सर्जक द्विवेदीजी को शास्त्र का आधार नहीं मिला, उन्हें काव्य का ही सहारा लेना पड़ा। रस की यह परम्परा वाल्मीकि की है, जिसे कालिदास ने पुष्ट किया, किन्तु इस परम्परा का पूरा परिचय देने से पहले आचार्य द्विवेदी ने एक बड़ी महत्त्वपूर्ण और मौलिक बात कही है। भारतीय संस्कृति के पश्चिमी व्याख्याकारों के मन में, "धर्म, दर्शन और काव्य से अभिभूत और प्रभावित होने का संस्कार इतना बद्धमूल था कि भारतीय सन्दर्भ में काव्य से धर्म और दर्शन, कला तथा शिल्प का

प्रादुर्भूत होना उनके गले के नीचे उतरनेवाली बात नहीं थी।'' जबकि सच्चाई यह है कि भारतीय धर्म और दर्शन काव्यवेद से उत्पन्न हैं।

अपनी इस मान्यता को स्पष्ट करने के लिए आचार्य द्विवेदी पहले वैदिक साहित्य की विशेषता का वर्णन अपनी सहज उदात्त कल्पवाणी में इस प्रकार करते हैं : ''पूरा वैदिक साहित्य आनन्दोल्लास का गीत है। वैदिक ऋषि की दृष्टि में प्रकृति और मनुष्य, जड़ और चेतन आनन्द की अभिव्यक्ति मात्र हैं। नर्तकी के समान चारुभूषणा प्रकृति, वृषभ के समान गरजता हुआ मेघमंडल, समस्त चराचर को अपनी महिमा से भर देनेवाला आकाश, चर-अचर की सुप्त चेतना को प्रेरणा देनेवाला सविता, सभी आनन्द का गान गाते हैं। यह जगत् मनुष्य का प्रतिद्वन्द्वी नहीं, पूरक है। प्रकृति की नित्य शोभा मनुष्य को प्रेरणा देती है और प्रेरणा पाती है। इन दोनों में ऐसा कोई सम्बन्ध नहीं है, जिससे इस प्रकार के तत्त्वावधान को बढ़ावा मिल सके कि मनुष्य जगत या प्रकृति से भिन्न है और एक-दूसरे को जीतने या अभिभूत करने में निरन्तर क्रियाशील है। इस आनन्दोल्लास से मुखर काव्य के तत्त्वचिन्तन का जो क्रम उत्पन्न होता है, वह निश्चित रूप से दोनों के पारस्परिक सम्बन्धों को मधुमय बनानेवाले तत्त्व की खोज से शुरू होता है।'' (पृ. 105) उपनिषदों में पहुँचकर यही मधुमय तत्त्व रस बनता है जो 'बन्धन विमुक्त होने की प्रेरणा देता है।' आदिकवि वाल्मीकि की रामायण में 'मा निषाद प्रतिष्ठां त्वमगमः' उद्गार के साथ शोक के श्लोक रूप में परिणत होने की प्रक्रिया प्रकट होती है, जिसकी गूँज कालिदास के रघुवंश में 'ष्लोत्वकमापद्यप यस्य शोकः' के रूप में सुनाई पड़ती है।

आचार्य द्विवेदी इस अतिपरिचित तथ्य का उल्लेख करने के बाद जो भी बात कहते हैं, वह यह है कि यह मानकर भी कि इस घटना से प्रथम काव्य का आविर्भाव हुआ, इसे उस प्रकार की रस व्याख्या का आधार नहीं बनाया गया जैसे भरत के प्रसिद्ध सूत्र को। अगर इसे आधार बनाया गया होता तो कदाचित् मध्ययुग के आलोचक अधिक स्पष्टता के साथ सौन्दर्य-बोध की रचनात्मक प्रक्रिया और सौन्दर्य की अभिव्यक्ति के उस स्वरूप को हृदयंगम कर सकते। चि.वि. वैद्य को इस घटना से अंग्रेज आलोचक हैजलिट की उस उक्ति का ध्यान आया था, जिसमें कहा गया है : ''किसी मार्मिक वस्तु या घटना के प्रत्यक्षीकरण से सम्मूर्तन प्रक्रिया और सान्द्र भावानुभूति को गतिशील बनानेवाली संवेदना द्वारा विशेष प्रकार की स्वर-प्रक्रिया और ध्वनि-प्रवाह के रूप में फूट पड़नेवाली मानसिक प्रतिक्रिया ही कविता है। परन्तु मध्ययुग में उसे पूज्य वाणी मानकर ही सन्तोष कर लिया गया।'' (पृ. 106-07)

लेकिन द्विवेदीजी ने इतना ही कहकर सन्तोष नहीं कर लिया। उनकी दृष्टि में आदिकवि का वैशिष्ट्य यह है कि उन्होंने अपने भाव को मूर्त रूप देने के लिए रस की नहीं, नेता की खोज की। कैसे नेता की? ''ऐसे नर चन्द्रमा की जिसमें मनुष्य

की समग्र लक्ष्मी का निवास हो। उन्हें उन नेताओं के किसी ऐसे स्थायी भाव की खोज नहीं थी, जो विभावानुभाव संचारी भाव के संयोग से इस रूप में परिणत हो सके। वे मनुष्य और आदर्श रूप के जिज्ञासु थे।'' (पृ. 107-8)

यही सम्पूर्ण मनुष्य आचार्य द्विवेदी की दृष्टि में रस का आधार है और प्रकारान्तर से साहित्य का भी। साहित्य का यह मूर्त आधार क्या नितान्त असाहित्यिक परिकल्पना है? क्या इससे साहित्य के वास्तविक धर्म का निरूपण सम्भव नहीं? क्या इस सम्पूर्ण को साहित्य के मूल्यांकन का आधार बनाना अनुचित है?

आचार्य द्विवेदी का यह सम्पूर्ण मनुष्य साहित्य का विषय ही नहीं, बल्कि साहित्य का विषयी भी है—विषयी अर्थात् कर्ता, सर्जक। सम्पूर्ण यह इसलिए नहीं कि इसमें समस्त सम्भाव्य गुणों और आदर्शों का समावेश है। सम्पूर्ण यह इसलिए है कि रवीन्द्रनाथ के शब्दों में : ''बाह्य विश्व में निहित एक के साथ उसके अपने एक का सामंजस्य है।'' अन्यत्र इस कल्पमानव की सम्पूर्णता को आचार्य द्विवेदी ने सत्त्वस्थ होने की संज्ञा दी है। कालिदास की सृजन-प्रक्रिया के विवेचन के प्रसंग में शिथिल समाधि के विपरीत सृजन क्षण का समाधिस्थ चित्त इसी सम्पूर्णता को अभिव्यक्त करता है। अन्य प्रसंगों में इसी को द्विवेदीजी समष्टि मानव भी कहते हैं। इस प्रकार आचार्य द्विवेदी की दृष्टि में साहित्य समष्टि मानव की सिसृक्षा-सर्जनेच्छा की परिणति है।

छन्द इस सिसृक्षा-सर्जनेच्छा का ही काव्यात्मक नाम है। छन्द का एक अर्थ इच्छा भी है। सहसा 'मा निषाद...' श्लोक के फूट पड़ने पर विस्मित आदिकवि को प्रबोधित करते हुए जब ब्रह्मा कहते हैं कि 'मत्छन्दात् से ब्रह्मन् प्रवृत्तेयं सरस्वती', तो वहाँ मत्छन्दात् का अर्थ मेरी इच्छा ही है। वैसे छन्द का एक अर्थ बन्धन भी है। आचार्य द्विवेदी की दृष्टि में साहित्य सृजन के मूल में यह छन्द ही है और सच पूछिए तो छन्द की भूमिका साहित्य से भी आगे बढ़कर समस्त कलाओं तक फैली हुई है। छन्द वस्तुतः द्विवेदीजी के लालित्य का बीज भाव है। अपनी कृतियों में जिस प्रकार उन्होंने जगह-जगह छन्द की महिमा गाई है, उसे पढ़कर आधुनिक युग के पाश्चात्य साहित्य-चिन्तकों द्वारा लिखित मेटाफर की प्रशस्तियाँ अनायास याद हो आती हैं। आचार्य द्विवेदी ने छन्द को लेकर तत्त्ववाद का पूरा एक प्रासाद खड़ा कर डाला—जिसकी आधारशिला ज्ञान, इच्छा और क्रिया का त्रिक् है, इस तत्त्ववाद का सबसे आकर्षक पक्ष छन्दप्रेरित लालित्य-दर्शन है। 'कालिदास की लालित्य योजना' के 'विश्व व्यापक छन्दोधारा और लालित्य' शीर्षक अध्याय से इस तत्त्ववाद और लालित्य-दर्शन का कुछ आभास मिल सकता है।

किन्तु इस तत्त्ववाद की सबसे महत्त्वपूर्ण उपलब्धि है कला सम्बन्धी एक समग्र लालित्य दृष्टि जिसके परिप्रेक्ष्य में आचार्य द्विवेदी साहित्य को रखकर देखते हैं। हिन्दी का शायद ही कोई ऐसा आलोचक हो, जिसने आचार्य द्विवेदी के समान

साहित्य को समस्त कलाओं के व्यापक परिप्रेक्ष्य में रखकर देखने का प्रयास किया हो। इस व्यापक कला-दृष्टि ने द्विवेदीजी की साहित्य समीक्षा में सौन्दर्य-विश्लेषण का एक नया आयाम जोड़ा है, जो अन्यत्र दुर्लभ है। हिन्दी के अन्य आचार्यों का रस-विवेचन जहाँ केवल काव्य तक सीमित है, आचार्य द्विवेदी रस के स्वरूप का उद्‌घाटन चित्रकला, नृत्य और संगीत के सन्दर्भ में भी उतनी ही दक्षता के साथ करते हैं, जो निश्चय ही अभिनव गुप्त की परम्परा का वास्तविक विकास है। यही व्यापक दृष्टि के इतिहास लेखन में यथास्थान दिखाई पड़ती है। 'सूर साहित्य' के अन्तर्गत भक्ति काव्य की मूल प्रवृत्ति का निरूपण करते हुए वे कहते हैं : "इस युग के धर्म और कला को अलग-अलग रखकर विचार नहीं किया जा सकता। क्या वास्तुशिल्प, क्या चित्रकला, क्या काव्य, क्या नृत्य और क्या संगीत--सर्वत्र एक ही बात दिखाई देती है और वह यह कि समस्त भारतीय अन्तरीप एक सिरे से दूसरे सिरे तक भक्ति, विशेषकर वैष्णव-भक्ति, की शक्तिशाली तरंग से आक्रान्त हो उठा था।" (पृ. 81)

इसी प्रकार हिन्दी के रीतिकाव्य के सन्दर्भ में राजपूत कलम और कांगड़ा कलम की चित्रकला का जिक्र करते हुए वे काव्य की मुख्य प्रवृत्ति को स्पष्ट करने का प्रयत्न करते दिखाई पड़ते हैं। (हिन्दी साहित्य : उद्‌भव और विकास, पृ. 175) इन फुटकर संकेतों के अतिरिक्त 'कालिदास की लालित्य योजना' है, जिसमें नृत्य और चित्रकलाओं के बीच काव्य के लालित्य को उद्‌घाटित करने का व्यवस्थित स्वरूप प्रकट हुआ है। वस्तुत: इसका महत्त्व इतनी अधिक कलाओं की जानकारी तक ही सीमित नहीं है। जानकार तो और भी होंगे और शायद द्विवेदीजी से कहीं ज्यादा। महत्त्व की बात है कला-दृष्टि की समग्रता। आकस्मिक नहीं है कि सम्पूर्ण मानव की परिकल्पना करनेवाले आचार्य द्विवेदी की दृष्टि बराबर उस मानव की सम्पूर्ण सृजनशीलता पर भी रही है। उनकी दृष्टि में मनुष्य की रचयित्री आनन्दिनी वृत्ति को चित्रकला, मूर्तिकला, वास्तुकला, धर्मविधान और साहित्य के माध्यम से समझा जा सकता है। मानव सिसृक्षा-सर्जनेच्छा की यह समग्रता ही आचार्य द्विवेदी की सम्पूर्ण लालित्य-दृष्टि और कला-दृष्टि की कुंजी है। अपने उपन्यासों में नृत्य, चित्र, स्थापत्य, मूर्ति और संगीत आदि विविध कला-प्रसंगों के सूक्ष्म विवरण के द्वारा आचार्य द्विवेदी इस सत्य को प्रमाणित कर देते हैं कि सर्जनात्मक दृष्टि की सम्पूर्णता ही आलोचनात्मक दृष्टि की सम्पूर्णता का आधार है।

'फक्कड़पन' का दर्शन

आचार्य हजारीप्रसाद द्विवेदी के 'हिन्दी साहित्य : उद्भव और विकास' (1952) से गुजरते हुए बीसवीं संदी के चौथे दशक में पहुँचते ही कवियों और लेखकों की एक ऐसी पीढ़ी मिलती है, जो इतिहासकार की नजरों में फक्कड़ और मस्त है। फक्कड़ों की यह जमात इतिहास में न तो इसके पहले कभी मिलती है और न इसके बाद ही। एक प्रकार की स्वच्छन्दतावादी प्रवृत्ति इस पीढ़ी के साहित्यकारों में भी मिलती है, किन्तु यह स्वच्छन्दता पूर्ववर्ती युग के छायावादी कवियों की स्वच्छन्दता से काफी भिन्न थी। इस फर्क के एहसास के साथ द्विवेदीजी ने बालकृष्ण शर्मा 'नवीन' के बारे में लिखा है कि...छायावादी मूल भाव-धारा से पृथक् किन्तु विश्वासों में सम्पूर्ण स्वच्छन्दतावादी फक्कड़ कवि बालकृष्ण शर्मा की उद्दाम आवेगों वाली कविताएँ इसी काल में लिखी गईं। सब कुछ को छोड़कर आगे बढ़ जाने की घर फूँक मस्ती से इनकी रचनाएँ आकंठ भरी हैं। (पृ. 294) नवीन के बाद भगवतीचरण वर्मा मिलते हैं, जिनमें मस्ती है, उल्लास है और अपने आपके प्रति दृढ़ विश्वास है।...वे अनासक्त भोक्ता की भाषा में सुन्दर के सौन्दर्य की महिमा और अपनी मस्ती के गान गाते हैं। उनकी इस असंकुचित और आत्मकेन्द्री मस्ती ने सहृदयों को आकृष्ट किया था। (पृ. 295) इसी क्रम में मस्ती और मौज के दूसरे कवि बच्चन हैं।...बच्चन की कविता में जिस क्षणिक उल्लास की मस्ती का प्रचार किया गया था, उससे कुछ लोग अप्रसन्न भी थे। शायद उपहास के लिए ही शुरू-शुरू में इसे हालावाद नाम दे दिया गया था। वस्तुत: यह हाला तत्कालीन प्रचलित झूठी आध्यात्मिकता के प्रतिवाद का एक प्रतीक मात्र है।...(पृ. 295-96) अन्त में...मस्ती के तीसरे कवि रामधारी सिंह 'दिनकर' हैं। कल्पना की ऊँची उड़ान विसदृश परिस्थितियों को अनुकूल बनाने की उमंग और सामाजिक चेतना की तीव्रता के कारण दिनकर प्रथम दो कवियों से एकदम भिन्न श्रेणी के कवि हैं। भगवती चरण वर्मा और बच्चन में वैयक्तिक चेतना का प्राधान्य है (जबकि) दिनकर की उमंग और मस्ती में सामाजिक मंगलाकांक्षा का प्राधान्य है...(पृ. 196)

इतिहास की इस सूची में स्वयं इतिहासकार अपने नाम से भले ही अनुपस्थित हो, किन्तु यह तथ्य है कि आचार्य हजारीप्रसाद द्विवेदी नवीन, दिनकर, बच्चन,

भगवतीचरण वर्मा आदि की ही पीढ़ी के हैं...उस पीढ़ी के जिसके बुनियादी भावबोध का निर्माण सन् 1930 के आसपास उत्तर-छायावाद काल में हुआ। इसमें आश्चर्य की कोई बात नहीं कि अपनी पीढ़ी की फक्कड़ता और मस्ती को द्विवेदीजी की अचूक दृष्टि ने सबसे पहले पहचाना। सबसे पहले पर जोर देना इसलिए जरूरी है कि नितान्त समसामयिकता की सीमा से बँधे हुए अनेक नए लेखक इस पहचान का श्रेय विजयदेव नारायण साही को देते हैं, जिनका 'लघुमानव के बहाने हिन्दी कविता पर एक बहस' शीर्षक लेख 'नई कविता' (5-6) में 1961 में प्रकाशित हुआ था। वैसे, साहीजी ने इस लेख में इस तथ्य का उल्लेख किया है कि पंडित हजारीप्रसाद द्विवेदी इस तीसरे दशक के सबसे समर्थ आलोचक हैं...किन्तु उन्हें इस फक्कड़ पीढ़ी के अभिन्न अंग के रूप में न देखकर इड़ा-पिंगला पर फुत्कारती हुई जिजीविषा नामक कुंडलिनी तंत्रविज्ञान के पंडित के रूप में देखा गया है, जिसके हर दृष्टि-निक्षेप पर साधारण मानव अपने सबसे प्रिय रूप में उल्लसित होता और हिलकोरें खाता चलता है।...(नई कविता-5-6, पृ. 93)

बहरहाल, 1930 के आसपास जब हजारीप्रसाद द्विवेदी आचार्य नहीं हुए थे, अपने समकालीन अन्य कवियों के समान फक्कड़पन का बाना पहने उसी मुद्रा की कविताएँ लिख रहे थे। सर्वथा छन्द में लिखी इस काल की एक कविता के एक छन्द से उस मुद्रा का अनुमान लगाया जा सकता है—

रजनी दिन नित्य चला ही किया
मैं अनन्त की गोद में खेला हुआ,
चिरकाल न वास कहीं भी किया
किसी आँधी से नित्य धकेला हुआ,
न थका, न रुका, न हटा, न झुका,
किसी फक्कड़ बाबा का चेला हुआ,
मद चूता रहा, तन मस्त बना,
अलबेला मैं ऐसा अकेला हुआ।

इस कविता में एक ऐसे फक्कड़ का चित्र है, जो दिन-रात बिना विराम किए चलता जा रहा है जैसे किसी आँधी से धकेला जा रहा हो, जिसे सौन्दर्य के नाना प्रलोभन लुभाने की कोशिश कर रहे हैं, पर वह सबसे मुँह मोड़कर आगे बढ़ता जा रहा है और उसे उसी में मजा है। उसके पास न प्रेम-व्यापार के लिए अवकाश है, न विरह में आँसू बहाने की फुरसत। इस प्रकार अपनी समझ से वह बिल्कुल अलबेला और एकदम अकेला है।

द्विवेदीजी की बाद की कृतियों को देखने से पता चलता है कि कविताएँ उन्होंने आगे चलकर भले ही न लिखी हों लेकिन फक्कड़पन का आरम्भिक नशा आजीवन छाया रहा। उनके पहले उपन्यास 'बाणभट्ट की आत्मकथा' (1946)

का चरित नायक बाणभट्ट अपने ही शब्दों में जन्म का आवारा, गप्पी, अस्थिरचित्त और घुमक्कड़ है। अपनी कल्पना के चमत्कार से द्विवेदीजी ने बाण को पूर्वी हिन्दी के बंड से उत्पन्न बतलाया, जिसका अर्थ है पूँछ-कटा बैल। बाण घटनाक्रम में अघोर भैरव जैसे फक्कड़ बाबा से जीवन के बारे में नई दृष्टि प्राप्त करता है। उसे मित्र के रूप में धावक नाम का एक कवि भी मिलता है, ''जिसकी दुनिया निर्लिप्त मस्ती की दुनिया है। जिस बात से अन्य कवि द्रवित हो जाते हैं, उससे भी अपनी मस्ती का खाद्य निकाल लेता है।'' अपने इस सखा कवि के बारे में चकित होकर बाण सोचता है : 'कितनी सहज आनन्दधारा इस कवि के सर्वांग को घेरकर उच्छवसित हो रही है। वह कौन-सा ऐसा निर्झर है जिससे इतनी उमंग, इतना उल्लास, इतनी निस्संगता झरती रहती है। न कहीं विरोधी पक्ष की सम्भावना से आशंका है, न किसी भले-बुरे प्रभाव से प्रयोजन। मानो वह इस दुनिया से उमंग का रस खींचने के लिए ही पैदा हुआ है। दूसरों को इससे सुख पहुँचे या दुख वह अपना रस उसी प्रकार निकाल लेगा जिस प्रकार दलित इक्षु-दंड से किसान निकाल लेता है।'' (पृ. 351-52)

दूसरे उपन्यास 'चारुचन्द्रलेख' (1965) में सीदी मौला नामक विलक्षण फक्कड़ चरित्र है—धर्म-आचार के मामले में परम उदार, बल्कि सर्वथा रूढ़िमुक्त और जीवन-जगत् के बारे में अनुभवसिद्ध ज्ञानी और इन सबके ऊपर एकदम निडर और साहसी।

इसी प्रकार 'पुनर्नवा' में संस्कृत नाटकों का चिर-परिचित विदूषक माढव्य पुनर्नवता प्राप्त करके द्विवेदीजी का अपना फक्कड़ बन जाता है जिसे यह पता है कि, ''राजसभा में मूर्खता भी बिकती है और माढव्य ही उसे बेचता है।'' और जो कवि चन्द्रमौलि को यह समझाने की समझ रखता है कि, ''राजस्तुति एक ऐसा विषय है जिसका अर्थ कहीं नहीं रहता, वह मूर्खों द्वारा, मूर्खों का किया हुआ मूर्खतापूर्ण कथन-मात्र है।''...किन्तु असली फक्कड़ पुनर्नवा के सुमेर काका हैं, जो हैं तो अटूट गँवार, लेकिन किसानी मन में ऐसी प्रखर सहज बुद्धि है कि जटिल से जटिल बात को सीधे ढंग से पकड़ लेते हैं और बड़े से बड़े संकट की घड़ी में भी मस्त रहते हैं। अन्तिम उपन्यास 'अनामदास का पोथा' तो फक्कड़ ऋषिकुमार रैक्व का आख्यान ही है, जिसके लिए 'सब हवा है।'

ललित निबन्धों की दुनिया में कदम रखें तो यहाँ द्विवेदीजी के सभी प्रिय फूल और पेड़ मस्ती के आलम में झूमते हुए मिलेंगे। अशोक की नियति को देखकर लेखक उदास हो जाता है, किन्तु अशोक है कि आज भी उसी मौज में है, जिसमें आज से दो हजार साल पहले था। और देवदारु? ''पेड़ क्या है, किसी सुलझे हुए कवि के चित्र का मूर्तिमान छन्द है...धरती के आकर्षण को अभिभूत करके लहरदार वितानों की शृंखला को सावधानी से सँभालता हुआ, विपुल व्योम की ओर एकाग्रीभूत

मनोहर छन्द''...कालिदास ने 'मुहुः कम्पितदेवदारु' कहकर सन्तोष कर लिया था, लेकिन द्विवेदीजी की दृष्टि में : ''देवदारु के बार-बार कम्पित होते रहने में एक प्रकार की मस्ती है। युग-युगान्तर की संचित अनुभूति ने ही मानो यह मस्ती प्रदान की है।''...कुटज वैसे तो अदना-सा फूल है। साहित्य में इसका परिचय केवल इसलिए है कि विरही यक्ष ने और कुछ न पाकर सिर्फ कुटज के फूलों से मेघ को अर्घ्य दिया था, किन्तु द्विवेदीजी को यह तुच्छ फूल उजाड़ का साथी मालूम हुआ और साथी भी ऐसा-वैसा नहीं, बल्कि मनस्वी और मस्त जो ''कठोर पाषाण को भेदकर, पाताल की छाती चीरकर और झंझा-तूफान को रगड़कर जीने के लिए रस खींच लेता है।'' इसी प्रकार कालिदास का ही दुलारा एक और वृक्ष है शिरीष।...''जब धरती और आसमान जलते रहते हैं, तब भी यह हजरत न जाने कहाँ से अपना रस खींचते रहते हैं और मौज में आठों याम मस्त रहते हैं।''...शिरीष को देखकर कालिदास की याद आना स्वाभाविक ही है लेकिन द्विवेदीजी को इस क्षण ऐसा प्रतीत होता है कि, ''कालिदास भी जरूर अनासक्त योगी रहे होंगे। शिरीष के फूल फक्कड़ाना मस्ती से ही उपज सकते हैं और 'मेघदूत' का काव्य उसी प्रकार के अनासक्त उन्मुक्त हृदय में उमड़ सकता है।''...(कल्पलता, पृ. 25) यही नहीं, जिस कबीर ने शिरीष का कहीं जिक्र तक नहीं किया, वे भी इस अवसर पर द्विवेदीजी को बरबस याद आ जाते हैं और वे बोल उठते हैं : ''कबीर बहुत-कुछ इस शिरीष के समान ही थे, मस्त और बेपरवाह पर सरस और मादक।''...और यहीं वे एक सामान्य वक्तव्य देते हैं : ''अवधूतों के मुँह से ही संसार की सबसे सरस रचनाएँ निकली हैं।'' ...इस प्रकार द्विवेदीजी की फक्कड़ कल्पना में क्लासिकी संयम के लिए विख्यात कवि कालिदास भी फक्कड़ाना मस्ती से विभूषित हो जाते हैं और सन्तों के बीच ज्ञानीजी नाम से प्रसिद्ध सन्त कबीर भी अवधूत की तरह सामने आकर खड़े हो जाते हैं—'अवधूत ही नहीं, सरस और मादक भी।'

इस प्रकार द्विवेदीजी की कृतियों से फक्कड़पन के और बहुत से उदाहरण प्रस्तुत किए जा सकते हैं। किन्तु सच्चाई यह है कि इस मानसिकता का पहला विस्तृत-विवेचन 'कबीर' नामक ग्रन्थ (1942) में ही मिलता है, जब चौथे दशक की मस्ती का साहित्य अपनी जवानी के चरम शिखर पर था। एक तरह से आचार्य द्विवेदी का कबीर अपनी पीढ़ी के जीवन-दर्शन और काव्य-सिद्धान्त का आलोचनात्मक भाष्य है। इस ग्रन्थ की नवीनता का पूरा-पूरा एहसास करने के लिए एक बार यह स्मरण कर लेना आवश्यक है कि तब तक हिन्दी में कबीर की मूर्ति कैसी थी? बड़थ्वाल ने कबीर को एक निर्गुणिया योगी के रूप में पेश किया था और शुक्लजी ने खंडन-मंडन में तत्पर एक ज्ञानमार्गी समाजसुधारक के रूप में। रवीन्द्रनाथ ठाकुर के अंग्रेजी अनुवाद के कारण कबीर एक रहस्यवादी के रूप में ध्यान आकृष्ट करने लगे थे। ऊँची टोपी और छापा-तिलक लगाए करघे के पास बैठे हुए कबीर का चित्र

किसी भी तरह के एक फक्कड़ या मस्तमौला का आभास नहीं देता। निस्सन्देह, हिन्दुओं और मुसलमानों के बाहरी आडम्बरों के खिलाफ आवाज बुलन्द करनेवाले एक विद्रोही के रूप में कबीर की प्रसिद्धि पहले से ही थी, किन्तु द्विवेदीजी के कबीर विद्रोह की एक निराली सज-धज के साथ आए।

द्विवेदीजी के कबीर अक्खड़ जरूर है, किन्तु "अक्खड़ता कबीरदास का प्रधान गुण नहीं है।" (पृ. 163) दरअसल उन्होंने "यह योगियों से विरासत में पाई थी।" द्विवेदीजी के अनुसार—अक्खड़ वे आदत से थे, वरना स्वभाव से फक्कड़ ही थे। फक्कड़ इसलिए कि "अच्छा हो या बुरा, खरा हो या खोटा, जिससे एक बार चिपट गए उससे जिन्दगी भर चिपटे रहो, यह सिद्धान्त उन्हें मान्य नहीं था। वे सत्य के जिज्ञासु थे और कोई मोह-ममता उन्हें अपने मार्ग से विचलित नहीं कर सकती थी। वे अपना घर जलाकर हाथ में मुराड़ा लेकर निकल पड़े थे और उसी को साथी बनाने को तैयार थे जो उनके हाथों अपना घर भी जलवा सके।" (पृ. 165) इसी मनोभाव का नाम घर-फूँक मस्ती है। इस मस्तमौला की विशेषता यह है कि वह "पुराने कृत्यों का हिसाब नहीं रखता, वर्तमान को सर्वस्व नहीं समझता और भविष्य में सब कुछ को झाड़-फटकारकर निकल जाता है।"...(पृ. 165)

अतीत-वर्तमान-भविष्य से एकदम निश्चिन्तता का भाव द्विवेदीजी को इतना आकर्षक लगता था कि उन्होंने प्रेमचन्द के 'गोदान' के मौजी चरित्र मेहता का यह कथन एकाधिक प्रसंगों में उद्धृत किया है : "मैं भूत की चिन्ता नहीं करता, भविष्य की परवाह नहीं करता। भविष्य की चिन्ता हमें कायर बना देती है। भूत का भार हमारी कमर तोड़ देता है। हममें जीवनी-शक्ति इतनी कम है कि भूत और भविष्य में फैला देने से वह क्षीण हो जाती है।"...विचित्र विडम्बना है कि मेहता का कथन उन आचार्य द्विवेदी को प्रिय था, जिन्हें अतीत की परम्परा की इतनी चिन्ता थी और जिनकी आँखों में हमेशा भविष्य का एक स्वप्न था। लेकिन शायद जमाने की फक्कड़ता का नशा कहीं ज्यादा प्रभावशाली था।

इस प्रसंग में सहजता की चर्चा आवश्यक है। सहज साधना के बिना इस मस्ती और फक्कड़पन को समझना असम्भव है। फक्कड़ वह जो सहज है। हर घर-फूँक फक्कड़ कहलाने का अधिकारी नहीं। जो माथे पर शिकन लाए बिना सहज भाव से घर फूँककर रमता बना, वही सच्चा फक्कड़ है। यही नहीं, बल्कि कबीर के खंडन-मंडन में भी एक सहजता है। द्विवेदीजी के शब्दों में : "उनकी प्रचंडता सरलता का परिणाम है। आक्रमण और व्यंग्य-बौछार के समय भी उनके अधरों पर मानो हँसी खेलती रहती है, यही लापरवाही कबीर के व्यंग्यों की जान है।" क्योंकि, "व्यंग्य वह है जहाँ कहनेवाला अधरोष्ठों में हँस रहा हो और सुननेवाला तिलमिला उठा हो और फिर भी कहनेवाले को जवाब देना, अपने को और भी उपहासास्पद बना लेना हो जाता हो।" (पृ. 172) इस व्यंग्य की फक्कड़ता का मर्म समझने के लिए

तुलसीदास या आधुनिक आक्रोशवादी कवियों की व्यंग्य रचनाओं की तनी हुई भंगिमा को स्मरण कर लेना पर्याप्त होगा।

इस फक्कड़पन का सबसे प्रमुख उपादान है प्रेम, जो द्विवेदीजी को कबीर में भी मिल जाता है। मिल ही नहीं जाता बल्कि कबीर के व्यक्तित्व का केन्द्रीय भाव है। कबीर को जब वे इश्क का मतवाला कहते हैं तो साधारण पाठक की भौंहें एक बार उठ जाती हैं। लेकिन प्रेम के बिना मस्ती कहाँ और कैसा फक्कड़पन! यह अवश्य है कि "इस प्रेम में मादकता नहीं है पर मस्ती है, असंयम नहीं है पर मौज है, उच्छृंखलता नहीं है पर स्वाधीनता है।" (पृ. 169) निस्सन्देह, कबीर के सन्दर्भ में यह प्रेम भक्ति है और द्विवेदीजी की दृष्टि में कबीर मूलतः भक्त थे। (पृ. 224) जिन लोगों की यह धारणा है कि द्विवेदीजी ने कबीर के विद्रोही रूप को उजागर किया, उनके विश्वास को सम्भवतः यह जानकर ठेस लगेगी कि 'कबीर' नामक ग्रन्थ अन्ततः एक भाव-विह्वल भक्त की प्रतिमा प्रस्तुत करता है। ग्रन्थ के उपसंहार में उन्होंने स्पष्ट लिखा है : "वे कभी समाज सुधार करने के फेर में नहीं पड़े। कबीरदास का भक्त रूप ही उनका वास्तविक रूप है। इसी केन्द्र के इर्द-गिर्द उनके अन्य रूप स्वयमेव प्रकाशित हो उठे हैं।" (पृ. 225) कबीर को भक्त कहने का अर्थ है उन्हें व्यष्टिवादी स्वीकार करना, क्योंकि भक्ति का आधार वस्तुतः व्यक्ति ही होता है। भक्तिकाव्य के मर्मज्ञ द्विवेदीजी से यह तथ्य अलक्षित नहीं रह सकता था। इसीलिए उन्होंने स्पष्ट शब्दों में लिखा है : "वस्तुतः वे व्यक्तिगत साधना के प्रचारक थे। समष्टि-वृत्ति उनके चित्त का स्वाभाविक धर्म नहीं था, वे व्यष्टिवादी थे।" (पृ. 223)

कबीर सचमुच व्यष्टिवादी थे या नहीं, फिलहाल बहस का विषय यह नहीं है। प्रसंग चौथे दशक के फक्कड़पन की प्रवृति का है, जिसकी व्याख्या के माध्यम कबीर बने। और कहना न होगा कि आचार्य द्विवेदी ने कबीर के माध्यम से व्यक्तिवादी फक्कड़पन का स्वरूप स्पष्ट किया, जिसे प्रायः आचार्य द्विवेदी के अपने भाव-बोध का प्रतिरूप समझ लिया जाता है, जो एकदम गलत है। इस प्रसंग में स्मरण दिलाना आवश्यक है कि चौथे दशक के मस्ती के व्यक्तिवादी कवियों से भिन्न दिनकर की विशेषता बतलाते हुए द्विवेदीजी ने स्पष्ट कहा है : "उनकी मस्ती में सामाजिक मंगलाकांक्षा का प्राधान्य है।" आचार्य द्विवेदी की कृतियाँ प्रमाण हैं कि इस दृष्टि से उनकी मस्ती उस काल के अन्य कवियों की अपेक्षा दिनकर के अधिक निकट थी। इसलिए जो लोग 'कबीर' के लेखक आचार्य हजारीप्रसाद द्विवेदी को आधुनिक कबीर कहकर गौरव देते हैं, वे अनजाने ही उनके साथ अन्याय करते हैं।

इसी प्रकार आचार्य द्विवेदी ने कबीरदास के फक्कड़पन पर जोर देकर उनके विद्रोही रूप और विरोधी स्वर को एक हद तक हलका करने की कोशिश की। इस प्रकार वे अनजाने ही कबीर को बहुत-कुछ अपनी प्रकृति के अनुरूप ढाल गए। इस

विषय पर उनकी पहली आलोचनात्मक कृति 'सूर साहित्य' (1930) से विशेष प्रकाश पड़ता है। आचार्य द्विवेदी के अनुसार, "सूरदास आदिभक्त कवियों में कहीं विरोध की ध्वनि नहीं है, वे अगर किसी बात को अनुचित समझेंगे तो अत्यन्त मृदु भाषा में उसकी उपेक्षा पर जोर देंगे। कहेंगे कवि की भाषा में, लक्षणा और व्यंजना का आवरण डालकर। इनकी तुलना उपनिषद के ऋषियों से की जा सकती है जो यज्ञ-याग के विरोधी नहीं, उपेक्षक थे।" (पृ. 61) निश्चय ही द्विवेदीजी ने सूरदास आदि के पद के द्वारा इस कथन को व्यापक कर दिया है, किन्तु जरूरी नहीं कि इस आदि में कबीर और यहाँ तक कि तुलसी भी सिमट आएँ। फिर भी यह सत्य है कि उन्होंने कबीर के विरोधी स्वर को अपेक्षया मृदु बना दिया है, जिससे स्वयं आचार्य द्विवेदी के विरोध की प्रकृति का आभास मिलता है। उनकी दृष्टि में उपेक्षा विरोध से ज्यादा असरदार और मारक है। इसीलिए वे उपेक्षा को विरोध पर तरजीह देते हैं। कहने की आवश्यकता नहीं कि उपेक्षा फक्कड़ाना मस्ती और लापरवाही के अधिक अनुकूल है। उपेक्षा फक्कड़ ही कर सकता है।

विरोध की इस मृदुता के बीज सम्भवतः उस भक्ति में हैं। उल्लेखनीय है कि चौथे दशक के अधिकांश फक्कड़ कवि अन्त में भक्ति के भजन करते पाए गए। नवीन का 'क्वासि', बच्चन की 'जनगीता' और दिनकर की 'हारे को हरिनाम' स्मरणीय हैं। आचार्य द्विवेदी के सामने रवीन्द्रनाथ का आत्मदान 'दलित द्राक्षा के समान अपने आपको निचोड़कर विराट के चरणों में अर्पित कर देने' का भाव शुरू से ही था। इसके अतिरिक्त उनके उपन्यासों का ऐतिहासिक परिवेशरूपी यह स्वाभाविक प्रतीत होनेवाला कवच इस भक्ति-भाव के लिए भी सहज ही सुलभ था। फिर भी यह तथ्य है कि आचार्य द्विवेदी के सभी उपन्यासों में निरपवाद रूप से अन्तिम समाधान भक्ति में निदर्शित किया गया है। कभी-कभी उनके उपन्यासों में विस्तृत तंत्र चर्चा देखकर द्विवेदीजी को तंत्र-दर्शन का विश्वासी समझ लेने का भ्रम हो जाता है, जो सर्वथा निराधार है। 'बाणभट्ट की आत्मकथा' में भट्टिनी और निपुणिका तो महावराह की भक्ति-साधना करती ही हैं, अन्त में बाणभट्ट भी भट्टिनी के प्रीत्यर्थ महावराह की स्तुति पढ़ते दिखाई पड़ते हैं। यही नहीं, सुचरिता को मानसिक शान्ति दक्षिण के श्रीपर्वत से आए किन्हीं व्यंकटेश भट्ट के विलक्षण भागवत धर्म में ही मिलती है। 'चारुचन्द्रलेख' तो जैसे तांत्रिक साधना पर श्रीकृष्ण की भक्ति की विजय की ही गाथा है। सिद्धियों के चक्कर में अपना आपा खोकर चन्द्रलेखा अन्ततः भगवती विष्णुप्रिया की शिष्या नाटी माता के शामक भक्ति-भाव में ही सत्त्वस्थ हो पाती है। 'पुनर्नवा' में भक्ति की यही भूमिका चन्द्रा और मृणाल मंजरी की अन्तर्व्यथा का शमन करती है और 'अनामदास का पोथा' के औपनिषदिक आख्यान में जहाँ भक्ति की गुंजाइश उतनी नहीं है, रैक्व जैसा फक्कड़ और अक्खड़ ऋषिकुमार भी भगवती अरुन्धती के चरणों में जाकर भीगी बिल्ली बन जाता है।

शायद अपने आपको सम्पूर्ण भाव से किसी विराट के चरणों में सौंप देना चौथे दशक के फक्कड़पन की अनिवार्य परिणति थी। शायद निर्वैयक्तिक होने के लिए व्यक्तिवाद के पास उस समय मध्ययुगीन भक्ति के इस ऐहिक रूप के अलावा कोई और रास्ता न था। हो सकता है, यह उस युग के आदर्शवाद की ही एक अभिव्यक्ति हो। निस्सन्देह, यह भक्ति समर्पण का पर्याय न थी। यह आध्यात्मिक आत्म-समर्पण वस्तुतः सामाजिक प्रतिरोध के लिए आस्था का दृढ़ आधार प्रदान करता था।

ऐसा प्रतीत होता है कि फक्कड़पन छायावाद की तथाकथित गलदश्रु भावुकता की प्रतिक्रिया में तैयार किया हुआ एक मानसिक सुरक्षा कवच था। स्वच्छन्दतावादी प्रवृत्ति यह भी थी किन्तु भावुकता से रहित। उल्लेखनीय है कि कबीर के व्यक्तित्व की विशेषता बतलाते हुए आचार्य द्विवेदी बार-बार इस बात पर बल देते हैं कि उनमें "भावुकता और हिस्टीरिक प्रेमोन्माद का एकान्त अभाव था। उन्होंने राम को साग्रह पुकारा था, पर बालकोचित मचलन के साथ नहीं। वे भगवद्-विरह की आँच में तपे थे, पर आँखों में आँसू भरकर नहीं।" (पृ. 176) भावुकता में एक प्रकार की गम्भीरता होती है, जिसके विरुद्ध फक्कड़पन एक तरह से अगम्भीरता की मुद्रा थी। इसीलिए छायावादियों के विरुद्ध इस दौर के फक्कड़ कवियों में बहुत-सी चीजों के प्रति एक प्रकार का खिलवाड़ का भाव था, जिसे आचार्य द्विवेदी ने लीला-भाव के रूप में बड़े विस्तार से निरूपित किया है। इसलिए जिस विनोद वृत्ति और परिहास भाव का छायावादियों में नितान्त अभाव था, फक्कड़पन के हिमायती कवियों में वह समय-समय पर झलक मारता दिखता है—विशेषतः आत्मोपहास की स्थितियों में।

फक्कड़पन का सबसे स्पष्ट रूप नारी सम्बन्धी दृष्टिकोण में प्रकट होता है। इस विषय पर विचार करने की गुंजाइश 'कबीर' में कम थी, इसलिए नारी सम्बन्धी दृष्टि की अभिव्यक्ति के लिए आचार्य द्विवेदी ने कालिदास, सूरदास तथा रवीन्द्रनाथ जैसे कवियों के कृतित्व का सहारा लिया है। यहाँ नारी की महिमा छायावादी कवियों से किसी भी प्रकार कम नहीं है, बल्कि कुछ अधिक ही है। नारी सौन्दर्य इस विश्व की सबसे बड़ी विभूति है। यह सौन्दर्य पुरुष के चित्त को पावन करता है, उसे समृद्ध बनाता है और इस प्रकार मनुष्य को सच्चा मनुष्य बनाता है, किन्तु इस प्रसंग में बार-बार भोग का तिरस्कार करके तप और संयम पर बल दिया गया है। आचार्य द्विवेदी रवीन्द्रनाथ की दृष्टि से कालिदास की पार्वती और शकुन्तला को देखते हुए अनेकत्र इस प्रकार की बात दुहराते हैं—"...कालिदास ने मदन वैभव और अकाल वसन्त की समस्त आकर्षक मोहकता को वैराग्य के एक भ्रूभंग में धूलिसात् करा दिया और फिर तपस्या की आँच में तपाकर प्रेम के कुन्दन को चमकाया। दुष्यन्त और शकुन्तला का प्रथम मिलन खंड सत्य था। कवि ने उस अभिशप्त प्रीति को विजयी नहीं होने दिया है। विजयी हुआ है वह प्रेम जो जीवन-रस में पूरी तरह परिपक्व होकर निकला है।" (विचार प्रवाह, पृ. 145-46)। निष्कर्ष यह कि, "सीता, पार्वती, राधिका

भारतीय कवि की आदर्श कल्पना हैं। सबको तपस्या की आँच में तपना पड़ा है, सब को दुख और वेदना के मरुकान्तर को पार करना पड़ा है, तब जाकर भारतवर्ष के सहृदय ने उन्हें देवता के आसन पर बिठाया है। संयम बड़ी वस्तु है, तपस्या बड़ी वस्तु है। क्षणिक आवेग, सामयिक उन्माद, अधीर विनिवेदन तब तक भारतीय कवि के चित्त को मुग्ध नहीं करते जब तक वे संयम, तप और भक्ति में स्नान करके पवित्र न हो गए हों।'' (विचार प्रवाह, पृ. 145-46) ध्यान देने की बात है कि आचार्य द्विवेदी ने जिस आदर्श को भारतीय परम्परा का क्लासिकी गौरव दिया है, वह स्वयं उनके अपने युग की खोज है—अपने युग की मानसिकता की उपज है, इसीलिए वह अतीत से अधिक इस युग-विशेष के भावबोध की द्योतक है।

थोड़ा और गहरे उतरने पर पता चलता है कि यह तप और संयम शुद्धतावादी कृच्छ्राचार तथा आत्मदमन से एकदम अलग है। द्विवेदीजी के उपन्यासों में इस तप की अभिव्यक्ति अधिक खुलकर हुई है।

'बाणभट्ट की आत्मकथा' में बाबा अघोर भैरव जब बाणभट्ट से पूछते हैं कि संकट की घड़ी में तू भट्टिनी को बचाएगा या उनके आराध्य महावराह की मूर्ति को, तो बाण दोनों को बचाने की बात कहता है। बाबा जब उसे मिथ्यावादी, पाखंडी आदि कहकर डाँटते हैं तो वह सच-सच बोल उठता है कि प्राण देकर मैं भट्टिनी को बचाऊँगा। इसके बाद बाबा उसे प्यार से समझाते हुए कहते हैं : ''पगला! देख रे, तेरे शास्त्र तुझे धोखा देते हैं। जो तेरे भीतर सत्य है, उसे दबाने को कहते हैं; जो तेरे भीतर मोहन है, उसे भूलने को कहते हैं; जिसे तू पूजता है, उसे छोड़ने को कहते हैं।...बुरा क्या है रे, त्रिपुरसुन्दरी ने जिस रूप में तेरे मन को लुभाया है, उसे साहसपूर्वक स्वीकार क्यों नहीं करता?'' कहने की आवश्यकता नहीं कि पाखंड के विरुद्ध इस आन्तरिक सत्य की स्वीकृति ही 'बाणभट्ट की आत्मकथा' का मूल प्रतिपाद्य है। एक अन्य प्रसंग में इसी बात को सूत्रबद्ध करते हुए इस प्रकार कहा गया है कि प्रवृत्तियों को दबाना भी नहीं चाहिए और उनसे दबना भी नहीं चाहिए। प्रत्येक व्यक्ति का देवता अलग होता है। देवता का परिचय शायद प्रवृत्तियाँ ही कराती हैं। हम बहुत बार अपने देवता को मन-ही-मन पूजते तो रहते हैं; पर हमें पता भी नहीं होता। (पृ. 115) आचार्य द्विवेदी ने यह दिखलाने का प्रयत्न किया है कि बाबा अवधूत जिस सहज सत्य का साक्षात्कार कर सके हैं, बाणभट्ट मायावश, भयवश, संकोचवश उससे बचता आ रहा है। स्त्री-पुरुष का यह सहज सम्बन्ध तथा स्त्री के प्रति सहज दृष्टि ही चौथे दशक के फक्कड़पन का प्रमुख स्वर है, जो पूर्ववर्ती युग के आदर्शवादी दृष्टिकोण का स्पष्ट प्रत्याख्यान है।

ऐसा लगता है कि 'बाणभट्ट की आत्मकथा' तक आचार्य द्विवेदी के मन में स्त्री-विषयक दृष्टि को लेकर जो थोड़ा-बहुत आदर्शवादी संकोच था, वह 'पुनर्नवा' तक आते-आते काफी ढीला हो गया और उस उपन्यास ने स्वच्छन्द प्रेम की साहसिक

गाथा का रूप धारण कर लिया। सम्भवतः लोरिक–चन्दा की लोक–प्रचलित लोककथा को औपन्यासिक रूप देने के पीछे यही दृष्टि थी। एक नपुंसक से ब्याही हुई चन्द्रा पति को छोड़कर पूर्व विवाहित गोपाल आर्यक अर्थात् लोरिक की ओर आकृष्ट होकर चली जाती है। इस घटना के औचित्य पर विचार करने के लिए धर्मशास्त्रियों की सभा जुड़ती है। आचार्य पुरगोमिल लोकजीवन में घटित होनेवाले इस नए परिवर्तन को दृष्टि में रखते हुए प्राचीन धर्मशास्त्र को लचीला बनाने का सुझाव देते हुए कहते हैं : "सुन लिया धर्मावतार, हर गाँव में, हर हाट में, हर गली में ये गाने सुनाई देंगे। आज आप इसे केवल भावलोक का विद्रोह कहकर टाल सकते हैं। पर लोक–मानस में शुष्क धर्माचार और रूढ़ मान्यताओं के प्रति यह भाव–लोक का विद्रोह किसी दिन वस्तुतः जगत् के विद्रोह का रूप ले सकता है। जानते हैं धर्मावतार, आदि–मनु ने धर्म के लिए हृदय–पक्ष को ध्यान में रखने पर भी बल दिया था—हृदयेनाभ्यनुज्ञातः कहा था। पुराण–ऋषि जानते थे कि शुष्क आचार–मात्र धर्म नहीं है।" (पृ. 172) इसके बाद आचार्य जैसे चुनौती के स्वर में कहते हैं : "जिसे आज अधर्म समझा जा रहा है, वह किसी दिन लोक–मानस की कल्पना से उठकर व्यवहार की दुनिया में आ जाएगा। निरन्तर व्यवस्थाओं का संस्कार और परिमार्जन नहीं होता रहेगा, तो एक दिन व्यवस्थाएँ तो टूटेंगी ही, अपने साथ धर्म को भी तोड़ देंगी।" (पृ. 173) यह है धर्म को स्वच्छन्द प्रेम की चुनौती और शास्त्र को लोक की ललकार और कुल मिलाकर एक नई नैतिकता को स्वीकार करने का आमंत्रण। मजे की बात यह है कि आचार्य द्विवेदी शास्त्र के अन्दर से ही शास्त्र के संशोधन का सूत्र निकालकर पेश कर देते हैं। 'मनुस्मृति' के कठोर नियमों की जैसी ख्याति है, उसमें भला हृदय की विवशता के लिए कहाँ अवकाश हो सकता है, लेकिन आचार्य द्विवेदी हैं कि वहाँ भी उन्हें 'हृदयेनाभ्यनुज्ञातः' का संकेत सूत्र मिल ही गया। इसी को कहते हैं पाषाण के हृदय को चीरकर रस निकालना। आचार्य द्विवेदी की यह विशिष्ट तत्त्वान्वेषी वृत्ति उन्हें आधुनिक बनाती है, भले ही उस आधुनिकता का ऐतिहासिक सन्दर्भ छायावादोत्तर काल की सीमा हो।

आश्चर्य की बात तो यह है कि उम्र ढलने के साथ–साथ दूसरे लोग जहाँ नैतिक बातों में कठोर होते जाते हैं, आचार्य द्विवेदी क्रमशः ऋजु और मुक्त होते दिखाई पड़ते हैं। कारण है सम्भवतः जीवन से गहरा लगाव और लोक–व्यवहार पर सतत दृष्टि। उदाहरण के लिए 'अनामदास का पोथा' में भोले–भाले फक्कड़ ऋषिकुमार रैक्व का चरित्र। उपनिषदें ब्रह्म और आत्मा के तत्त्वदर्शन के लिए विख्यात हैं। उनसे लोग अध्यात्म की उम्मीद करते हैं। लेकिन द्विवेदीजी को मिले रैक्व, जिन्होंने पहले तो राजा जानश्रुति को उपदेश देना अस्वीकार कर दिया और अन्न और सोने का उपहार भी लौटा दिया; लेकिन जब वह अपनी सुन्दर कन्या को लेकर दुबारा गया तो फक्कड़ ऋषि प्रसन्न हो उठे और उस सुन्दर कन्या का मुख अपनी ओर उठाकर

बोले कि हे शूद्र! इस सुन्दर मुख के कारण तुम मुझे बोलने को बाध्य कर रहे हो। वस्तुत: उपनिषदें तो ब्रह्म जिज्ञासा के लिए प्रसिद्ध हैं, किन्तु आचार्य द्विवेदी के अबोध किशोर रैक्व 'अच्छा तो यह स्त्री पदार्थ है' कहते हुए जिस प्रकार स्त्री पदार्थ का सन्धान और अभिज्ञान करते हैं, उससे अथातो सौन्दर्य जिज्ञासा ही सबसे बुनियादी प्रश्न मालूम होने लगता है।

सौन्दर्य के प्रति अकुंठ वृत्ति और नारी के प्रति अपेक्षया मुक्त दृष्टि इस फक्कड़पन का सम्भवत: सबसे आकर्षक पक्ष है। द्विवेदीजी की विशेषता यह है कि जिस दौर में अन्य कवि और लेखक पुरानी नैतिकता की रूढ़ियों को तोड़ने के लिए या तो खुलेआम अनैतिकता का औचित्य सिद्ध कर रहे थे या नैतिकता-अनैतिकता की बहस से परे विनैतिकता की वकालत करने में लगे थे, द्विवेदीजी ने एक नई सन्तुलित नैतिकता का स्वरूप सामने रखा, जिसमें वैयक्तिक स्वच्छन्दता के लिए पर्याप्त अवकाश है, पर उसके साथ सामाजिक मर्यादा की चिन्ता भी है। इस फक्कड़ मनीषा को न गुरु का डर है, न वेद का, न शास्त्र का और न लोक का ही। किन्तु लोक से न डरने का अर्थ लोक की उपेक्षा तो नहीं है। आचार्य द्विवेदी के फक्कड़पन की यही विशेषता है। द्विवेदीजी का बाणभट्ट अक्सर कहता है : "मैं अपनी सीमा को जानता हूँ, भगवान ने मुझे रुक सकने की शक्ति दी है।" अथवा "मैं सदा अपने को सम्हाल सकने में समर्थ रहा हूँ।" यह वही बाणभट्ट है जिसने अपनी बुनियादी दुर्बलता को पहचानते हुए यह कहा था : "इस सहानुभूतिमय हृदय ने ही तो मुझे आवारा बना दिया।" क्या यह सहानुभूतिमय हृदय केवल बाणभट्ट के आवारापन का कारण है या चौथे दशक के सारे फक्कड़पन का उद्‌गम है?

जो जन्म से नीच और अस्पृश्य हैं, स्थूल नैतिक दृष्टि से पतित हैं, किसी आततायी शक्ति के अत्याचार से पीड़ित हैं अथवा अपनी ही किसी भूल के कारण अन्तर्दाह से जल रहे हैं और समाज से उपेक्षित हैं, उनके साथ सहानुभूति और करुणा इस फक्कड़पन का मूल भाव है। यदि वह उपेक्षिता और पतिता नारी हुई तो इस करुणा की धारा और भी प्रबल हो जाती है। आकस्मिक नहीं कि द्विवेदीजी के सभी उपन्यासों की नायिकाएँ अथवा प्रमुख नारियाँ प्राय: जन्म से अस्पृश्य और समाज की दृष्टि में पतिता तथा लांछिता हैं। द्विवेदीजी ने उन्हें सिर्फ करुणा ही नहीं दी, बल्कि उनके अन्दर निहित शोभन और महिमामय को उद्‌बुद्ध करके उन सुप्त गुणों के प्रति उन्हें आत्म सजग किया है। ऐसा लगता है कि लेखक उनके साथ तादात्म्य अनुभव कर रहा है और उनके माध्यम से कहीं अपने आपको भी इस तुच्छता के स्तर से ऊपर उठाने का प्रयत्न कर रहा है। अपने समकालीन लेखकों से द्विवेदीजी की यही विशिष्टता है।

अब प्रश्न इस मस्ती और फक्कड़पन के सामाजिक आधार का उठता है। यदि यह केवल वैयक्तिक मुद्रा नहीं, बल्कि एक युग-बोध है तो उसका सम्बन्ध उस युग

की वस्तुनिष्ठ सामाजिक परिस्थितियों से होना चाहिए। 'मेरी जन्मभूमि' शीर्षक लेख में अपने लोगों के स्वभाव का परिचय देते हुए द्विवेदीजी ने एक जगह लिखा है : "इस भू-भाग का इतिहास निरन्तर बनते और मिटते रहने का था। इसीलिए यहाँ के निवासियों में एक प्रकार का 'कुछ परवाह नहीं' का भाव विकसित हो गया है। एक अजीब प्रकार की मस्ती और निर्भीकता इन लोगों के चेहरे पर दिखती है।" (अशोक के फूल, पृ. 35) हो सकता है स्वयं द्विवेदीजी की अपनी समझ से उनमें 'कुछ परवाह नहीं' का भाव और निर्भीकता जन्मभूमि के इसी परिवेश से आई हो। यह भी हो सकता है कि इसके स्रोत स्वयं उनके आरम्भिक जीवन की अस्थिरता और विपन्नता में हों, जिसका संकेत कुछ तो बाणभट्ट की आत्मकथा में मिलता है और कुछ पं. बनारसीदास चतुर्वेदी को लिखे हुए एक विस्तृत आत्मकथात्मक पत्र में। किन्तु इन व्यक्तिगत स्थितियों का एक सामाजिक सन्दर्भ भी है। द्विवेदीजी के उक्त कथन को ध्यान से देखा जाए तो जीवन में अस्थिरता और असुरक्षा की भावना एक प्रकार की लापरवाही और निर्भीकता को जन्म देती है। आकस्मिक नहीं कि द्विवेदीजी के उपन्यासों के अधिकांश प्रमुख मानव-चरित्र—चाहे वे स्त्री हों या पुरुष निरन्तर अस्थिरता और असुरक्षा के शिकार एक तूलखंड के समान हवा में इधर से उधर उड़ते हुए दिखाई पड़ते हैं। इस अस्थिरता और असुरक्षा का कुछ सम्बन्ध चौथे दशक के भारत की राजनीतिक, आर्थिक और वैचारिक अस्थिरता से भी है। इतिहासकारों ने इस सामाजिक इतिहास के बारे में इतना लिखा है कि उसकी चर्चा न करके संकेत करना ही काफी होगा।

इस फक्कड़पन के सामाजिक आधार के स्वीकार के लिए इस तथ्य का उल्लेख करना पर्याप्त है कि प्रेमचन्द जैसे सामाजिक यथार्थवादी और आशावादी साहित्यकार की भी इस दौर की कृतियों में सामाजिक असुरक्षा से उत्पन्न एक प्रकार के फक्कड़पन का भाव मिलता है। 'पूस की रात' का गरीब किसान हल्कू रात में खेत चर जाने के बाद जब कहता है : "चलो अच्छा हुआ, अब जाड़े की रात में खेत पर सोना तो नहीं पड़ेगा" तो अपनी बरबादी पर इस तरह हँसना फक्कड़पन नहीं तो क्या है? और फिर 'कफन' के घीसू माधव बहू के मरने पर कफन के लिए चन्दे में मिले रुपयों से मधुशाला में शराब पीकर जो नाचने लगते हैं, वह फक्कड़पन नहीं तो और क्या है? मुझे ऐसा लगता है कि जो फक्कड़पन आखिरी दिनों में प्रेमचन्द में दिखाई देता है, वही इस दौर के मस्ती के दूसरे लेखकों में भी है और इन सबका स्रोत कहीं न कहीं उस सामाजिक असुरक्षा की भावना में ही है।

इस दौर में मस्ती का आलम कुछ ऐसा था कि इसके बिना किसी के साहित्यकार होने की कल्पना भी नहीं की जा सकती थी। इस दौर के समर्थ समीक्षक आचार्य द्विवेदी ने, यही नहीं कि कबीर, कालिदास, रवीन्द्रनाथ जैसे समर्थ कवियों को उनकी मस्ती और फक्कड़ता के लिए सराहा, बल्कि साहित्यकार के लिए इसे आवश्यक

धर्म के रूप में स्थापित किया। 'साहित्य सहचर' में वे कहते हैं : "जो साहित्यकार अपने जीवन में मानव सहानुभूति से परिपूर्ण नहीं है और जीवन के विभिन्न स्तरों को स्नेहार्द्र दृष्टि से नहीं देख सका है, वह बड़े साहित्य का सृजन नहीं कर सकता। परन्तु केवल इतना ही आवश्यक नहीं है। उसमें प्रेमपूर्ण हृदय के साथ अनासक्त बनाए रखनेवाली मस्ती भी होनी चाहिए। मानव सहानुभूति से परिपूर्ण हृदय और अनासक्तिजन्य मस्ती साहित्यकार को बड़ी रचना करने की शक्ति देती है।" (पृ. 19)

आचार्य द्विवेदी की रचनाओं और साहित्यिक मान्यताओं में इस मस्ती और फक्कड़पन की अभिव्यक्ति अनेक रूपों में हुई है। मेरा कुछ ऐसा खयाल है कि द्विवेदीजी के चिन्तन और सृजन में सर्जनात्मक कल्पना की भूमिका नियामक है। जिस तरह वे नितान्त पृथक् और परस्पर असम्बद्ध दिखाई पड़नेवाली वस्तुओं में सम्बन्ध-सूत्र ढूँढ़ लेते हैं, वह उनकी विलक्षण कल्पना शक्ति का प्रमाण है। कन्दर्प और गन्धर्व के बीच सम्बन्ध-सूत्र ढूँढ़ लेना इस सृजन-व्यापार का अतिपरिचित उदाहरण है। यदि यह अद्‌भुत कल्पनाशक्ति न होती तो जो ऐतिहासिक तथ्य कंकाल के रूप में सुलभ थे, उनके आधार पर तो उनके एक भी उपन्यास का ढाँचा खड़ा न होता। इस कल्पना के स्रोत मुझे उनकी मस्ती और फक्कड़पन में ही दिखाई पड़ते हैं।

इसी प्रकार जीवन और साहित्य से लेकर अन्य सभी कलाओं के बीच जिस प्रकार वे छन्द का सन्धान करते हैं, वह छन्द सम्बन्धी औसत धारणा से बहुत ऊँची है। इच्छा और क्रिया से निस्सृत, गति और यति से निर्मित जिस छन्दोधारा का विराट रूप द्विवेदीजी उपस्थित करते हैं, वह फक्कड़पन की ही कलात्मक अभिव्यक्ति है। आकस्मिक नहीं है कि द्विवेदीजी की सबसे प्रिय कला नृत्य है। उनका शायद ही कोई उपन्यास होगा जिसमें किसी न किसी बहाने नृत्य कला के प्रदर्शन का अवसर न निकाल लिया गया हो। रवीन्द्रनाथ की 'अमि चंचल हे' कविता उन्हें प्रिय ही नहीं थी, बल्कि उनके व्यक्तित्व की अवितथ संज्ञा थी। स्वयं द्विवेदीजी के गद्य की लय मानो उनकी धमनियों में दौड़ते हुए रक्त-प्रवाह के छन्द को ध्वनित करती है।

इस फक्कड़पन के कारण ही उनके सृजन की बुनियादी विधा निबन्ध है, जो अपने विन्यास में पर्याप्त निर्बन्ध है। निश्चय ही ये संस्कृत के अर्थ में निबन्ध नहीं हैं, बल्कि फ्रेंच-अंग्रेजी के 'एसे' के अर्थ में निबन्ध हैं। इतना ही नहीं, मेरी तो कुछ ऐसी धारणा है कि आचार्य द्विवेदी के उपन्यास भी मूलतः निबन्ध ही हैं—अपनी सृजनात्मक संरचना में। यह अकारण नहीं है कि द्विवेदीजी अपने उपन्यासों को उपन्यास न कहकर गप्प कहते थे। अर्थात् निबन्ध भी गप्प, उपन्यास भी गप्प। अब द्विवेदीजी यदि कन्दर्प और गन्धर्व को एक सूत्र में जोड़कर उन्हें सहोदर और सजातीय बना सकते हैं तो क्या उन्हीं के चरण-चिह्नों पर चलते हुए हम कल्प और गल्प को परस्पर सम्बद्ध, सजातीय और सहोदर नहीं कर सकते? आचार्य द्विवेदी

की गल्प-सृष्टि उनकी कल्प-सृष्टि है, जो निबन्धों से लेकर उपन्यासों तक एकतान है और कहने की आवश्यकता नहीं कि उस कल्प-सृष्टि का बीज भाव फक्कड़पन है।

द्विवेदीजी की रचना को पढ़कर ऐसा लगता है कि वे किसी भी चीज के बारे में विचार पर विचार पैदा करते चले जा सकते हैं। विषय कुछ भी हो, चाहे जितना नगण्य, द्विवेदीजी उसमें एक नई बात पैदा कर लेते हैं। इसका सम्बन्ध केवल जानकारी से नहीं, बल्कि मस्तिष्क की सक्रियता और उसकी कल्प-क्षमता से है, निस्सन्देह, वे ज्ञान के विशाल कोष हैं, किन्तु केवल कोष तो कादम्बरी नहीं लिखता। विषयान्तर की परवाह किए बिना वे जिस तरह बात में से बात की टुकड़ी निकालते चलते हैं, वह उनके फक्कड़पन का ही एक रूप है। वैसे तान अन्त में सम पर ही टूटती है।

इस कल्प-सृष्टि में मस्ती के अनुरूप विचारों की नाटकीयता भी मिलती है जैसे 'अशोक के फूल' सहसा इतिहास रंगमंच पर झम्म से आते हैं और खप्प से ओझल हो जाते हैं। प्रवेश भी नाटकीय, निष्क्रमण भी। जाने क्यों उनका ध्यान कभी नाटक लिखने की ओर नहीं गया वरना लगता तो ऐसा है जैसे उनकी कृतियाँ एक जीवित रंगमंच हैं।

इस फक्कड़पन का प्रभाव उनकी आलोचना पर भी पड़ा है। उनका मन किसी कृति के सूक्ष्म विश्लेषण में नहीं रमता था। वैसे, शब्द की अर्थच्छायाओं की पहचान उनमें किसी भी अर्थ-विश्लेषी समीक्षक से कहीं गहरी थी, जैसा कि किसी पद्य या काव्यखंड की चर्चा में यत्र-तत्र दिख जाता है। 'कालिदास की लालित्य योजना' और 'मेघदूत : एक पुरानी कहानी' में उन्होंने कहीं-कहीं ऐसा मौलिक अर्थोद्घाटन किया है कि चकित रह जाना पड़ता है। फिर भी तथ्य यही है कि वे काव्य के सूक्ष्म विश्लेषण में प्रवृत्त नहीं हुए। किसी कविता के अर्थ-सौन्दर्य के उद्घाटन का उनका अपना ढंग था। वे विवेच्य कृति के उपयुक्त एक विशेष प्रकार का सन्दर्भ रचते हैं और फिर उस सन्दर्भ की पृष्ठभूमि में वे उस कविता को इस तरह और इस कोण से रखते हैं कि उसका वास्तविक अर्थ अपने आप उद्भासित हो जाता है : 'सूर्यांशुभिर्भिन्नमिवारविन्दम्' की तरह। इसके बाद किसी भी प्रकार की टिप्पणी अनावश्यक हो जाती है। हो सकता है कि कुछ लोग इसे प्रभावाभिव्यंजक आलोचना का ही एक रूप कहें, किन्तु यदि काव्य विश्लेषण ही सच्ची आलोचना है तो अंग्रेजी की नई आलोचना के जनक टी.एस. इलियट ने ही कितना काव्य विश्लेषण किया है? क्या आलोचना के नाम पर काव्य विश्लेषण भी आधुनिकतावाद का एक मिथक नहीं है? यदि सूक्ष्म विश्लेषण ही आलोचना की एकमात्र पद्धति है तो फिर सूजन सौंटैग को व्याख्या के विरुद्ध विद्रोह का झंडा उठाने की जरूरत क्यों पड़ी?

सूक्ष्म विश्लेषण के अभाव में जो लोग आचार्य द्विवेदी को आलोचक मानने से इनकार करते हैं, वे आलोचना की एक रूढ़ि के शिकार हैं और जैसे द्विवेदीजी की

रचनाएँ अन्य रूढ़ियों को चुनौती देती हैं, उसी प्रकार उनकी आलोचनाएँ, आलोचना की इस रूढ़ समझ के लिए भी चुनौती हैं।

सच पूछिए तो द्विवेदीजी इस अर्थ में भी आलोचक नहीं थे कि वाद-विवाद और खंडन-मंडन में भी उन्होंने कभी रुचि नहीं ली। ऐसा नहीं है कि उन्हें अच्छे-बुरे साहित्य की पहचान न थी और यह भी नहीं कि उन्होंने कभी किसी गलत बात का विरोध नहीं किया। यथाअवसर और तथास्थान अपने ढंग से उन्होंने गलत का विरोध और सही का समर्थन किया है। किन्तु जैसा कहा गया है, वे स्वभाव के फक्कड़ थे और फक्कड़ लड़ाकू नहीं होता। वस्तुतः वे सुन्दर, शोभन और शुभ के उत्सव-विधायक थे। साहित्य में जहाँ भी उन्हें कुछ महिमामय दिखता था, उसके स्वागत में वे उल्लसित हो उठते थे। अब इस वजह से उन्हें कोई आलोचक न मानना चाहे तो न माने—अपनी बला से। उन्होंने कभी इसकी परवाह नहीं की।

इस दृष्टि से वे अपनी साहित्यिक रुचियों में पूरी तरह आधुनिक भी न थे। मूलतः उनकी रुचि क्लासिकी थी, जिसमें अपने युग के अनुरूप रवीन्द्री स्वच्छन्दतावाद का पुट था। इस अभिरुचि का एक आयाम लोक-संस्कार भी था। इस प्रकार कुल मिलाकर उनकी साहित्य-रुचि वस्तुतः आधुनिक मालूम होती है। फिर भी यह आश्चर्यजनक है कि उनकी दृष्टि आधुनिक थी—चीजों को देखने का ढंग आधुनिक था। अनेक महान विचारकों की तरह उनके व्यक्तित्व में भी दृष्टि और रुचि के बीच यह असंगति थी। किन्तु फक्कड़पन के दर्शन ने इस असंगति को भी एक प्रकार का मोहन रूप दे डाला था, जिसे देखकर मन खीझता न था बल्कि रीझने को विवश था—असहमति के बावजूद।

द्विवेदी साहित्य में मिथकीय प्रयोग

आचार्य द्विवेदी के पुण्य स्मरण के बहाने मिथक पर चर्चा करके निश्चय ही हम अपने साहित्यिक चिन्तन और साथ ही सैद्धान्तिक चिन्तन की एक नई शुरुआत कर रहे हैं।

हिन्दी में मिथक शब्द के निर्माता आचार्य द्विवेदी ही थे। हिन्दी को अनेक शब्द आचार्य द्विवेदी ने दिए हैं। कुछ चले कुछ नहीं चले। शब्द निर्माण करते समय आचार्य जी अनेक प्रक्रियाओं का प्रयोग करते थे, उनमें से एक प्रक्रिया यह भी थी कि अंग्रेजी के शब्दों के ध्वनिसाम्य पर अपनी भाषा को प्रकृति के अनुसार शब्द बना देते थे। अंग्रेजी का मिथ शब्द सीधे-सीधे ले सकते थे लेकिन मिथ हिन्दी की प्रवृत्ति के अनुरूप नहीं होता इसलिए 'क' लगाकर उन्होंने इसे हिन्दी और संस्कृत की परम्परा का शब्द बनाया जो मुखसुख की दृष्टि से उपयोगी तो है ही, अपनी भाषा की प्रवृत्ति के अनुसार भी है और यह मिथक शब्द चल निकला। पंडितजी ने शब्द चला दिया, अर्थ उसके पीछे-पीछे अनुगमन करेगा। मिथकों की ओर आचार्य द्विवेदी के आकृष्ट होने का मूल कारण उनकी लोकवादी दृष्टि थी। उनकी लोकवादी दृष्टि ने देखा कि समस्त ज्ञान, समस्त शास्त्र, समस्त कलाओं का आदिस्रोत लोकविश्वास है और यह लोकविश्वास, लोकचिन्तन, लोक की उर्वर कल्पना शक्ति ऐसी अनेक चीजों का निर्माण शताब्दियों से, आदिकाल से करती रही है। मूल उद्देश्य हमारा उन लोकविश्वासों को और लोकचिन्तन की प्रक्रिया को समझने का है। उसी के माध्यम से हम अनेक गुत्थियों को सुलझा सकते हैं। आचार्य द्विवेदी का विश्वास था कि पोथियों को पढ़ना बहुत अच्छा है, लेकिन पोथियों को पढ़ने से मनुष्य को पढ़ना ज्यादा जरूरी है—कम जरूरी नहीं। मनुष्य को समझकर, लोक को समझकर, उस जीवन को देखकर ही उन पोथियों की व्याख्या कर सकते हैं। इसलिए मिथक की ओर आचार्य द्विवेदी आकृष्ट हुए थे अपने लोकवादी दृष्टि के कारण और लोकविश्वासों को समझने की दिशा में उन्मुख होने के कारण। लोक द्वारा रचित उन मिथकों की खोज में वे रहे।

उनका प्रसिद्ध निबन्ध 'आम फिर बौरा गए' आपको स्मरण होगा और हम इस दिशा में प्रवृत्त होने के कारण और मिथक का क्या महत्त्व हो सकता है, इस शब्द का प्रयोग किए बिना आचार्य द्विवेदी ने 'आम फिर बौरा गए' में इस दिशा में संकेत

किया है। शुरू में उन्होंने देखा कि आम की मंजरी निकल आई और उस मंजरी को देखकर, आँख में उसे मलकर, उसके बाद लोकप्रिय प्रवाद है कि बिच्छू का डंक फिर उसे प्रभावित नहीं करता। आचार्य द्विवेदी के मन में सहसा यह बात उठी कि यह जो मिथक है, आम और मंजरी का सम्बन्ध बिच्छू के डंक को या दंश को निवारण करने के लिए है। कहाँ आम और कहाँ बिच्छू, इन दोनों को ले करके यह जो मिथक बना—इसका क्या अर्थ है। निबन्ध शुरू होता है यहाँ से और आचार्य द्विवेदी का उद्धरण इस सिलसिले में मैं देना चाहूँगा जो मिथक शास्त्र पर लिखी गई अनेक पोथियों और पोथों से ज्यादा उद्घाटन करनेवाला है। ''पोथियाँ पढ़ता हूँ, उनका सम्मान भी करता हूँ, पर लोकप्रवादों को हँसकर उड़ा देने की शक्ति अभी संचय नहीं कर सका। मुझे ऐसा लगता है कि उन प्रवादों में मनुष्य समाज के जीवन का इतिहास सुरक्षित है। जब कभी लोकपरम्परा के साथ किसी पोथी का विरोध हो जाता है तो मेरे मन में कुछ नवीन रहस्य पाने की आशा उमड़ उठती है। हर समय नई बात सूझती नहीं पर हार मैं नहीं मानता। कभी-कभी तो बड़े-बड़े पंडितों की बात में मुझे असंगति दीख जाती है—कहने में हिचकता हूँ। नए पंडितों के क्रोध से डरता हूँ। पर मन से यह बात किसी प्रकार नहीं जाती कि पंडितों की बात की संगति लोकपरम्परा से विलग है— ।'' और इस सन्दर्भ में क्षेमेन्द्र की औचित्य विचार चर्चा का पंडितजी उल्लेख करते हैं और 'अभिज्ञानशाकुन्तल' के प्रसिद्ध श्लोक में जहाँ पंचबाण शब्द का प्रयोग किया गया है इस पंचबाण में आए हुए आम पर विचार करते हुए कहते हैं कि यह संगति हमारी समझ में नहीं आती कि एक ओर कामदेव को पंचबाण कहा गया है और कामदेव के पाँचों बाणों में आम को भी शामिल माना जाता है। और दूसरी ओर आम का अलग से उल्लेख है, ''काम, पंचबाण कामदेव तो मुझे सता ही रहा है। लेकिन आम का यह गौरव जो है, वह विशेष कष्ट दे रहा है।'' अब कहते हैं कामदेव का यदि आम पाँच बाणों में से एक है तो फिर अलग से आम का उपयोग करने की क्या जरूरत थी। या तो आम उसके अन्दर, या आम उसके बाहर, या कुछ हवा में कहिए और फिर दोनों की संगत लगाने के सिलसिले में। अन्ततः वे समझाते हैं। पद्म पुराण की उस कथा को। प्रद्युम्न के जन्म और आखिर में शिवकृष्ण के उषा-अनिरुद्ध के विवाह के सन्दर्भ में जो संघर्ष हुआ था, उस संघर्ष के माध्यम से दिखाने को कोशिश करते हैं कि एक बार कामदेव शिव से पराजित हो चुका था और अन्त में दूसरा चक्र आया तब शिव स्वयं पहली बार, कदाचित् अन्तिम बार, कामदेव से पराजित हुए यानी प्रद्युम्न से हारे। अर्थात् एक बार यह कामदेव द्वारा शिव का दोबारा पराजित होना क्या सूचित करता है? क्योंकि शिव की सेना बड़ी लम्बी-चौड़ी रही होगी। उसमें भूत, प्रेत, बेताल तो रहे ही रहे होंगे। फिर साँप-बिच्छू भी रहे होंगे और इस प्रकार बिच्छू पराजित हुआ होगा पंचबाणों में से एक आम के द्वारा। यह लोकजीवन की, लोकविश्वास में प्रचलित एक मिथक

की व्याख्या एक दूसरे मिथक के द्वारा करने का प्रयास द्विवेदीजी करते हैं। 'संगत है या असंगत है' इसकी चर्चा मैं नहीं करूँगा और बाद में हम लोग देखेंगे कि मिथकों की व्याख्या में ऐसा क्यों होता है—यह कहाँ तक संगत है।

'आम फिर बौरा गए' निबन्ध के द्वारा आचार्य द्विवेदी ने दो कार्य कर दिए। एक तो यह कि शास्त्र में पाई जानेवाली असंगतियों की व्याख्या लोकविश्वासों के आधार पर करने का प्रयत्न किया कि शास्त्र जो तर्कसम्मत सुव्यवस्थित तर्क ज्ञान से पुष्ट शास्त्र है, विज्ञान है, उसमें कही हुई बातों को हम ऐसी चीजों के द्वारा समझ सकते हैं जो आमतौर से अतर्क्य नहीं समझी जाती हैं। मिथक और शास्त्र का अन्तर, बुनियादी अन्तर, एक तरह से ज्ञान और मिथक के अन्तर के समान है.। विज्ञान तर्कसंगत है, मिथक अतर्क्य प्रतीत होता है।

आचार्य द्विवेदी ने मिथक की सटीक और बड़ी साफ सुलझी हुई व्याख्या की जिसको लोग घुमा-फिराकर पारिभाषिक शब्दावली में कहते हैं। आचार्य द्विवेदी ने बहुत सुलझे हुए शब्दों में और सीधे-सीधे शब्दों में सामने रखा—क्योंकि आचार्य द्विवेदी स्वयं कहते थे कि सीधी रेखा खींचना टेढ़ा काम है और उस सीधी रेखा खींचने के वे आचार्य थे। कठिन से कठिन बात को सुलझाकर, साफ सहज ढंग से कह देना आचार्य द्विवेदी का दूसरा मुख्य कार्य है। उनकी भाषा की सहजता, उनके चिन्तन की सहजता के मूल में उनके व्यक्तित्व की सहजता, कहीं बनावट नहीं थी। उन्होंने लिखा कि जो ऊपर से देखने पर झूठ हो और गहराई में जाने पर सत्य हो—यही मिथक है। मिथक की और कोई परिभाषा नहीं है। ऊपर से देखने पर झूठ मालूम हो और गहराई में जाने पर जो सत्य मालूम हो। ऊपर से देखने पर इल्लॉजिकल हो इरेशनल हो और भीतर से देखने पर जो रेशनल हो, लॉजिकल हो, मिथक का अपना लॉजिक होता है। उस तर्क को कैसे गढ़ा जाता है, एक बार आपने समझ लिया। इसीलिए 'आम फिर बौरा गए' निबन्ध के द्वारा आचार्य द्विवेदी ने एक और मिथक निर्माण की प्रक्रिया की ओर संकेत दिया है और साथ ही मिथक के अर्थ मीमांसा का रास्ता भी दिखाया कि मिथकों का तर्क कैसे किया जा सकता है। अर्थात् शास्त्र की असंगतियों की लोक के द्वारा कैसे संगति बैठाई जा सकती है—इन लोकविश्वासों के माध्यम से ही आचार्य हजारीप्रसाद द्विवेदी ने ऐसे मिथकों की व्याख्या की। यह आधार और यह दृष्टि लेकर आचार्य द्विवेदी ने अपने ललित निबन्धों के द्वारा भारतीय संस्कृति की अनेक अतर्क्य गुत्थियों को सुलझाने की कोशिश की है।

आप जानते हैं कि किसी जाति की सांस्कृतिक परम्परा जिन वस्तुओं से, जिन तत्त्वों से समृद्ध होती है, उनमें मिथक एक बहुत बड़ी भूमिका अदा करते हैं। जो जाति दरिद्र होगी, उसके पास पुराकथा नहीं होगी। यदि पुराकथा नहीं है तो पुराकथाओं के आधार पर निर्मित होनेवाले वाद्य, नृत्य नहीं होंगे, नाट्य नहीं होगा, महाकाव्य नहीं

होगा, मूर्तियाँ नहीं होंगी, संगीत नहीं होगा, स्वयं भाषा-चित्र नहीं होंगे, आपकी जाति दरिद्र होगी। संसार की जो जातियाँ मिथकों और मिथकीय गाथाओं से विपन्न हैं, प्राय: आप पाएँगे, मूर्ति और चित्र ही नहीं अनेक ललित कलाओं की दृष्टि से भी विपन्न हैं और नितान्त वैज्ञानिक समझी जानेवाली तर्क पर आश्रित जातियाँ कई दृष्टि से विपन्न और दरिद्र भी कही जा सकती हैं। मार्क्स ने ग्रीक कला का जिक्र करते हुए लिखा है कि ग्रीक पुरागाथा—माइथोलॉजी—के बिना, ग्रीक कला की और ग्रीक एपिक्स और ट्रेजेडी की कल्पना भी नहीं की जा सकती। यदि ग्रीक माइथोलॉजी को हटा दें तो कहाँ इलियट बचता है, कहाँ ओडिसी बचती है, कहाँ सारी की सारी अपोलो-वीनस के नाम पर बनी मूर्तियाँ बचती हैं, कहाँ सोफोक्लीज के और ग्रीस के नाटक बचते हैं। सम्पूर्ण संस्कृति एक माइथोलॉजी को हटा देने से ध्वस्त हो जाती है। इसलिए भारतीय संस्कृति के अध्येता होने के नाते, मर्म समझने के नाते, आचार्य द्विवेदी ने अपने ललित निबन्धों के द्वारा भारतीय संस्कृति में पिरोए गए एक-एक मिथक को ढूँढ़ने की कोशिश की और उन मिथकों के निर्माण के सिलसिले में उनका एक-एक निबन्ध पूर्वपरिचित है।

'अशोक के फूल' नाम का निबन्ध ऐसा ही ऐतिहासिक निबन्ध है जो भारतीय संस्कृति के उस एक अध्याय को ही नहीं, समूची संस्कृति के ताने-बाने को समझने की दिशा में एक नई दृष्टि देता है। हम लोग आर्य जाति के स्वाभिमान के अनुगामी हैं—वेदज्ञ नहीं, वेदज्ञ के नाती बहुत से यहाँ पड़े हुए हैं जो अपने को आर्य समझते हुए और आर्य जाति का ही वर्चस्व ढोते हुए दिखाई पड़ते हैं। आचार्य द्विवेदी ने दिखाया कि भारतीय संस्कृति में ठीक है वेद आर्यों का दिया हुआ है लेकिन इसमें जो सुन्दर है, जो ललित है, वह बहुत-कुछ अनार्यों का दिया हुआ है जिन्हें हम द्रविड़ कहते हैं, जिन्हें नाग कहते हैं, किन्नर कहते हैं, गन्धर्व कहते हैं। 'अशोक के फूल' केवल अशोक के फूल की चर्चा नहीं करता है, बल्कि अशोक के फूल की पँखुड़ियों पर हमारी संस्कृति की वह महान गाथा लिखी हुई है जिसमें हमारी संस्कृति का लालित्य, हमारी संस्कृति के सौन्दर्य का पूरा का पूरा विधान और उनकी एक महान परम्परा जिसमें संगीत है, जिसमें चित्र है, जिसमें मूर्ति है? कालिदास के काव्य का समूचा वैभव उसकी आर्येतर जाति के विश्वास से जुड़ा हुआ है, उस फूल के माध्यम से द्विवेदीजी ने दिखाने की कोशिश की और फिर मैं कहूँगा कि उन्होंने उस मूल मंत्र को पकड़ा था—'ऋषीणां पुनराद्यानां वाचमर्थोऽनुधावति' कन्दर्प और गन्धर्व दो शब्द हैं। दोनों में कभी कोई सम्बन्ध हो सकता है, इसकी ओर ध्यान ही लोगों का नहीं गया। कुमार गन्धर्व नाम बहुतों ने सुना होगा। लेकिन कुमार गन्धर्व का सम्बन्ध कन्दर्प से भी हो सकता है और ये दोनों ध्वनिसाम्य रखनेवाले शब्दों की ओर पहले भी भाषा वैज्ञानिकों का ध्यान जाना चाहिए। आचार्य सुनील कुमार चटर्जी का ध्यान

इस ओर विशेष जाना चाहिए था किन्तु ध्यान गया संस्कृत के एक पंडित बलिया के रहनेवाले एक ग्रामवासी का। जो कन्दर्प और गन्धर्व के इस सम्बन्ध को और इन दो भिन्न चीजों को, वह सम्बन्ध देखना आज सहज सुगम प्रतीत होता है। सृजनात्मक कल्पना और करती क्या है? विज्ञान के बड़े-बड़े आविष्कारक और क्या करते हैं। दो असम्बद्ध दिखाई देनेवाली चीजों का सम्बन्ध ढूँढ़ना या एक अविभाज्य चीज को तोड़ देना—इसी को आविष्कार कहते हैं। आविष्कार का दूसरा कोई नाम नहीं हो सकता। दो जिन चीजों में सम्बन्ध नहीं दिखाई पड़ते, उसमें सम्बन्ध सूत्र अर्थपूर्ण है। आखिर सृजनात्मक कल्पना इसके अलावा होती क्या है? सारा अप्रस्तुत विधान इसी पर बना हुआ है, दो असम्बद्ध चीजों में सम्बन्ध स्थापित करना। गाथाओं का निर्माण इसी आधार पर हुआ है। कन्दर्प और गन्धर्व इन दो शब्दों में सम्बन्ध देखते हुए इनके साथ जुडे हुए मिथकों का विश्लेषण करते हुए आचार्य द्विवेदी ने भारतीय संस्कृति की उस सामाजिक परम्परा, आर्येतर परम्परा के विशाल अध्याय को खोजकर निकालने का प्रयास किया है।

एक ओर इन ललित निबन्धों के द्वारा आचार्य द्विवेदी केवल विद्वानों के चित्र का प्रसारण ही नहीं कर रहे थे, बल्कि भारतीय मिथकों की ललित व्याख्या करते हुए एक नई सांस्कृतिक दृष्टि दे दी। यह कार्य उन्होंने अपने सुप्त समझे जानेवाले अनुसन्धान कार्यों में किया और मध्ययुगीन संस्कृति में, मध्ययुगीन धर्म साधना, जो उनका मुख्य क्षेत्र था, उस क्षेत्र में भी आप देखेंगे कि आचार्य द्विवेदी ने ऐसे ही अनेक फैले-बिखरे हुए उन मिथकों की यत्र-तत्र व्याख्या की। मैं उनकी चर्चा अधिक नहीं करूँगा और क्योंकि मिथकों पर खोज करनेवाले लोग आमतौर से मिथक शब्द वहाँ देखेंगे नहीं इसलिए मैं जानता हूँ कि वहाँ उन्हें मिथक विश्लेषण दिखाई नहीं पड़ेगा। कबीर नाम की पुस्तक में आपने देखा होगा कि निरंजन कौन है? अब निरंजन सम्प्रदाय पर तो बहुत-कुछ लिखा गया है। इस सिलसिले में आचार्यजी ने लिखा है कि जहाँ-जहाँ निरंजन मत माना जाता था, बंगाल के पश्चिमी और बिहार के पूर्वी इलाके में आदिवासियों का क्षेत्र है—जहाँ धर्ममत नाम का एक सम्प्रदाय होता है। ये दोनों लगभग साथ-साथ थे, आदिवासी जातियों में धर्मपूजा के नाम पर वे कूर्म की पूजा किया करते थे। कछुए की। अब इस कूर्मदेव को लेकर एक पूरा पुराण लिखा हुआ है कि कैसे निरंजन ने कूर्म के तीन मुख चबा लिये और उसके पेट में छिपा हुआ जो मसाला था, उसे ढूँढ़ निकाला क्योंकि कूर्म ही ने उसी के मसाले से सारी सृष्टि का निर्माण किया था। निरंजन सम्प्रदाय की व्याख्या शास्त्रों, पोथियों और टीकाओं के आधार पर जिन लोगों ने की, वे निरंजन और धर्ममत का, और उसमें प्रचलित कूर्म को आधार बना करके जो मिथक गढ़ा गया था, इन दोनों का सम्बन्ध नहीं ढूँढ़ पाए। आचार्य द्विवेदी ने मध्ययुगीन धर्म साधना के बारे में यह कहा कि ईसा की सहस्राब्दी के बाद भारतीय धर्म साधना लोकमत की ओर झुक गई थी।

इसके साथ उन्होंने यह भी कहा कि टोना-टोटका जैसी बहुत सी चीजें भी चल पड़ी थीं। केवल तंत्र में ही नहीं चलीं, बल्कि जैन सम्प्रदाय में भी चली थीं, बौद्ध सम्प्रदाय में भी चली थीं, यह वैष्णवों में भी हुआ है, सन्तों में भी हुआ है और इन सम्प्रदायों का लोकमत के साथ सम्पर्क होने के कारण टोना-टोटका अन्धविश्वासों के रूप में अनेक मिथक गाथाएँ चली थीं। इसलिए उन मिथक गाथाओं को आप ऊल-जलूल समझेंगे—क्योंकि तार्किक दृष्टि से यह अन्धविश्वास और ऊल-जलूल चीजें हैं। इन ऊल-जलूल चीजों में अर्थ ढूँढ़ने का काम ही दरअसल अनुसन्धान कहलाता है। सृजनात्मक कल्पना, कवि की सृजनात्मक कल्पना, इस ऊल-जलूल से संसार को एक अर्थ देती है। कवि उसको कहते हैं कि जो चीजें संसार में व्यर्थ दिखाई पड़ती हैं, अर्थात् जिनमें अर्थ नहीं है, एक महान सर्जन संस्कार की इन वस्तुओं में, घटनाओं में, दैनन्दिनी चीजों में एक अर्थ ढूँढ़ना ही कवि का काम होता है। यही नाटककार का कार्य हुआ करता है, यही उपन्यासकार का कार्य हुआ करता है। जीवन की विसंगत, विश्रृंखलित घटनाओं में एक अर्थ और यह अनुसन्धानकर्ता ऐसे ही लोकप्रचलित विश्वासों को, जिसमें अर्थ नहीं दिखाई पड़ता है, जो असंगत लगती हैं, अतार्किक लगती हैं, उनमें अर्थ ढूँढ़ता है, उनको अर्थ प्रदान करता है। मध्यकालीन धर्म साधना में प्रचलित ऐसी ऊल-जलूल समझी जानेवाली घटनाओं, कहानियों, लेखों का विश्लेषण करके आचार्य द्विवेदी ने उसका अर्थ-अनुसन्धान किया। इसलिए यह मध्यकालीन धर्म साधना की एक अधिक सुसंगत और समृद्ध रूप रखकर जो अनेक आचार्यों से और सन्त साहित्य के विशेषज्ञों से भिन्न है, विशिष्ट है, वह जीवन है। इस धर्म साधना के उदाहरण में केवल धर्ममत और कूर्म ही का विवेचन केवल एक उदाहरण है। इसी तरह की अनेक चीजों की खान आचार्य द्विवेदी का साहित्य है। अपने अनुसन्धान सम्बन्धी निबन्धों के अतिरिक्त आचार्य द्विवेदी प्राय: यही कार्य अपनी इन सृजनात्मक कृतियों के द्वारा करते थे। मिथक का उपयोग अपनी सृजनात्मक कृतियों में करते हैं और मिथकों के अर्थ-मीमांसा का रास्ता भी दिखाते हैं।

आप लोगों ने 'चारुचन्द्रलेख' नाम का उपन्यास पढ़ा होगा। चारुचन्द्रलेख उपन्यास के सातवें अध्याय में एक प्रकरण आता है। स्मरण होगा आपको राजा शालिवाहन और रानी चन्द्रलेखा भेस बदलकर उज्जयिनी के आसपास गाँव में घूम रहे हैं और सहसा वे गदहिया तालाब के पास जाते हैं। गदहिया ताल तब बहुत पुराना मालूम होता था—मरम्मत के बावजूद गाँववालों से पूछने पर मालूम हुआ कि गदहिया तालाब, गदहिया ताल—का नाम गदहिया क्यों है। एक मिथक सुनने को मिला। आप उसे अनुश्रुति कह सकते हैं, जनश्रुति कह सकते हैं, किंवदन्ती कह सकते हैं, लिजेंड कह सकते हैं, लेकिन उसके मूल में मिथक ही है। क्योंकि ताल का नाम गदहिया है इसलिए जब शब्द पहले आ गया तो उस पर अर्थ अनुगमन करेगा। कहानी उस शब्द के अनुसार बनेगी कि ताल का सम्बन्ध गधे से तो होना

ही चाहिए। लेकिन उस ताल का सम्बन्ध विक्रमादित्य से भी है, उनके नाम से भी जुड़ा हुआ है, उज्जैन के आस-पास का है। कहानी यह सुनाई गई कि इस ताल में एक खम्भा हुआ करता था और जैसे-जैसे सूरज उदित होकर आकाश में बढ़ता जाता था, यह खम्भा भी उसी तरह से धीरे-धीरे बढ़ता जाता था, सूर्य मध्याह्न में होता था तो यह खम्भा एकदम उछलता हुआ पूरे आकाश को छूने लगता था और जैसे ही सूरज ढलता था, तो धीरे-धीरे खम्भा भी सरकते-सरकते नीचे पानी के तले तक आ जाता था। महाराज विक्रमादित्य ने सोचा कि एक दिन सूर्य का दर्शन करना चाहिए और उस खम्भे पर बैठे, धीरे-धीरे खम्भा बढ़ता चला गया लेकिन रास्ते में ही विक्रमादित्य सूरज की तेजी के कारण जल गए। फिर भी सूर्य देवता प्रसन्न हुए। उन्होंने एक अक्षय बटुआ दिया। महाराज विक्रमादित्य अक्षय बटुआ लेकर अब उतरे तो नीचे आते ही उन्हें एक धोबी मिला। अद्‌भुत प्राणी है यह धोबी—रामचन्द्र को भी मिला था। कहाँ-कहाँ यह नहीं मिला। तो एक धोबी मिल गया। उसका गधा खो गया था। उसने कहा, महाराज आप तो सब कुछ हैं, राजा हैं इस देश के। हमारा गधा खो गया। उन्होंने वह बटुआ दे दिया धोबी को। धोबी ईमानदार था, आज जैसा नहीं था, सो उसने अपने गधे के दाम जितना मूल्य उसमें से लिया और बाकी बटुआ फेंक दिया। सूर्य देवता इससे बहुत नाराज हुआ कि महाराज को मैंने अक्षय निधि दी थी और उसे उन्होंने धोबी के हाथ सौंपा। खम्भा तो उसी दिन से निकलना, बढ़ना और घटना बन्द हो गया। लेकिन वो अक्षय बटुआ उस ताल में पड़ा हुआ था इसलिए उससे अब भी सोने के सिक्के निकलते रहते हैं और आसपास के कुछ लोगों के हाथ लग जाते हैं। यानी गदहिया सिक्का और गदहिया ताल वही है। इस तरह गदहिया ताल यह शब्द जो किसी तरह लोकमानस तक पहुँचा—इस गधे से विक्रमादित्य का सम्बन्ध जोड़ने के लिए पूरी की पूरी एक कहानी, एक मिथक गढ़ लिया गया, गधे और विक्रमादित्य के सम्बन्ध और उससे निकलनेवाले सिक्कों का एक तर्क बैठ गया। मित्रो! मिथक यही हुआ करता है। जीवन की किसी एक घटना को ले करके अपने आपमें लॉजिकल प्रतीत होनेवाली एक कम्प्लीट कहानी गढ़ी जाती है। इसमें कहीं कोई असंगति नहीं है। गधे का उस ताल से और विक्रमादित्य से सम्बन्ध जुड़ जाता है और उस सिक्के का भी, क्योंकि केवल गधे का सम्बन्ध जोड़ना ही काफी नहीं है। उस ताल में से समय-समय पर निकलनेवाले जो सोने के सिक्के मिलते हैं, उनको क्या बताया जाए। लोकमानस में उसको सब सारी की संगति उसकी सृजनात्मक कल्पना में यह मिथक से आचार्य द्विवेदी सन्तोष कर लें—यह काफी नहीं है। उद्धरण उस उपन्यास का यह देना चाहता हूँ कि उसके बाद वहाँ से बराबर सोचते रहे कि विक्रमादित्य का गधे से सम्बन्ध तो दिखाई नहीं पड़ता है। तो बीच में रानी परिहास भी करती है कि महाराज चक्रवर्तियों का और गधों का सम्बन्ध सचमुच ही सोचने की बात है। सहसा एक तपस्वी मिले जो कि वहीं एक वट वृक्ष के नीचे नील

लोहित शिव की प्रतिमा थी, जिसकी पूजा कर रहे थे तपस्वी। संयोग से तपस्वी से मुलाकात हुई और वह फिर बताते हैं। तपस्वी ने हँसकर कहा कि राजन्! भाषा बड़ी रहस्यमयी देवी है। वह नई सृष्टि करती रहती है। इतिहास विधाता के किए-किराए पर वह ऐसा पर्दा डाल देती है कि कभी-कभी दुनिया ही बदल जाती है। महा-माया का सबसे परिष्कृत रूप भाषा है। सर्वतोमुखी होकर वह प्रकाश देती है किन्तु तमोगुण की तरफ उन्मुख होने पर वह केवल मोह की सृष्टि करती है। ये जो गदहिया शब्द है, उसका गधे या गर्दभ से दूर का भी सम्बन्ध नहीं है किन्तु लोकमानस ने विक्रमादित्य के साथ गधे की कहानी जोड़कर अपना समाधान खोज लिया है। वह निश्चिन्त है। प्रकृति के प्रत्येक रहस्य को वह पुराण गाथा से सुलझा लेता है। सुनो महाराज, मैं तुम्हें गदहिया का अर्थ समझा रहा हूँ।

मिथक पर आचार्य द्विवेदी ने शास्त्रीय चर्चा जरूर की लेकिन एक रहस्य की बात तो गुरुदेव के चरणकमलों में रहते हुए मैंने सीखा है—आचार्य द्विवेदी के शास्त्रीय चिन्तन और सैद्धान्तिक चर्चाओं वाले निबन्ध कठिन तो मालूम होते ही हैं, बहुत धोखा भी देते हैं। उनके तत्त्वचिन्तन का मूल मंत्र उनकी सृजनात्मक कृतियों में है। यदि आप भक्ति साहित्य को समझना चाहते हैं तो चारुचन्द्रलेख पढ़िए। हिन्दी साहित्य की भूमिका से समझ में नहीं आएगा। यदि आप मिथक के बारे में पढ़ना चाहते हैं तो जिन लोगों की हिचक थी जो आतंकित होते हैं शास्त्र चर्चा के नाम से, उनके लिए 'लालित्य तत्त्व' नाम का उनका एक ग्रन्थ है, उसी में 'लालित्य सृजन और विरक्त वर्णा भाषा' नाम का निबन्ध देख सकते हैं और देखकर आतंकित हो सकते हैं। इसमें हंस कैसे आए ह र ड़ और ये दुनिया भर की तमाम चीजों का अर्थ पड़ा है। काशी से चंडीगढ़ जाने के बाद उन्हें कुछ ऐसे विद्वानों का सान्निध्य प्राप्त हुआ कि परिणामत: आचार्य द्विवेदी के चिन्तन में यह गरिष्ठता आने लगी जिसकी झलक आपको लालित्य तत्त्व पर लिखे हुए निबन्ध में दिखाई देती है। लेकिन उनका जो स्वभाव था, जिसकी चर्चा उन्होंने अपनी कृतियों में की, उस स्वभाव का रूप आचार्य द्विवेदी के ललित निबन्धों में और उनके उपन्यासों में दिखाई पड़ता है। यहाँ जो मिथक के बारे में बात कही गई है, उसी ग्रन्थ में भाषा की मिथक निर्माण क्षमता पर तर्क भी लिखा गया है। जहाँ चार वाक्यों में भाषा की अपनी शक्ति, जो तपस्वी समझाता है कि राजन् भाषा बड़ी रहस्यमयी देवी है और वह क्या कर देती है, इन चार वाक्यों में भाषा की मिथक रचना के रहस्य को समझाया गया है और इसके बारे में दो चीजें कही गई हैं, दो वाक्यों में मिथक के दोनों पहलुओं को समझाया गया है। एक तो यह कि प्रकृति के प्रत्येक रहस्य को वो पुराण-दर्शन से सुलझा देता है, लेकिन इतिहास के रहस्य को भी इस पद्धति से सुलझाने में उसे हिचक नहीं होती। लेकिन शब्द ध्यान देने लायक है—मिथक दो काम करते हैं—एक तो प्रकृति के रहस्यों को सुलझाना और दूसरा इतिहास के रहस्यों को सुलझाना। प्रकृति के

रहस्यों के सुलझाने का काम विज्ञान करता है, सूर्य को ले करके, चन्द्रमा को ले करके, जो अनेक मिथक गढ़े हुए हैं—कहा गया है, 'चन्द्रमा मनसो जात:'—अब मन का चन्द्रमा से क्या ताल्लुक, लेकिन विज्ञान की खोजों के अनुसार बताया जाता है कि मन का चन्द्रमा से सम्बन्ध होता है। सूर्य और चन्द्रमा को लेकर कथाएँ गढ़ी हुई हैं। सप्तर्षिमंडल को ले करके पूरा का पूरा एक मिथक गढ़ा हुआ है। ये प्रकृति के रहस्य हैं। प्रकृति के रहस्यों को सुलझाने का एक तरीका है जो विज्ञान के पास है और भौतिकी या ज्योतिर्विद्या के द्वारा न्यूटन से ले करके आइंस्टाइन और उसके बाद के लोग इन प्रकृति के रहस्यों की खोज भौतिक विज्ञान के द्वारा कर रहे हैं। आदिम मनुष्य भी प्रकति के इन रहस्यों को जानना चाहता था और इन रहस्यों को मिथकों के द्वारा समझाने की कोशिश करता था। चन्द्र मन से उत्पन्न हुआ जो कहा गया था, वह तो एक मिथक है, उस मिथक के द्वारा कहीं न कहीं एक प्राकृतिक सत्य भी उसमें कहा गया था। सूर्य और चन्द्रमा का एक मिथक की कहानी में सम्बन्ध है। लेकिन उस कहानी में चन्द्रमा में जो कलंक दिखाई पड़ता है, उसके लिए भी मिथक कहा गया है, अगर इसकी कहानी पूरी लिखी हुई—यह मुनि अगस्त्य वाली और फिर अहल्या वाली कथा पूरी की पूरी होती गई। मिथक पूर्ण मूल विज्ञान है, जिसके द्वारा आदिमयुग में मनुष्य ने प्रकृति के रहस्यों का उद्घाटन किया था और उन प्राकृतिक रहस्यों को तर्कसंगत भाषा में उनके पास केवल मिथक ही हो सकती थी। दूसरा, मिथकों के द्वारा हम मानव इतिहास की भी व्याख्या करते हैं और मानव इतिहास की व्याख्या का प्रत्यक्ष उदाहरण है—गदहिया ताल। आचार्य द्विवेदी ने आगे बताया कि गदहिया ताल में गदहिया शब्द की व्याख्या और मानस में एक धोबी और गधे के द्वारा की। लेकिन गदहिया शब्द मूलत: गर्दभिल्ल से बना हुआ है। गर्दभिल्ल शब्द को आचार्य द्विवेदी ने बताया कि यह वस्तुत: कार्तवीर्य शब्द से बना हुआ है क्योंकि विक्रम संवत् का मूल नाम कृत संवत् था। उनके जो पूर्वज थे, वे कृत नाम का एक देव हुआ था, उससे सम्बन्ध रखते थे, इसलिए वे लोग कृतवीर्य कहलाते थे। कृतवीर्य की सन्तानें कार्तवीर्य—कार्तवीर्य से आचार्य द्विवेदी ने बताने की कोशिश की कि यह गर्दभिल्ल शब्द बना है। उसके बाद उन्होंने कहा कि गर्दभिल्ल में और भी कुछ जुड़ा हुआ है और वह है कि स्वयं शकारि राजा विक्रमादित्य ने भीलों की सहायता से शकों को हराया था। इसलिए गर्दभिल्ल शब्द में जो भिल्ल शब्द जुड़ा हुआ है, वह कार्त और भिल्ल दोनों को जोड़ता है। और आगे चल करके आचार्य द्विवेदी ने इसी कहानी के माध्यम से अभिज्ञानशाकुन्तल की जो मूल कथा है, उसमें निहित उस इतिहास की ओर संकेत किया है, जिससे आप लोग परिचित होंगे—सरस्वती इतिमहती महीयताम—वह सरस्वती, सरस्वती क्यों, सरस्वती माँ नहीं है, वह वाक्देवी भी नहीं है, बल्कि स्वयं विक्रमादित्य की माँ का नाम था। जिस माँ के नाम से, अघोरिया नाम की एक कन्या थी। पूरी कहानी आचार्य द्विवेदी ने

बताई है जिसमें विस्तार से अभी जाने की जरूरत नहीं है। अभिज्ञानशाकुन्तल की मूल कथा को नई व्याख्या दी है। अभिज्ञानशाकुन्तल के माध्यम से कालिदास दुष्यन्त और शकुन्तला की कहानी नहीं कह रहे थे, बल्कि महाराज विक्रमादित्य के जीवन की उस घटना को रेशनलाइज कर रहे थे, उसका औचित्य सिद्ध करने की कोशिश कर रहे थे कि उनके पिता ने गधोलिया नाम की एक भील कन्या से गान्धर्व विवाह किया था, और कैसे उसका तिरस्कार किया। उसकी संगत, सौतेली माँ के साथ व्यवहार को संगत ठहराने के लिए पूरी की पूरी कहानी दरअसल उस भारतवर्ष की नींव है, जहाँ सरस्वती ने विक्रमादित्य को जन्म दिया। इस तरह गदहिया ताल में जो गदहिया शब्द है और उसके साथ जुड़ा हुआ जो मिथक है, इतिहास की व्याख्या मिथक के माध्यम से लोक-मानस करता है। एक ओर प्रकृति के रहस्यों का पता लगाता है और दूसरी ओर इतिहास की व्याख्या करता है।

आचार्य द्विवेदी ने इस तरह इतिहास और मिथक के मिश्रण की ओर ध्यान आकृष्ट करने की कोशिश की है, कि कैसे इनको अलगाने की जरूरत है जिसका बहुत ही दिलचस्प उदाहरण पृथ्वीराज रासो पर लिखा हिन्दी साहित्य पर उनका आधिकारिक भाषण है। पृथ्वीराज रासो को जागनिक भट्ट की मनन कपोल कल्पनाओं का अम्बार समझ करके इतिहासकारों ने छोड़ दिया था। आचार्य द्विवेदी ने बताया कि बराबर वे इतिहास के मिथक के लेखक हैं, किंवदन्तियाँ मिली रहती हैं, कथानक, रूढ़ियाँ मिली रहती हैं और इन तमाम चीजों के माध्यम से यदि हम पृथ्वीराज रासो के मिले-जुले इतिहास और मिथक की मिश्रित व्याख्या को देखने की कोशिश करें तो इसको अलगाया जा सकता है और अलग करके हम लोग रासो के मर्म को अधिक आसानी से समझ सकते हैं। मध्ययुगीन धर्म साधना के मिथकों का पता लगाया। उपन्यासों में इन मिथकों की चर्चा की।

मुझे भाषण के लिए जो विषय दिया गया है, उसमें कहा गया है कि आचार्य द्विवेदी के साहित्य में मिथकों का प्रयोग। और मैं अब तक सारी चर्चा यही करता रहा कि आचार्य द्विवेदी ने मिथकों की अर्थ-मीमांसा किस प्रकार की। अर्थसन्धान किस प्रकार किया है। उनका प्रयोग किस प्रकार किया है। अनेक उदाहरण हैं जिनमें से 'बाणभट्ट की आत्मकथा' का नाम सभी लोग लेते हैं। उसे विस्तार से समझाने की जरूरत नहीं है। महावराह की मूर्ति एक चाक्षुष बिम्ब है। महावराह की प्रतिमा वस्तुतः आदिकालीन मिथक है। किस प्रकार भगवान कर्दम फँसी हुई पृथ्वी का उद्धार करने के लिए वराह का रूप धारण करते हैं। इस प्रतिमा के एक मिथक के आधार पर बाणभट्ट नाम के उपन्यास की पूरी गुणावली है। स्वयं सोमपायी वंश में उत्पन्न होनेवाले, धवल यश वाले बाणभट्ट कर्दम में फँसी हुई नारी का उद्धार करने के लिए वराह रूप धारण करते हैं। बाणभट्ट का एक तरह से पतन होता है, अगर न होता तो उन्हें हर्ष ने भुजंग क्यों कहा होता। यही तो कहानी है। बाण का

एक नारी के उद्धार के लिए स्वयं उसी के अनुरूप अपने जीवन को बाहरी दुनिया की नजर में गिराना, या अपनी दुनिया में आध्यात्मिक दुनिया के स्तर को उठाना। यही तो बाण के जीवन की कहानी है। बाणभट्ट के जीवन को महावराह के मिथक पर ढाल करके आचार्य द्विवेदीजी ने दोनों का जिस तरह तालमेल बैठाया है, यह सारा फिर आगे चलकर द्विवेदीजी के उपन्यास में आया है। लेकिन जिस प्रकार इतिहास, जीवन, लोकमानस और मिथक का समवाय बाणभट्ट की आत्मकथा में हुआ है, इस अभिनव प्रयोग ने उन्हें एक नई सृजनात्मक प्रतिष्ठा दी जिससे आप हम सभी परिचित हैं। इस प्रकार आचार्य द्विवेदी ने भारतीय संस्कृति की व्याख्या में, मध्ययुगीन धर्म साधना के निरूपण में पृथ्वीराज रासो जैसे अर्ध ऐतिहासिक काव्यों के विश्लेषण में मिथक मीमांसा का स्वरूप तो स्पष्ट किया ही है, इसके साथ ही अपनी सृजनात्मक कृतियों में मिथक का उपयोग किया है। अन्त में कहना चाहूँगा कि इसकी ओर संकेत मैंने शुरू में किया था कि मिथक की मीमांसा एक दूसरे मिथक निर्माण की ओर अनिवार्यत: ले जाती है। आचार्य द्विवेदी जब कन्दर्प और गन्धर्व का सम्बन्ध जोड़ते हैं तो चमत्कृत तो हम होते हैं लेकिन हमेशा हम विश्वास नहीं करते। गदहिया तालाब में गदहिया का सम्बन्ध जब गर्दभिल्ल से उन्होंने जोड़ा तो यह चमत्कार तो मालूम होता है लेकिन विश्वसनीय नहीं प्रतीत होता। एक मिथक की व्याख्या जब भी की जाएगी तो हम विश्वास के साथ नहीं कह सकते हैं कि यही उसका निश्चित अर्थ है। यह मिथक भाषा की रहस्यमयता नहीं है, यह मिथक की रहस्यमयता है।

मिथक अपने आपमें संगत होता है लेकिन बाह्य जगत् के साथ मिथक का सम्बन्ध होता है कि नहीं, इस मामले में विज्ञान और मिथक में अन्तर करने की जरूरत है। कोल लेवी स्त्रोस ने दक्षिण अमरीका और उत्तर अमरीका को जो आदिम जातियाँ हैं, जनजातियाँ हैं, उनके सहस्त्रों मिथकों को, और एक-एक मिथक के अनेक वैरियेशंस को लेकर पायोनीर प्रिंसिपल के आधार पर उसे स्ट्रक्चर्ड प्रिंसिपल, जिसको कहते हैं, उसके आधार पर विश्लेषण किया है और आज की दुनिया में मिथकों पर काम करनेवाला कोई भी आदमी लेवी की खोज को अस्वीकार नहीं कर सकता। लेवी स्त्रोस ने विशाल ग्रन्थ लिखे हैं, अपना सारा जीवन उन्होंने मिथकों के विश्लेषण में लगा दिया है और अपनी समझ से अब तक सबसे वैज्ञानिक पद्धति मिथकीय विश्लेषण की उन्होंने निकाली है। उनके बारे में आक्टोवियो पाज ने एक छोटी-सी किताब लिखी है और आक्टोवियो पाज ने एक बहुत महत्त्वपूर्ण बात कही। बहुत अच्छा लगता है सुन करके। ध्यान रखने की जो बात है कि आक्टोवियो पाज जो हैं मेक्सिको के हैं और लैटिन अमेरिकन कंट्रीज की जनजातियों के मिथकों पर लेवी स्त्रोस ने तो काम किया ही है, आक्टोवियो पाज के लिए तो वो जीवन-मरण का प्रश्न ही है। क्योंकि लैटिन अमेरिकन देश पश्चिम यूरोप के पूँजीवादी देशों

से अपने को स्वतंत्र करके विकसित करने के लिए कड़ा संघर्ष कर रहे हैं। आक्टोवियो पाज ने उनके बारे में एक वाक्य लिखा है—"आई एडमिट दैट मिथ इज लॉजिकल, बट आई डू नॉट सी हाउ इट कैन बी नॉलेज।" कोल लेवी स्त्रोस ने जो विश्लेषण किया है, उससे मालूम होता है कि मिथ तर्कसंगत होता है। सारा विश्लेषण बताता है कि मिथ जो है, वह ऊल-जलूल नहीं है, बल्कि उसका एक तर्क है लेकिन मैं यह नहीं समझ पाता कि मिथक जो है, वह ज्ञान भी है। अगर हम मिथक को ज्ञान स्वीकार कर लेंगे तो फिर विज्ञान किस मर्ज की दवा है। इन मिथकों के जरिए आप औद्योगिक निर्माण कीजिए। फिर मिथकों के द्वारा यानी फिर आइंस्टाइन में और उस एक जनजाति में कोई अन्तर तो नहीं मानोगे आप। क्योंकि कुछ लोग आजकल मिथक महिमा में इतने शीलभक्त हो रहे हैं कि उनका खयाल है कि मिथकों से ही अब भविष्य बनेगा। विज्ञान की कोई जरूरत नहीं है। दिल्ली में हमारे मित्र निर्मल वर्मा आजकल मिथक की चर्चा करते हुए मिथक महिमा में तल्लीन हैं। बहुत से लोग विदेशी विद्वानों को उद्धृत करते हुए इस दरिद्र विपन्न देश में जहाँ मिथकों की समृद्ध परम्परा है, मिथक महिमा सुन करके समझते हैं कि मिथकों के माध्यम से ही हम लोग औद्योगिक निर्माण करेंगे, इस्पात का निर्माण करेंगे, अपना डिफेंस मेकैनिज्म करेंगे। चीन जब हमला करेगा तो हम मिथकों से लड़ेंगे। इसलिए सारी मिथक चर्चा होते हुए आचार्य द्विवेदी स्वयं यह संकेत देते हैं। सब कुछ कहते हुए आचार्य द्विवेदी मिथक की महिमा के गायक नहीं हैं, वैज्ञानिक दृष्टिकोण के पोषक हैं। इसलिए मिथक व्याख्या में मिथक गढ़ने की और गढ़े जाने की आशंका रहती है जिसकी ओर आचार्य द्विवेदी ने संकेत किया है। आचार्य द्विवेदी की यह चेतावनी ध्यान देने योग्य है। मुझे भय है और आरम्भ में निवेदन कर जाना चाहता हूँ कि कहीं तीन दिन की मिथक चर्चा में यह निष्कर्ष निकले कि सम्पूर्ण ज्ञान-विज्ञान की खोज मिथक ही है। विज्ञान नाम की चीज गलत है। इस अन्धविश्वास को लेकर यदि गोष्ठी समाप्त होती है तो अपने आपमें कितनी ही तर्कसंगत हो, लेकिन आचार्य द्विवेदी के चिन्तन का उत्खंडन होगी, इन शब्दों के साथ मैं आचार्य द्विवेदी के प्रति अपनी श्रद्धा के फूल अर्पित करता हूँ और इस गोष्ठी का उद्घाटन करता हूँ।

[दौलतराम महाविद्यालय, दिल्ली विश्वविद्यालय में आचार्य हजारीप्रसाद द्विवेदी स्मारक भाषणमाला के अन्तर्गत 1982 में दिया गया व्याख्यान]

आचार्य हजारीप्रसाद द्विवेदी का कवि रूप

ऐसा है कि जब शान्तिनिकेतन से गुरुदेव काशी आए थे तो छात्रों की जैसी कॉपी होती है, वैसी एक कॉपी, एक दिन उनके यहाँ मैंने पड़ी हुई देखी थी। देखा कि कविताओं की कॉपी है तो माँगकर ले गया और घर जा करके उसमें से कुछ कविताएँ मैंने नोट कर लीं। बहुत पहले मैंने उनका उपयोग भी किया था। जिस कविता के कारण मैंने वो कॉपी उनसे माँगी थी, और इसलिए माँगी थी कि उसी विषय पर एक कविता रवीन्द्रनाथ की भी है। 'संचयिता' में 'शेकाल' नाम से एक कविता है रवीन्द्रनाथ की। 'आमि जदि जन्म नितेम कालिदासेर काले'—यदि मैं कालिदास के समय में जन्म लेता तो क्या होता! बड़ी अच्छी, बड़ी रोचक, दिलचस्प, मनोविनोदपूर्ण है—

आमि यदि जन्म नितेम कालिदासेर काले
दैवे होतेन दशम रत्ने नव रत्नेर माझे।

सौभाग्य से मैं नवरत्नों के बीच दसवाँ रत्न हुआ होता। और फिर उसके बाद जो नायिकाएँ मिलतीं; कौन मिलतीं, नहीं मिलतीं; बड़ी दिलचस्प कविता है। पंडितजी ने उसका अनुवाद नहीं किया है। उन्होंने उस कविता को पढ़ने के बाद 'यदि मैं होता रसिक बिहारी कवि के युग में' जैसी कविता लिखी है। कालिदास पर उन्होंने पुस्तक जरूर लिखी है, लेकिन उस कविता से प्रेरित-प्रभावित हो करके उन्होंने एक अद्‌भुत, अनूठी कविता भी लिखी है। (मैं साँस रोके बैठा हुआ था कि शायद अशोकजी या विश्वनाथजी उस कविता का जिक्र करेंगे।) 'यदि मैं होता रसिक बिहारी कवि के युग में' (कालिदास को नहीं चुना उन्होंने, हिन्दी के कवि को चुना) तो क्या होता! मैं केवल उसका एक अंश सुनाऊँगा। इसमें उन्होंने नयापन पैदा किया है, बिहारी के दोहों का बहुत अच्छा उपयोग उन्होंने किया है। और यह एक शैली मानी जाती है जिसको उर्दू में 'तज्मीन' कहते हैं कि किसी बड़े शायर का एक मिसरा उठा लिया और उस पर 'तज्मीन'। हर बड़े शायर ने 'तज्मीन' की कुछ गजलें कही हैं। फैज ने भी कहा है। गालिब की भी मशहूर है जो 'नज्र-ए-गालिब' करके लिखा है उन्होंने। मैं इस कविता का वो अंश सुनाता हूँ। जो 'फॉर्म' चुना है उन्होंने, वह नन्ददास के 'भ्रमर गीत' का है। 'भ्रमर गीत' का एक अलग छन्दो-विधान है, वहाँ से उन्होंने लिया है—

हाय, हुआ मैं नहीं बिहारी कवि के युग में
जब रस रसिक तमाल शाल थे
सोनजुही मालति प्रियाल वे
अलिमन आस बँधाते अपने हूँ गुलाब के जग में!
अमल लहलही बेलि नवेली
सुरभित करती विपिन अकेली,
रसिक पवन करता रँगरेली
सघन कुंज छाया सुखद शीतल मलय समीर
मन ह्वै जात अजौ वहै वा जमुना के तीर
सुशीतल बीच कुंज में,
अलि मलिन नलिन पुंज में!

ये जो टुकड़ा अन्त में जोड़ते हैं, ऐसा, ठेठ नन्ददास के 'भ्रमर गीत' में अन्त में छोटा-सा टुकड़ा आता है। हर जगह लिखा है : 'लक्ष्य मैं बनता ठन के', 'गुदगुदी प्रियतम मन में', 'अलि मलिन नलिन पुंज में'। यह एक गेय पदबन्ध है और 'सघन कुंज छाया सुखद शीतल मलय समीर'—जैसे बिहारी के बहुत प्रसिद्ध दोहे को रच करके 'तज्मीन' के रूप में एक नया 'फॉर्म' पेश करने की कोशिश की है। दरअसल इसी कविता से आकृष्ट होकर मैं वो कॉपी ले गया था। फिर और कविताएँ भी उसमें से देखने लगा।

जहाँ तक गुरुदेव की कविता का सवाल है, तो 'अनामदास का पोथा' (जो उनका अन्तिम उपन्यास है) की 'भूमिका' में एक जगह अनामदास जो कहते हैं, लगता है कि स्वयं गुरुदेव ही अनामदास हैं : "अनाम के भीतर सोया हुआ कोई कवि भी है। रह-रहकर वह जाग पड़ता है, पर न तो यह कवि उसके पूरे व्यक्तित्व को अभिभूत कर पाता है, न अनाम वैसा करने की उसे अनुमति ही देता है। बेचारा सोया कवि जागता है, फिर किसी अदृश्य चाबुक की चोट खाकर बेहोश हो जाता है। न मरता है, न मोटाता है।" इसलिए वे कवि थे कि नहीं थे, कैसे कवि थे, इस पर दूसरे तो बाद में विचार करेंगे। स्वयं अनामदास 'सोया हुआ कवि' है। जहाँ वे ऐसा कहते हैं, लगता है कि 'डोंड़हा' साँप है, 'डोरहाँ' भी जिसे कहते हैं। बहुत से लोग ऐसे होते हैं, रचनाकार होते हैं जिनके भीतर एक सुप्त कवि होता है। और यदि वह सुप्त कवि न होता तो यह कैसे कहते (जैसा कि कहा गया) कि उनकी गद्य-कृतियों से भी स्पष्ट होता है कि कवि हृदय उनके पास था। हिन्दी के कम ही आलोचक ऐसे हैं। आचार्य रामचन्द्र शुक्ल उनमें से एक थे। उनकी भी कविताएँ छपी हैं। 'हृदय का मधुर भार' शीर्षक से। उन्होंने लगभग अपने जीवनकाल में ही छपवा लिया था। कम-से-कम इतनी सावधानी पंडितजी ने बरती कि नहीं छपाई। लेकिन अपने उपन्यासों में, अपने इस कवित्व का उन्होंने पूरा उपयोग किया। पूरा

उपयोग इस रूप में किया कि संस्कृत के अनेक छन्द उनके उपन्यासों में हैं, बल्कि टिके हुए हैं किसी एक छन्द पर। पूरा उपन्यास समझना हो तो उस एक छन्द को पढ़िए। [व्योमकेश, 399] विश्वनाथ जी ने 'भूमिका' में जिक्र किया है कि 'बाणभट्ट की आत्मकथा' का जो प्रसिद्ध श्लोक है, 'वंशस्थ' में लिखा हुआ, वह आचार्य द्विवेदी की ही रचना है :

जलौघमग्ना सचराचरा धरा
विषाणकोट्याऽखिलविश्वमूर्त्तिना।
समुद्धृता येन वराहरूपिणा।
स मे स्वयंभूर्भगवान्प्रसीदतु॥

ऐसे अनेक छन्द हैं। सब पर टिप्पणी दी है कि तुलनीय 'भागवत', तुलनीय अमुक। केवल यही एक छन्द है जो 'टेक' की तरह से, झोंक की तरह गूँजता है पूरी रचना में। और 'बाणभट्ट की आत्मकथा' का वह सार है : 'जलौघमग्ना सचराचरा धरा।' भगवान उद्धार करते हैं, शूकर का रूप धारण करके। पृथ्वी का उद्धार करते हैं। वह पृथ्वी कीचड़ से निकाल करके लाई गई है। उपन्यास आप लोगों ने पढ़ा है। आप जानते हैं कि राजमहल में बन्दिनी भट्टिनी ही वो पृथ्वी है जिसका उद्धार बाणभट्ट निउनिया की मदद से करता है। ये 'जलौघमग्ना', केवल रचना को देखकर ही आभास होता है कि संस्कृत के किसी प्राचीन सिद्ध कवि की लिखी हुई है। जहाँ तक संस्कृत के छन्द की बात है तो मेरी अपनी धारणा बनी है कि कोई आदमी संस्कृत जानता है कि नहीं जानता है, अच्छी तरह जानता है कि नहीं जानता है, उसका प्रमाण यह है कि वह संस्कृत में छन्द लिख सकता है कि नहीं लिख सकता है। पंडित विद्यानिवासजी ने एक भी छन्द संस्कृत में नहीं लिखा है। गोविन्दचन्द्र पांडेय की 'भागीरथी' नाम की एक पूरी रचना ही आई है, जो संस्कृत (काव्य) में लिखी है। इससे दोनों का अन्तर मालूम होता है। यही कि जिन्होंने प्राचीन परिपाटी से संस्कृत पढ़ रखा है, वह अवश्य छन्द रचता होगा। जैसे रेवाप्रसाद द्विवेदी। कवि हैं कि नहीं पर अपने आपको 'सनातन कवि' कहते हैं। पूरा का पूरा एक स्वतंत्र महाकाव्य लिख डाला। राधावल्लभ त्रिपाठी और कमलेश्वर दत्त त्रिपाठी। इन लोगों ने भी संस्कृत पढ़ा है। पंडितजी संस्कृत में डूबे हुए थे। इसलिए पंडितजी के प्रसंग में कहना होगा कि कवि-हृदय तो वे थे ही, उनका प्रिय शब्द था 'छन्द'। 'छन्द' को इतने व्यापक रूप में प्रयोग किया करते थे कि कोई आदमी दूर से आ रहा हो तो उसकी चाल देखकर कहते थे कि 'ये उसी का छन्द हो सकता है।' इसलिए पूरे व्यक्तित्व में, उनके बोलने में, लिखने में, गद्य में एक छन्द होता था और वह छन्द सबसे अच्छे ढंग से, सर्वोत्कृष्ट रूप में जिस भाषा में व्यक्त होता था, वह संस्कृत थी।

उनका दूसरा प्रसिद्ध उपन्यास है 'चारुचन्द्रलेख'। 'चारुचन्द्रलेख' में भक्ति की महिमा प्रतिष्ठापित की गई है, योग के ऊपर। 'रस' की प्राप्ति के लिए रानी नागनाथ के पास जाती है और वह विक्षिप्त हो जाती है। जब होश में आती है, मन ठीक होता है तब उसका सम्पर्क ऐसे परम भागवत से होता है जो भक्ति को मानते हैं। जब वह भक्ति में डूब जाती है तो 'छन्द' कहती है। पंडितजी ने मंडन कवि का उल्लेख नहीं किया है। कहीं टिप्पणी भी नहीं दी है। मंडन का प्रसिद्ध सवैया है :

अलि हौं तो गई जमुना जल को सु कहा कहौं वीर विपति परी।
घहराय कै काली घटा उनई इतने ही में गागर सीस धरी।
रपट्यौ पग घाट चढ्यौ न गयौ, कवि मंडन होय के बिहाल गिरी।
चिर जी बहुनन्द को बारौ अरी, धरी बाँह गरीब नै ठाढ़ करी।

यह शृंगार रस का सवैया है और रीतिकाल के मंडन कवि ने लिखा है। पंडितजी ने इसमें वही भक्ति देखी। यमुना में, यानी पानी भरने के लिए गई और तय था कि कृष्ण उसे वहीं मिलेंगे। मिली। घाट पर कुछ हुआ और देखा कि दूर से दूसरी सखियाँ आ रही थीं। उसके कपड़े में कीचड़ लगी थी तो 'बाँह पकड़कर उठाना', जैसे किसी को सुना नहीं रही है, अपने आप ही कह रही है। अरे, मैं तो पानी भरने के लिए आई थी—

अलि हौं तो गई जमुना जल को सु कहा कहौं वीर विपति परी।
घहराय कै काली घटा उनई...

इतने में गागर जो सीस धरी, तो—

रपट्यौ पग घाट चढ्यौ न गयौ, कवि मंडन होय के बिहाल गिरी।
चिर जी बहुनन्द को बारौ अरी, धरि बाँह गरीब नै ठाढ़ करी

उन्होंने बाँह पकड़ के खड़ा कर दिया। तो जो बाँह पकड़े हुए किसी ने अगर देख लिया हो तो 'उसको' बुलवा रही है कि भला हो कि 'वो' आ गए, मैं तो गिर पड़ी थी! पंडितजी को इसमें भक्ति की और अध्यात्म की दृष्टि मिली कि 'मैं तो गिरी हुई थी, बाँह पकड़ के, सहारा दे करके उन्होंने हमें खड़ा कर दिया।' इसका जो अनुवाद किया है पंडितजी ने, वह 'शिखरिणी' में है। बड़ा कठिन छन्द है। बहुत कम लोगों ने शिखरिणी लिखा है। शिखरिणी भवभूति का प्रिय छन्द हुआ करता था। आप देखेंगे :

गताहं कालिन्दीं गृहसलिलमानेतुमनसा

और भाषा देखिएगा :

घनोद्घूर्णैर्मेघैर्गगनमथितो मेदुरमभूत।
भृशं धारासारैरपतमसहाया क्षितितले
जयत्वङ्के गृह्णन् पटुनटकलः कोऽपि चपलः॥

ये 'पटुनटकल: कोऽपि चपल:'। यह जो भाषा है; शिखरिणी छन्द के उस संगीत को और उस भाषा को देख के लगता है कि यह मौलिक है और दूर-दूर तक 'अलि हौं तो गई जमुना जल को' जैसी कविता पर तो लोगों का ध्यान ही नहीं जाता है।

संस्कृत की रचनाओं का मैं एक खास ढंग से उपयोग करना चाह रहा था। '54 की बात है। छायावाद पर पुस्तक लिख रहा था। उसी सिलसिले में अपनी कॉपी में कुछ नोट करके ले आया था। पंडितजी एक लेख लिखना चाहते थे 'विशाल भारत' में। मजाकिया लेख कि छायावाद की जो बहुत-सी कविताएँ दिखाई पड़ रही हैं, दरअसल पुराने संस्कृत के लोग आज से हजार साल पहले लिख चुके थे। उसी की नकल है। इसी सिलसिले में उन्होंने महादेवी का और पन्तजी की कविताओं का अनुवाद किया था। पन्त वाला है, महादेवी वाला भी है। लेकिन यही कहूँगा कि लालजी की हड़बड़ी है। यथास्थान लिख देते कि महादेवी की कविताएँ हैं, जिसका अनुवाद उन्होंने किया है। और जिन्होंने महादेवी को पढ़ा होगा, समझ जाएँगे कि 'रश्मि' और 'नीहार' से ली हुई कविताएँ हैं। महादेवी और पन्त की कविताएँ चुनी उन्होंने। जिनमें—

छोड़ द्रुमों की मृदु छाया
तोड़ प्रकृति से भी माया
बाले! तेरे बाल-जाल में कैसे उलझा दूँ लोचन?
भूल अभी से इस जग को

इसका अनुवाद किया है—

त्यक्त्वा द्रुमाणामिह मंजुलाभाम्
विहाय मायां प्रकृतेरुदाराम्।
बाले, सुजाले तव कुन्तलानाम्
कथं प्रबध्नामि विलोचने मे?

मैंने इसका उपयोग अपनी 'छायावाद' वाली किताब में किया है। मैंने यह तो नहीं लिखा कि पंडितजी ऐसा करना चाहते थे लेकिन मैंने कहा कि कोई भी आदमी पढ़कर देख सकता है कि 'छाया' शब्द का जिस रूप में प्रयोग किया जाता था, उस रूप में यहाँ नहीं किया गया है। 'छाया' शब्द नहीं लिया है इन्होंने। 'आभा' शब्द लिया है। संस्कृत में 'छाया' का वही अर्थ नहीं होता। 'शैडो' के अर्थ में इस्तेमाल नहीं किया जाता। इसलिए उन्होंने 'त्यक्त्वा द्रुमाणामिह मंजुलाभाम्, विहाय मायां प्रकृतेरुदाराम्' जैसी मौलिक कविता करने की कोशिश की थी। तो, विनोदवश उन्होंने कुछ अनुवाद किए थे।

इस प्रकरण के सिलसिले में; मेरी बहुत दिनों बाद, जब मैं 'दूसरी परम्परा की खोज' लिख रहा था; शिवानीजी से लखनऊ में भेंट हुई। मैंने पंडितजी से सुन रखा

था कि विश्वभारती में एक गोष्ठी हुआ करती थी। विधिवत्। उसकी रिपोर्ट लिखी जाती थी और पंडितजी सारी रिपोर्ट छन्दोबद्ध संस्कृत में लिखा करते थे। क्षितिमोहन सेन थे, विधुशेखर भट्टाचार्य थे, नन्दलाल बोस थे। रवीन्द्रनाथ भी उस समय उपस्थित होते थे। तो संस्कृत में वह छन्दोबद्ध उसकी रिपोर्ट लिखते थे। वह रिपोर्ट पढ़ी जाती थी। सचिव थे हमारे गुरुदेव। उसमें एक दिन मौलाना आदमुद्दीन साहेब ने 'हद्दीस' पर भाषण दिया। उसकी रिपोर्ट जो पंडितजी ने लिखी, वह संस्कृत में लिखी। उसका एक छन्द मैं आपको सुनाए देता हूँ। मैंने बहुत चाहा कि कहीं वह कॉपी मिल जाए। बाद में शान्तिनिकेतन गया तो मैंने तोमरजी से कहा था कि कहीं से वह कॉपी निकलवाइए। कहीं रिपोर्ट छोड़ आए होंगे। यदि वो मिल जाएगी तो दिलचस्प होगी। अद्भुत रिपोर्ट होती थी, इसका अन्दाजा आप लगा सकते हैं।

आरम्भ में बता दूँ। टोपी लिये हुए। थोड़ी सी दाढ़ी थी उनकी। काली टोपी जटाजूट के ऊपर रखे हुए मौलाना आदमुद्दीन साहेब ने 'हद्दीस' पर भाषण दिया। वह टोपी कैसी थी, क्या शक्ल उनकी थी, उसका वर्णन किया है :

सद्यःस्नान समापनान्तरधुत-प्रोद्भासिका-कांगना—
दीप्तिं चोरणतत्परां नवतरां टोपी वहन्मूर्ध्न्यसौ

तुरन्त नहाई हुई (स्नान के बाद), धुली-धुलाई साफ, पंख फड़फाड़ती हुई, कौवे की बहू की दीप्ति को (यानी धो करके जो खूब काली, अच्छी हो गई) चुरानेवाली नवतरा टोपी सिर पर रख करके (धारण किए हुए) (वहन्मूर्ध्न्यसौ), 'किंचिद्रूढ़वट-प्ररोहजटिलां दाढ़ीं समाम्रेढयन्'—दाढ़ी को अच्छी तरह सहलाते हुए, नुकीली बनाते हुए, 'किंचिद्रूढ़वटप्ररोहजटिलां'—बरगद की बरोह के समान जटिल दाढ़ी को जो थोड़ी सी, जरा-जरा-सी रुँधी हुई थी, बहुत नहीं रुँधी हुई थी—

किंचिद्रूढ़वटप्ररोहजटिलां दाढ़ीं समाम्रेढयन्
मौलानाऽऽदमुदीनसाहिब वरो हद्दीसमाख्यातवान्।

तो, मौलाना आदमुद्दीन साहेब जो हैं; वरो—बड़े आदरणीय; उन्होंने 'हद्दीसमाख्यातवान्।'

यह उनका मनोविनोद था, जिसे सिद्ध संस्कृत भाषा में, छन्द-रचना में वे करते थे।

मैंने इसलिए इसका उल्लेख किया कि ऐसी संस्कृत की इनकी कुछ और रचनाएँ हैं। विश्वनाथजी ने कह दिया है कि 'जलौघमग्ना' को भी इसमें रखना चाहिए। 'गताहं कालिन्दीं' को भी उसमें स्थान मिलना चाहिए। संस्कृत के ऐसे ही और अनेक छन्द हैं जो उनके उपन्यासों में बिखरे पड़े हुए हैं। यही नहीं, बल्कि प्राकृत-अपभ्रंश में वे कितने सिद्ध थे, इसका प्रमाण है कि 'पुनर्नवा' के जितने प्राकृत-अपभ्रंश वाले दोहे हैं, सब पंडितजी के गढ़े हुए हैं। भ्रम होगा कि हेमचन्द्र

से लिये गए होंगे। उनमें से एक भी नहीं लिया गया है। उनको विदग्धता देखें कि प्राकृत, अपभ्रंश और संस्कृत के छन्दों में जिस तरह से उन्होंने सिद्ध रचना की है, इससे पता लगता है कि संस्कृत-अपभ्रंश-प्राकृत पर उनका एक समान अधिकार था। उतनी अपभ्रंश मुझे नहीं आती, क्योंकि मैंने अपभ्रंश में कोई दोहा नहीं लिखा है। प्राकृत में भी नहीं लिखा है। इसलिए हमारे सच्चे गुरु, अपभ्रंश के, तो वही हैं।

यह एक पक्ष है गुरुदेव की इन रचनाओं का, जिन्हें शामिल होना चाहिए।

गुरुदेव कुछ लोगों की चिट्ठियाँ भी कविता में लिखा करते थे। छन्दों में। जिनमें से कुछ नोट करके मैं ले आया था। शिवमंगल सिंह 'सुमन' को 17 मार्च, 1949 को एक पत्र लिखा। उन दिनों वे विश्वभारती, शान्तिनिकेतन में ही थे। पंडितजी को पत्र का इन्तजार था। उन्होंने लिखा :

चहकि उठीं बुलबुल नवल, लहकि उठै कचनार
महकि उठी मधुमालती, सह कि सकै को भार।
सुमन भरै तरु जगमगैं, पत्र भरे मधु ऐन
तौ कबहूँ डहकै हिया, सुमन पत्र आएन।

आप बिहारी का दोहा 'रणित भृंग घंटावली भरित दान मधुरीव' और फिर 'चहकि उठीं बुलबुल नवल, लहकि उठे कचनार' को पढ़ें। लोग रीतिकाल के बड़े-बड़े आचार्य बनते हैं। गुरुदेव को लोग कबीर और भक्ति का ही समझते हैं। उन्हें रीतिकाल सिद्ध था, तभी तो उन्होंने 'यदि मैं होता रसिक बिहारी कवि के युग में' लिखा। रीतिकाल पर स्वयं 'हिन्दी साहित्य की भूमिका' और 'हिन्दी साहित्य : उद्भव और विकास' में भी लिखा है। तो रीतिकाल के जो आचार्य बनते हैं, एक ओर उनको देखें और दूसरी ओर पंडितजी को देखें। कितने डूबे हुए थे वे। रीतिकाल को उन्होंने अच्छी तरह से, मथ करके पढ़ा था। प्रमाण यह है कि दोहे की शब्दावली ढली-ढलाई, बिहारी जैसी मिलती है :

चहकि उठीं बुलबुल नवल, लहकि उठै कचनार
महकि उठी मधुमालती, सह कि सकै को भार।

यह सुमन जी को लिखा है।

एक पत्र उन्होंने डॉ. नगेन्द्र को लिखा था, जब 'डॉक्टर' हुए थे वे। वह पत्र भी उसी अपनी डायरी में मैंने नोट कर लिया था। उन्हें पत्र लिखा था 12 फरवरी, 1949 को। उनको खड़ीबोली में लिखा है। छन्द दूसरा है :

काट-कूट करना होता डाक्टर बनने से पहले
इसके बिना कहाँ का डाक्टर, वैद्य भले ही कह लें।
जिसने काट, साट चिथड़े ऐसी डाक्टरी कमाई
फबी खूब उस डाक्टर को, कविराज प्रदत्त बधाई।

कविराज अपने को माना और उनको बधाई दे रहे हैं।

इस तरह से कई लोगों को उन्होंने छन्दों में ही पत्र लिखा। तरंग में आने के बाद। मेरा खयाल है कि नमूने के लिए यह सुभाषितावली जो छापी गई है; उसमें ऐसी सारी रचनाओं को भी, उनके व्यक्तित्व का जो एक पहलू है—फक्कड़पन वाला—को भी शामिल होना चाहिए था।

मित्रो, वे कितने अच्छे अनुवादक थे, इस पर ध्यान देना चाहिए। इधर बांग्ला का अनुवाद कुछ प्रयागजी ने भी किया है और उसकी उचित ही प्रशंसा हो रही है। बांग्ला के कई लोगों ने अनुवाद किए हैं और रवीन्द्रनाथ के खासतौर से। एक लम्बी परम्परा है। हंस कुमार तिवारी ने किया था, भवानीप्रसाद तिवारी ने किया था और कई लोगों ने किया था। मेरा खयाल है कि कविताओं के, खासतौर से रवीन्द्रनाथ की कविताओं के, अनुवादक के रूप में पंडितजी को देखना चाहिए। उनका सधा हुआ छन्द था सवैया। 'अपना रथ पै हम जोते रहे' भी सवैया है। एक 'भ्रष्ट लग्न' कविता भी उनकी है। उसी सवैया में अनुवाद किया है रवीन्द्रनाथ की कविता का। यह 'गीतांजलि' की कविताओं में से एक है। उसका पहला अंश आपके सामने रखना चाहता हूँ। रवीन्द्रनाथ की जिन छोटी-छोटी कविताओं को अनुवाद के लिए चुना है, उनमें एक बड़ी प्रसिद्ध कविता है। जब रवीन्द्रनाथ ढलती उमर में थे। बुद्धदेव बोस आदि जो नए प्रयोगशील कवि आ रहे थे, उन कवियों के स्वागत में उन्होंने कविता लिखी थी। और जब बुद्धदेव ने 'कविता' नाम की पत्रिका निकाली थी, तो उसके लिए लिखकर दिया था उन्होंने—

ओ रे आय रे नवीन
आय रे आमार कांचा

'स्वर्ग हई ते विदा' को भी चुना है उन्होंने। उनमें से 'भ्रष्ट लग्न' के अनुवाद को मैं आपके सामने सुनाना चाहता था :

सिरहाने का दीप जुड़ा था अभी
भिनुसार की कोकिला कूकती थी,

उस सवैया को तोड़ दिया है उन्होंने :

सिरहाने का दीप जुड़ा था अभी
भिनुसार की कोकिला कूकती थी,
अभी जाग उठी मैं उसी धुनि से अलसाई
हुई खिड़की पै गई,
शिथिला कबरी में सम्हाल के नूतन फूलों की माला
सजा ही रही थी कि ऐसे समै अरुणायित धूसर
मार्ग पै दीखा बटोही वही—
नवयौवन अंग से चू रहा था
सिर पै नव हेमकिरीट घटा पर

ऊषा की लालिमा चू पड़ी थी
पहिनी उसने थी गले में मनोहर मोतियों की जयमाला भली।

रथ से उतर बड़ी व्यग्रता से दरवाजे पै मेरे पुकार उठा—
''वह है कहाँ कोई बता दे जरा!''
यह कातर वाणी भरी करुणा से सुनी, पर
हाय, न बोल सकी
गड़-सी गई लाज से कैसे कहूँ,
''ओ नवीन बटोही, वह मैं ही तो हूँ
वह मैं ही तो हूँ!''

बांग्ला से मिला करके आप पढ़ें। उस छन्द के अनुकूल, एकदम इतना अच्छा अनुवाद 'भ्रष्ट लग्न' का मैंने नहीं देखा है। 'से तु आमि, से तु आमि'—इन कथा-प्रधान रचनाओं का जो अनुवाद किया है, उन पर, रवीन्द्रनाथ के किए हुए अनुवादों में से विशेष रूप से ध्यान दिया जाना चाहिए। उनकी मौलिक कृतियों के अलावा।

अन्त में, खड़ी बोली में लिखी हुई उनकी एक कविता, जो बाद की कविताओं में थोड़ी भिन्न ढंग की है, 1966 की कविता है। (छपा यही है और मुकुन्द द्विवेदी ने अगर प्रमाद नहीं किया होगा तो मैं इसे ही प्रमाणित मानता हूँ) 9 फरवरी, 1966। उस समय वे चंडीगढ़ में थे। इसमें 'अपना रथ पै हम जोते रहे' वाले गुरुदेव का तेवर आपको नहीं दिखाई पड़ेगा। 1966 में चंडीगढ़ में रहते हुए लिखा है। 26वीं कविता है :

मार्ग सुन्दर बहुत है।
गाड़ियाँ, घोड़े, पदातिक सभी के उपयुक्त।
सुना है उसको पकड़कर चल सके कोई,
पहुँचता लक्ष्य तक निर्भ्रान्त।
जानता हूँ, मानता हूँ
लक्ष्य तक निर्भ्रान्त जाना चाहता हूँ।
सड़क पक्की और छायादार यह है।
किन्तु मैं मजबूर हूँ।
कंकड़ों में, कंटकों में
दूर जंगल में—
भटकना है बदा।
नहीं तो जी नहीं सकता।

इस तरफ कोई न चलता यान
है कोई न देता ध्यान।
मैं भटकता बढ़ रहा हूँ
लक्ष्य से अनजान।
सोचता हूँ क्या यही है लक्ष्य जीवन का
जीते जाव,
पीते जाव,
अपने क्षोभ को ही।
दूरवाले समझते हैं आदमी यह प्राणवन्त महान
कंकड़ों पर चल रहा है,
कंटकों को दल रहा है,
किन्तु मैं ही जानता इस रास्ते की मार
और मैं हूँ जानता पक्की सड़क के
नहीं पाने का भयंकर घाव।
सोचता हूँ रौंदकर क्या एक
बन सकता न सुन्दर मार्ग
जिसे जीने की ललकवाले
करें उपयोग!

यह कविता उतनी ही ताजी है और यह अपना रथ जोते चलनेवाले आदमी की नहीं है; बल्कि बनी-बनाई, पक्की सड़क को छोड़कर, कंकड़ों पर चलकर और उसकी मार को बर्दाश्त करते हुए एक ऐसा मार्ग बनाने की कोशिश है जिस पर आनेवाली पीढ़ियाँ चल सकें। इसलिए पक्की सड़क पर चलनेवाले कवि यदि पंडितजी को जाँचें तो उनकी 'जुवेनालिया' टाइप की कविताओं को छोड़कर जाँचें। यह जो 1966 की कविता है, मैं समझता हूँ कि कहीं भी स्थान पा सकती है। भले ही यह अपनी सपाटबयानी में लिखी गई हो, बिम्बों में नहीं।

इन्हीं शब्दों के साथ, आज जो न्यास की ओर से आयोजित यह सभा है; उसमें मैं अपनी ओर से, अशोकजी की ओर से, विश्वनाथजी की ओर से और जितने उपस्थित लोग हैं, उन सभी की ओर से पंडितजी को श्रद्धांजलि अर्पित करता हूँ और प्रणाम करता हूँ!

[इन्दिरा गांधी राष्ट्रीय कला केन्द्र, नई दिल्ली द्वारा दिनांक 25.9.2002 को सम्पन्न आचार्य हजारीप्रसाद द्विवेदी स्मृति समारोह में दिया गया अध्यक्षीय वक्तव्य। लिप्यन्तरण : पंकज बोस।]

निबन्ध का छन्द

हजारीप्रसाद द्विवेदी काशी के पंडितों की उस लुप्तप्राय परम्परा में अन्यतम हैं जिसे रामावतार शर्मा, चन्द्रधर शर्मा 'गुलेरी', राहुल सांकृत्यायन जैसे तेजस्वी पंडितों ने बीसवीं शताब्दी तक जिलाए रखा और जिससे हिन्दी चिन्तन-सृजन को पुनर्नवता प्राप्त हुई। जिसे आज हम 'आधुनिकता' कहते हैं, वह इसी 'पुनर्नवता' का दूसरा नाम है और आश्चर्य नहीं कि इसमें किसी-किसी को तथाकथित 'उत्तर-आधुनिकता' का भी पूर्वाभास मिल जाए।

'पुनर्नवा' हजारीप्रसाद द्विवेदी के एक उपन्यास का नाम ही नहीं, उनके समस्त रचना-कर्म का बीज शब्द है। वस्तुतः कालिदास के 'क्लेशः फलेन हि पुनर्नवतां विद्यत्ते' को द्विवेदीजी ने एक नए अर्थ के साथ पुनर्जीवित किया। कालिदास की अनुगूँज वैसे भी उनके रचना-कर्म में अक्सर सुनाई पड़ती है; किन्तु 'पुनर्नवा' में तो वे अपनी सर्जनात्मक वेदना को व्यक्त करने के लिए चन्द्रमौलि के रूप में कवि-कुल गुरु को अवतरित ही कर देते हैं और अपनी इस कल्प-सृष्टि के मुख से इन शब्दों में फूट पड़ते हैं :

"मेरे निजी मानस की विक्षुब्धता केवल मेरे ही मानस में अँटती है। संसार में सर्वत्र उसके किसी-न-किसी अंश का साम्य मिलता है। हर पेड़-पौधा कुछ-न-कुछ उसका आभास दे जाता है, पर एकत्र वे साम्य अगर कहीं ठीक-ठीक विद्यमान हैं तो केवल मेरे मन में ही। उसे बाहर की रूप-सामग्री के माध्यम से किसी प्रकार पूर्ण रूप से अभिव्यक्त नहीं किया जा सकता। शब्द उसे क्या प्रकट करेंगे!"

वैसे, यह एक प्रकार से 'हन्नैकत्र क्वचिदपि न ते चण्डि सादृश्यमस्ति' की ही व्याख्या है, किन्तु यह व्याख्या भी कैसी अपूर्व है। स्वयं द्विवेदीजी को देखकर भी यही कहने को जी चाहता है : एक जगह कहीं भी तुम्हारा सादृश्य नहीं है। न ही किसी में तेरी समता!

मूल कारण है मानस की वही विक्षुब्धता—अपूर्व सर्जनेच्छा, जिसका ठीक-ठीक साम्य अगर कहीं है तो स्वयं सर्जक के मन में। वैसे, अभिव्यंजना के लिए अनेक प्रकार के रूप सुलभ हैं : कविता के अलावा गद्य में कहानी है, उपन्यास है और निबन्ध भी। किन्तु इनमें से किसी बने-बनाए 'रूप' में वह सर्जनेच्छा द्विवेदीजी

को अँटती नहीं दिखाई देती। या लिखने को उन्होंने चार-चार लम्बी कथाएँ लिखीं जिन्हें उपन्यास कहकर छापा गया और 'अशोक के फूल' जैसी दर्जनों छोटी गद्यकृतियाँ भी, जिन्हें ललित निबन्ध के नाम से बखाना गया। लेकिन क्या वे ठीक-ठीक 'उपन्यास' या निबन्ध ही हैं? कितने ही निबन्ध ऐसे हैं जिनके अन्दर कोई-न-कोई कहानी पिरोयी हुई है और उपन्यास तो सभी ऐसे हैं जिनके बीच-बीच में भरे-पूरे निबन्ध रचते चले गए हैं। आखिर चिर-परिचित विधाओं में यह गड्डमड्ड क्यों? न उपन्यास ठीक-ठीक उपन्यास और न निबन्ध ठीक-ठीक निबन्ध! क्या यह भी कोई पुनर्नवता है—पुनर्नवा विधाओं की दिशा में एक प्रयास?

स्वयं द्विवेदीजी का ऐसा कोई दावा नहीं है। अपने खास अन्दाज में वे इन सबको 'गप्प' कहते हैं। उनके अभिन्न व्योमकेश शास्त्री का यह कहना गलत नहीं कि गप्प मारना कोई आपसे सीखे। व्योमकेश शास्त्री तो यह भी बताते हैं कि जब आप नीरस कामों से थक जाते हैं तो गप्पों की रचना में विश्राम पाते हैं। 'नीरस काम' अर्थात् शोधपरक निबन्ध जैसे 'प्राचीन भारत के कला-विनोद' या 'नाथ सम्प्रदाय'। इनकी तुलना में 'बाणभट्ट की आत्मकथा' और 'अशोक के फूल' निश्चय ही 'गप्प' हैं। विडम्बना यह है कि आचार्यश्री जिन रचनाओं को 'गप्प' कहते हैं, वही सबसे अधिक हृद्य हैं और मूल्यवान भी। किसी-किसी निबन्ध में तो 'गप्प' वाला हिस्सा ही सारवान प्रतीत होता है, बाकी तो गुरु गम्भीरता के बावजूद घिसा-पिटा ही लगता है, जैसे 'अर्थार्षवाक्' शीर्षक निबन्ध जो मूलत: एक भाषण है। अट्ठाईस पृष्ठों के इस लम्बे भाषण की आरम्भिक भूमिका के दो पृष्ठों को छोड़कर बाकी छब्बीस पृष्ठ बहुत-कुछ घिसी-पिटी बातों से ही अँटे पड़े हैं जिनमें द्विवेदीजी कहीं नहीं हैं। द्विवेदीजी दिखते हैं तो उस भूमिका में जहाँ वे अपने गावदीपन का बखान करने के लिए भूसुकु की ओट लेकर एक गप्प मारते हैं। विचित्र बात है कि इस मजाकिया गप्प में ही वे 'आर्षवाक्' से भिन्न 'अर्थार्षवाक्' जैसे गहन तत्त्व का संकेत भी दे जाते हैं जिसे सुनकर बौद्धदर्शन के पंडितों को भी स्वीकार करना पड़ा कि इससे पहले उन्होंने यह शब्द न सुना था।

गरज कि द्विवेदीजी की अपनी विधा यह 'गप्प' ही है, 'गप्प' नहीं, कोरी गप्प। तत्सम नहीं, तद्भव। कुछ भिन्न अर्थ-व्यंजक। कुछ-कुछ 'कल्प' के निकट। शायद। स्वयं द्विवेदीजी ने कहीं इसका खुलासा नहीं किया। कहीं-कहीं झलक जरूर दी। जैसे 'देवदारु' शीर्षक निबन्ध में। देवदारु की लकड़ी से भूत भगानेवाले पंडितजी की कहानी सुनाने के बाद सहसा गम्भीर होकर द्विवेदीजी 'गप्प' की महिमा बखानने लगते हैं। शब्द इस प्रकार हैं : "आदिकाल से मनुष्य गप्प रचता आ रहा है, अब भी रचा जा रहा है। आजकल हम लोग ऐतिहासिक युग में जीने का दावा करते हैं। पुराना मनुष्य 'मिथकीय' युग में रहता था, जहाँ वह भाषा के माध्यम को अपूर्ण समझता था, वहाँ मिथकीय तत्त्वों से काम लेता था। मिथक—गप्पें—भाषा

की अपूर्णता को भरने का प्रयास हैं। आज भी क्या हम मिथकीय तत्त्वों से प्रभावित नहीं हैं? भाषा बुरी तरह अर्थ से बँधी हुई है। उसमें स्वच्छन्द संचार की शक्ति क्षीण से क्षीणतर होती जा रही है। मिथक स्वच्छन्द विचरण करता है। आश्रय लेता है भाषा का, अभिव्यक्त करता है भाषातीत को। मिथकीय आवरणों को हटाकर उसे तथ्यानुयायी अर्थ देनेवाले लोग मनोवैज्ञानिक कहलाते हैं, आवरणों की सार्वभौम रचनात्मकता को पहचाननेवाले कलासमीक्षक कहलाते हैं। दोनों को भाषा का सहारा लेना पड़ता है, दोनों धोखा खाते हैं। भूत तो सरसों में है। जो सत्य है, वह सर्जना शक्ति के सुनहरे पात्र में मुँह बन्द किए ढँका ही रह जाता। एक-पर-एक गप्पों की परतें जमती जा रही हैं। सारी चमक सीपी की चमक में चाँदी देखने की तरह मन का अध्यास मात्र है। गप्प कहाँ नहीं है, क्या नहीं है?''

'मगर छोड़िए भी' कहकर द्विवेदीजी ने इस गम्भीर तत्त्व विवेचन का उपसंहार कर दिया। लेकिन इस वक्तव्य को स्वयं द्विवेदीजी के रचना-संसार पर लागू करें तो यही निष्कर्ष निकलेगा कि उनकी रचनाओं में गप्प कहाँ नहीं है। इतना ही नहीं बल्कि जो कुछ है सब गप्प ही है। आखिर 'गप्प क्या नहीं है' का और अर्थ क्या होगा? इस दृष्टि से 'अशोक के फूल' और 'शिरीष के फूल' तो गप्प हैं ही, 'आम', 'देवदारु' और 'कुटज' भी गप्प ही हैं। गप्प इस अर्थ में कि इनमें से प्रत्येक को लेकर एक मिथक ही तो गढ़ा गया है! कहीं पुराने मिथक का अर्थानुसन्धान करते हुए एक नए मिथक की सृष्टि और कहीं पुराने मिथक के सहारे एक नए इतिहास की रचना!

इस बात को लेकर मेरे मन में बराबर एक कुतूहल रहा है कि 'कल्पलता' पर कोई निबन्ध लिखे बिना ही द्विवेदीजी ने अपने एक निबन्ध-संग्रह का नाम 'कल्पलता' क्यों रखा? क्या वे निबन्धमात्र को 'कल्पलता' समझते थे। कल्पवृक्ष नहीं, कल्पलता। लता में जो खुलकर फैलते जाने की स्वच्छन्द वृत्ति है, वह वृक्ष में कहाँ! कल्प का कोई भी सम्बन्ध कल्पना से है तो फिर कल्पना की लता ही हो सकती है, पेड़ नहीं जो एक जगह खड़े रहने के लिए अभिशप्त है और मस्ती के आलम में खड़े-खड़े झूमने से ज्यादा कुछ नहीं कर सकता।

जो हो, इतना तो साफ है कि द्विवेदीजी को 'कल्पलता' बहुत प्रिय थी। द्विवेदीजी के प्रिय कवि कालिदास को भी कल्पलता बहुत पसन्द थी। 'अभिज्ञान शाकुन्तल' के इस छन्द में कल्पलता जिस साज-सँभार के साथ आई है, उसे पढ़ने के बाद उसके उपयोग का लोभ संवरण कौन कर सकता है—

विच्छित्तिशेषैः सुरसुन्दरीणां वर्णैरमीकल्पलतांशुकेषु।
विचिन्त्य गीतक्षममर्थजातं दिवौकसस्त्वच्चरितं लिखन्ति॥

इस छन्द का उपयोग द्विवेदीजी ने भी एकाधिक बार किया है कि सबसे हृद्य सन्दर्भ 'पुनर्नवा' का है जब देवरात को मंजुला का पत्र प्राप्त होता है—''सारा पत्र

काजल को ही स्याही बनाकर लिखा गया था। देवरात का हृदय बुरी तरह धड़कने लगा। उनके मुँह से अनायास निकल पड़ा—'विच्छित्ति शेषैः सुरसुन्दरीणाम्'—सुरसुन्दरियों के प्रसाधन के बाद बचे हुए सिंगारदान के रंग से! तो मंजुला ने अपने सिंगारदान की सबसे महार्घ और सबसे मोहन प्रसाधन सामग्री से यह पत्र लिखा है।''

क्या 'अशोक के फूल' जैसे निबन्ध को पढ़ते हुए हमें भी ऐसा नहीं लगता? आलेख का लालित्य कुछ ऐसा ही जादू करता है जैसे कल्पलता के अंशुकों पर देवांगनाओं के प्रसाधन से बचे हुए विभिन्न रंगों से देवताओं ने किसी दुष्यन्त का यशोगान लिखा हो!

इसी प्रसंग में द्विवेदीजी ने चित्रित 'कल्पवल्ली' की भी व्याख्या की है जो प्रासंगिक प्रतीत होती है। वे लिखते हैं : ''कल्पवल्ली जिसका अर्थ नहीं होता, भाव नहीं होता, मतलब नहीं होता, होता है केवल छन्द, केवल लय, केवल गति—विशुद्ध इच्छा! तप:पूत महात्मा के आशीर्वाद के समान मंगलेच्छा मात्र! अर्थ उसके पीछे दौड़ता है। जो नृत्य में तांडव है, वही चित्र में कल्पवल्ली और आचार में मांगल्य आशीर्वाद है!

इस चित्र की कल्पवल्ली से साहित्य की 'कल्पलता' का कोई रिश्ता बनता है? द्विवेदीजी ने जब अपने निबन्धों के संग्रह का नाम 'कल्पलता' रखा था तो क्या उनके मन में 'कल्पवल्ली' का यह अर्थ उपस्थित था? उनके सभी नहीं तो कुछ निबन्धों में ही सही, क्या केवल छन्द ही है, लय ही है, गति ही है, भाव या अर्थ नहीं? या फ़िर भाव और अर्थ गौण हैं, मोहन हैं तो वे अपने छन्द और लय के कारण!

शायद यह कुछ उसी तरह की बात है जो जॉर्ज लूकाच ने 'रूप' के विषय में कही थी : ''जब कोई वस्तु अपनी समस्त अन्तर्वस्तु को रूप में घुला देती है और इस प्रक्रिया में शुद्ध कला हो जाती है तो वह फालतू नहीं रह जाती!''

'छन्द' द्विवेदीजी का दूसरा प्रिय शब्द है जिसकी याद उन्हें अक्सर आती है और जिसका प्रयोग वे विशिष्ट अर्थ में करते हैं। देवदारु का पेड़ उन्हें मूर्तिमान छन्द मालूम होता है। ''उसकी झबरीली टहनियाँ कँटीले पत्तों के ऐसे लहरदार छन्दों का वितान तानती हैं कि छाया चेरी-सी अनुगमन करती है।'' फिर, ''पेड़ क्या है, किसी सुलझे हुए कवि के चित्त का मूर्तिमान छन्द है—धरती के आकर्षण को अभिभूत करके लहरदार वितान की शृंखला को सावधानी से सँभालता हुआ, विपुल व्योम की ओर एकाग्रीभूत मनोहर छन्द!'' द्विवेदीजी की दृष्टि में यह 'अर्थातीत छन्द' है और इसीलिए 'अर्थातीत आनन्द' भी। महादेव के तांडव के तुल्य। दोनों में वे तुक देख लेते हैं। एक ओर देवदारु की गगनचुम्बी शिखा और दूसरी ओर समाधिस्थ महादेव की निर्वात-निष्कम्प प्रदीप की ऊर्ध्वगामिनी ज्योति! वस्तुतः इस प्रसंग में एकाग्रीभाव

ही छन्द की आत्मा है। अन्यत्र वे ''समष्टि व्यापिनी जीवनगति के समानान्तर चलनेवाले व्यष्टिगत प्राणवेग'' को छन्द का नाम देते हैं। तात्पर्य यह है कि छन्द द्विवेदीजी का अपना प्राणवेग है। इसीलिए उनके गद्य में भी एक छन्द है। यह पद्यगन्धी छन्द नहीं है बल्कि गद्य का अपना छन्द।

प्राणवेगी गद्य का एक उदाहरण देवदारु से ही लें :

''मगर कुछ लोग ऐसे होते हैं कि उन्हें 'सबै धान बाईस पसेरी' दिखते हैं। वे लोग सबको एक जैसा ही देखते हैं। उनके लिए वह खूँसट, वह पाधा, वह सूम, वह सनकी, वह झिंझोटा, वह झबरैला, वह चपरपेंगा, वह गदरौना, वह खिटखिटा, वह झक्की, वह झुमरैला, वह धोकरा, वह नटखटा, वह चुनमुन, वह बाँकुरा, वह चौरंगी सब समान है।'' देशज और तद्भव विशेषणों की यह लम्बी सूची एक साथ देखकर मजा आ जाता है। कोई कवि अपनी कविता में ऐसी लड़ी क्या जोड़ेगा? लेकिन नहीं, प्रसंगवश याद आता है कि अज्ञेय ने भी कभी-कभी ऐसे करतब दिखाए हैं—मसलन 'असाध्यवीणा' में ही। लेकिन यही दमतोड़ छन्द हर जगह नहीं है। भावदशा के साथ-साथ छन्द में भी फेर-बदल होता रहता है—गति और यति के नए रिश्ते बनते हैं। उदाहरण के लिए कबीर के व्यक्तित्व का छन्द इस प्रकार का है : ''ऐसे थे कबीर। सिर से पैर तक मस्त मौला; स्वभाव से फक्कड़, आदत से अक्खड़; भक्त के सामने निरीह, भेसधारी के आगे प्रचंड; दिल के साफ, दिमाग के दुरुस्त; भीतर से कोमल, बाहर से कठोर; जन्म से अस्पृश्य, कर्म से वन्दनीय।''

और दूसरी ओर है कुटज। ''छोटा-सा—बहुत ही ठिंगना पेड़। पत्ते चौड़े भी हैं, बड़े भी हैं। फूलों से तो ऐसा लदा है कि कुछ पूछिए नहीं! अजीब-सी अदा है, मुस्कराता जान पड़ता है। लगता है, पूछ रहा है कि क्या तुम मुझे भी नहीं पहचानते? पहचानता तो हूँ उजाड़ के साथी, तुम्हें अच्छी तरह पहचानता हूँ। नाम भूल रहा हूँ। प्रायः भूल जाता हूँ। रूप देखकर प्रायः पहचान जाता हूँ, नाम नहीं याद आता।'' और इसी कुटज को बाद में वे उत्साहित करते हैं तो छन्द बदल जाता है : ''जीना चाहते हो? कठोर पाषाण को भेदकर, पाताल की छाती को चीरकर अपना भोग्य संग्रह करो; वायुमंडल को चूसकर, झंझा-तूफान को रगड़कर अपना प्राप्य वसूल लो; आकाश को चूमकर अवकाश की लहरों में झूमकर उल्लास खींच लो।''

गरज कि छन्द द्विवेदीजी की मज्जा में है। उन्हीं के शब्दों में कहें तो उनका समूचा व्यक्तित्व छन्दों में रचा है। कविता लिखें, न लिखें। उनका गद्य ही छन्दों में रचा है। किन्तु यह पद्यगन्धी नहीं है। यह गद्य का अपना छन्द है और है इसकी अपनी लय।

यह लय प्रत्येक निबन्ध की समूची संरचना में है। हर निबन्ध की उठान एक खास अन्दाज से होती है और फिर उसके अन्त में भी एक अदा है। बीच में कभी आगे बढ़ते, पीछे हटते, इधर-उधर भटकते, चक्कर काटते, जैसे कोई भूली-सी बात

याद करते, चुपके से कहीं संस्कृत, प्राकृत, अपभ्रंश या हिन्दी की किसी कविता की सटीक पंक्ति जड़ते हुए अन्त में जैसे दम पर पहुँचते हैं। निबन्ध क्या है कि किसी राग की बन्दिश! संगीत का ठाट! 'अशोक के फूल' में इस बन्दिश की बनावट को बखूबी देखा जा सकता है! वैसे, दूसरे निबन्धों में भी गद्य-विधान का यही रंग है।

इसी छन्दमयता के कारण द्विवेदीजी के प्राय: सभी अच्छे निबन्धों से एक गूँज-अनुगूँज आती है जो निबन्ध खत्म करने के बाद भी मन में देर तक गूँजती रहती है—पता नहीं चलता कि ये विचार की तरंगें हैं या प्रकाश की लहरें! कितनी मोहन है यह लहरदारी!

इस प्रकार 'गप्प' और 'छन्द' ये दो ही बीज शब्द हैं, जिनसे द्विवेदीजी के निबन्धों की बनावट और बुनावट का कुछ आभास मिलता है।

गप्प मारने का हाल यह है कि कहाँ आम और कहाँ बिच्छू—फिर भी इन दोनों के बीच द्विवेदीजी एक सम्बन्ध सूत्र ढूँढ़ ही निकालते हैं। इसी प्रकार कन्दर्प और गन्धर्व को भी ध्वनि विज्ञान के एक नियम को लचकाकर एक कर लेने का चमत्कार कर दिखाते हैं। प्रसादजी की श्रद्धा ने तो अपनी स्मिति रेखा से ज्ञान, इच्छा और क्रिया के त्रिपुर को ही आकाश में एकजुट किया था, द्विवेदीजी की सर्जनात्मक कल्पना तो जाने कितनी असम्बद्ध वस्तुओं को एक सूत्र में बाँधती चलती है। कहने की आवश्यकता नहीं कि इस गँठजोड़ी गप्प की कला में हजारीप्रसाद द्विवेदी बेजोड़ हैं। वैसे तो सभी 'नैरेटिव' गप्प ही हैं किन्तु गप्प को विश्वसनीय बनाने की कला तो द्विवेदीजी ही जानते हैं।

क्या उन्होंने यह कला रवीन्द्रनाथ से सीखी थी? बुद्धदेव वसु के अनुसार रवीन्द्रनाथ में भी ऐसी ही 'विद्युत्धर्मिता' थी। वे भी "बिजली कौंधने की तरह एक क्षण में अपने मूल विचार को हमारे मन के सामने उपस्थित कर देते हैं।" जो हो, यह तथ्य है कि 'अशोक के फूल' के माध्यम से द्विवेदीजी ने भारतीय संस्कृति की जो झलक प्रस्तुत की, वह निश्चय ही 'विद्युत्धर्मी' है, साथ ही मौलिक भी।

इस प्रक्रिया में द्विवेदीजी जिस तरह शब्दों से खेलते हैं और एक-एक शब्द की अर्थक्रीड़ा में जितनी दूर तक रस लेते हैं, वह और भी दिलचस्प है। आम्र और कुटज की व्युत्पत्ति के साथ इतिहास की परतों को खोलने में द्विवेदी जिस तरह रस लेते हैं, उसे देखते ही बनता है। उनकी इस कौतुकी वृत्ति से और तो और सुपरिचित देवदारु भी न बच सका। मजे की बात तो यह कि वे अपने उपन्यासों में भी इस अर्थक्रीड़ा के लिए अवकाश निकाल लेते हैं और सिर्फ एक शब्द के सहारे पूरा का पूरा मिथक गढ़ लेते हैं जैसे चारुचन्द्रलेख में गधैया ताल के नाम को लेकर।

उल्लेखनीय यह है कि हर जगह यह अर्थक्रीड़ा कोरा चमत्कार ही नहीं होता; बल्कि अक्सर इसमें रस भी होता है। जैसे 'मेघदूत : एक पुरानी कहानी' के अन्तर्गत

दूसरे छन्द में आए 'सानु' शब्द की व्याख्या। "पहाड़ जहाँ थोड़ा समतल होकर नीचे की ओर ढलता है, उस ढलाव को संस्कृत में 'सानु' या 'पर्वत-नितम्ब' कहते हैं। विरही यक्ष ने पर्वत के सानु-देश पर सटे हुए काले मेघ को देखा। कैसा देखा ? जैसे कोई काला मतवाला हाथी पर्वत के सानु-देश पर ढूँसा मारने का खेल खेल रहा हो! किसी दिन इन्द्र के मतवाले हाथी ने इसी प्रकार ढूँसा मारकर कुबेर का बगीचा बरबाद कर दिया था। यक्ष का सोने का संसार धूल में मिल गया। वह दुनिया के एक कोने में फेंक दिया गया, प्रिया से दूर—बहुत दूर आज यह मेघ भी मतवाले हाथी के समान पर्वत के सानु-देश पर ढूँसा मार रहा है। यक्ष का हृदय चंचल हो उठा। उसे अपनी प्रिया का ध्यान आया— "

'सानु' पर्वत-नितम्ब को कहते हैं, इसका उल्लेख मेघदूत के टीकाकारों ने भले ही किया हो, किन्तु द्विवेदीजी ने इसके सहारे जो एक गप्प गढ़ा उसमें विशेष रस है। काम-भावना का यह शिष्ट संकेत द्विवेदीजी की अपनी प्रतिभा की विशेषता है। कहना न होगा कि यह कोरा चमत्कार नहीं बल्कि रस है।

वैसे तो प्राय: प्रत्येक निबन्ध में द्विवेदीजी कहीं-न-कहीं अपनी चिन्ता या पीड़ा की झलक दिए बिना नहीं रहते, फिर भी सच तो यह है कि कहीं-कहीं ही उन्होंने अपने बारे में खुलकर कहा है और कभी-कभी विषयान्तर करके किंचित् विस्तार से। मुझे यह कहने में कोई संकोच नहीं कि उनके निबन्धों के यही आत्म-प्रसंग सर्वोत्तम बन पड़े हैं—विशेष रूप से वहाँ जब वे अपने ऊपर हँसते हैं या निर्मम होकर आत्म-स्वीकृति करते हैं। इन प्रसंगों में सबसे मार्मिक है उनके अन्तिम उपन्यास 'अनामदास का पोथा' की 'अब मैं नाच्यो बहुत गुपाल!' शीर्षक भूमिका। यह रचना देहावसान से चार साल पहले की है। द्विवेदीजी कहते हैं :

"महात्माओं की बात और है। वे लोग अपने बहाने साधारण मनुष्यों के मन को कुछ अच्छी बात सिखाना चाहते होंगे। किन्तु मैं साधारण मनुष्यों के रूप में ही सोच सकता हूँ। किसी को सिखाना इसका उद्देश्य नहीं है। पीछे की ओर देखता हूँ, विराट रिक्तता! जो कुछ करता रहा हूँ, वह क्या सचमुच किसी काम का था? अपनी सीमाओं, त्रुटियों, ओछाइयों को छिपाकर अपने को कुछ इस ढंग से दिखाना कि मैं सचमुच कुछ हूँ, यही तो किया है। छोटी-छोटी बातों के लिए संघर्ष को बहादुरी समझा है, पेट पालने के लिए छीना-झपटी को कर्म मान लिया है, किसी बड़े लक्ष्य को समर्पित नहीं हो सका, किसी का दुख दूर करने के लिए अपने को उलीचकर दे नहीं सका। सारा जीवन केवल दिखावा, केवल भोंड़ा अभिनय, केवल हाय-हाय करने में बीत गया। तुलसीदास ने मेरे जैसे ही किसी को देखकर कहा होगा—'कोउ भल कहउ, देउ कछु, अस वासना न मन ते जाई'।"

निबन्ध में लोग प्राय: व्यक्तिव्यंजकता की माँग करते हैं, यहाँ तक कि

व्यक्तिव्यंजक निबन्ध को ही सचमुच का निबन्ध मानते हैं। इस क्रम में निबन्ध के पारखी 'चतुर सुजान' अक्सर निबन्ध नामक विधा के आदिप्रवर्तक मिशेलद मान्तेन का प्रमाण देते हैं और निबन्ध के लक्षण के रूप में मान्तेन की यह उक्ति उद्धृत भी करते हैं : "किसी भी अन्य विषय की अपेक्षा मैं स्वयं अपने आपका अध्ययन अधिक एकाग्रता के साथ करता हूँ। यही मेरा तत्त्व ज्ञान है, यही मेरा भौतिक शास्त्र..."

हजारीप्रसाद द्विवेदी ने मान्तेन को कभी पढ़ा था, इसका कोई प्रमाण हमारे पास नहीं है। पढ़ा होता तो कहीं-न-कहीं उसका उल्लेख भी होता लेकिन जैसा कि उक्त अवतरण से पता चलता है, उन्होंने तुलसीदास को जरूर पढ़ा था—खासतौर से उनकी 'विनय पत्रिका' को! लेकिन मान्तेन या तुलसीदास को पढ़ने से ही व्यक्तिव्यंजकता नहीं आ जाती। यदि इस तरह व्यक्तिव्यंजकता आती और वह अमर कृति भी बनती तो निबन्धों की दुनिया में मान्तेन की ठेलमठेल भीड़ लग जाती! व्यक्तिव्यंजकता होती क्या है, वह कहाँ से आती है और कैसे आती है यह तो स्वयं निबन्ध ही बोलता है।

इसी प्रकार की आत्मव्यंजकता से अनुभव के वे स्फुल्लिंग अनायास छिटकते हैं जो सूक्ति के समान मन में टिक जाते हैं। द्विवेदीजी ने स्वीकार किया है कि वे महात्माओं की तरह साधारण मनुष्यों को कुछ सिखाने के लिए नहीं लिख रहे हैं। आशय यह है कि वे "कोई तैयार सत्य उठाकर हमारे हाथ पर नहीं धरते"। जो कुछ भी है वह अपना अनुभूत सत्य! गहरी पीड़ा के बीच से निकले कुछ अनुभव-कण। और ऐसे चमकते हुए कण द्विवेदीजी के निबन्धों में यत्र-तत्र-सर्वत्र बिखरे पड़े हैं— कहीं फूलों के ढेर में और कहीं धूल या राख की राशि में! बतौर बानगी—

— "पंडिताई भी एक बोझ है, जितनी ही भारी होती है, उतनी ही तेजी से डुबाती है। जब वह एक जीवन का अंग बन जाती है, तब वह सहज हो जाती है। तब वह बोझ नहीं रहती।" (अशोक के फूल)
— "अवधूतों के मुँह से ही संसार की सबसे सरस रचनाएँ निकली हैं।" (शिरीष के फूल)
— "जीना भी एक कला है। लेकिन कला ही नहीं, तपस्या है।" (कुटज)
— "जो सबको लगे सो अर्थ; एक को लगे, बाकी को न लगे तो अनर्थ!"
— "शास्त्रार्थ में कोई हारता नहीं, हराया जाता है।"
— "सब लगा-लगी वहम ही होती है। आँखों की भी।" (देवदारु)
— "पंडित की बात की संगति लोक-परम्परा से ही लग सकती है।" (आम फिर बौरा गए)
— "कमजोरों में भावुकता ज्यादा होती होगी!" (वसन्त आ गया है)

— "वसन्त आता नहीं, ले आया जाता है।"
— "सफलता और चरितार्थ में अन्तर है।" (नाखून क्यों बढ़ते हैं)
— "यह समझना बड़ा कठिन है कि कब पंडित का शास्त्र उसकी बुद्धि को दबा देता है और कब उसकी बुद्धि शास्त्र को।" (ठाकुरजी की बटोर)
— "एक बार गलत-सही जो कह दिया, उसी से चिपट जाना 'भीषण' हो सकता है, हितकर नहीं।"
— "करनेवाला इतिहास-निर्माता होता है, सिर्फ सोचनेवाला इतिहास के भयंकर रथचक्र के नीचे पिस जाता है। इतिहास का रथ वह हाँकता है जो सोचता है और सोचे को करता भी है।" (भीष्म को क्षमा नहीं किया गया!)
— "देवता ही देवता को मारना जानता है। लोहा ही लोहे को काट सकता है।" (मेघदूत : एक पुरानी कहानी)
— "किसी का भला न होता हो तो उसका पवारा पसारना सामाजिक अपराध ही है।" (अब मैं नाच्यौं बहुत गुपाल)

जैसे राहुलजी ने पाँच जिल्दों में 'मेरी जीवन यात्रा' लिखने के बाद अन्त में उसे शास्त्रबद्ध करने के लिए 'घुमक्कड़ शास्त्र' नामक पुस्तक लिखी, उसी तरह द्विवेदीजी ने भी ढेर सारे निबन्धों की रचना करने के बाद निबन्ध के बारे में थोड़ी शास्त्रीय चर्चा भी की है। यह चर्चा उनकी एक छात्रोपयोगी पुस्तक 'साहित्य-सहचर' में अंकित है। कहने की आवश्यकता नहीं कि निबन्ध-सम्बन्धी यह शास्त्रीय चर्चा स्वयं उन्हीं के निबन्धों के सामने काफी फीकी है; फिर भी उससे द्विवेदीजी के निबन्धों की विविधता का कुछ आभास हो जाता है। उन्होंने अन्ततः निबन्धों की इन चार कोटियों को स्वीकृति दी है :

(1) वार्तालापमूलक—जिसका सर्वोत्तम उदाहरण 'एक तोता और एक मैना' को माना जा सकता है। वैसे वार्तालाप के अंश 'ठाकुरजी की बटोर' में भी हैं तथा अन्यत्र भी।

(2) व्याख्यानमूलक—'मनुष्य ही साहित्य का लक्ष्य है' शीर्षक निबन्ध सचमुच ही व्याख्यान है, किन्तु वक्तृत्व गुण द्विवेदीजी के अन्य निबन्धों में भी यत्र-तत्र प्रकट होता रहता है।

(3) अनियंत्रित गप्पमूलक—जैसे 'आम फिर बौरा गए' और 'देवदारु'; किन्तु गप्प के तत्त्व कुछ-न-कुछ सर्वत्र हैं।

(4) स्वगत-चिन्तनमूलक—द्विवेदीजी के अधिकांश महत्त्वपूर्ण निबन्धों को सामान्यतः इसी कोटि में रखा जा सकता है, यद्यपि यह स्वगत-चिन्तन नरम-विनोद से एकदम अछूता नहीं है।

आचार्य द्विवेदी ने स्वयं स्वीकार किया है कि इस प्रकार का विभाजन बहुत अच्छा नहीं है, किन्तु इसमें कोई शक नहीं कि निबन्ध के प्रचलित वर्गीकरणों से यह थोड़ा अलग है और द्विवेदीजी की निबन्ध-शैली की ऊपरी विविधताओं को एक हद तक उजागर करने में सहायक होता है। इससे अधिक उपयोगिता इस विवेचना की नहीं है।

[नेशनल बुक ट्रस्ट द्वारा प्रकाशित 'संकलित निबन्ध' की भूमिका, 1993]

पुनर्नवता की प्रतिमूर्ति

पुनर्नवता हजारीप्रसाद द्विवेदी की रचना-प्रक्रिया का बीज शब्द है। कालिदास-प्रदत्त। 'पुनर्नवा' नामक कृति द्वारा अभिव्यक्त। मूल स्रोत कुमारसम्भव के पंचम सर्ग का यह अन्तिम श्लोक :

अद्यप्रभृत्यवनताङ्गि तवास्मि दासः
क्रीतस्तपोभिरिति वादिनि चन्द्रमौलौ।
अह्नाय सा नियमजं क्लममुत्ससर्ज
क्लेशः फलेन हि पुनर्नवतां विधत्ते॥

'बाणभट्ट की आत्मकथा' के बाद, वस्तुतः कालिदास को केन्द्र में रखकर एक उपन्यास लिखने की योजना थी। 'पुनर्नवा' उसी योजना का फल है। यह और बात है कि 'पुनर्नवा' में कालिदास का चरित्र पूरी तरह न उभर सका। उसमें कालिदास चन्द्रमौलि के रूप में प्रकट हुए हैं। लेकिन ध्यान से 'कुमारसम्भव' का वह श्लोक पढ़ें तो चन्द्रमौलि के साथ-साथ उसमें कालिदास भी अनुस्यूत हैं। स्पष्टतः 'अवनताङ्गि-दास' के रूप में। 'अवनताङ्गि' अर्थात् काली। शिव को पति के रूप में प्राप्त करने के लिए पार्वती ने जो कठोर तप किया उसके ताप से उनके तन का रंग 'अवनत' हो गया और इस कारण वे 'काली' कहलाईं।

वैसे, 'पुनर्नवा' उपन्यास में कहीं भी यह श्लोक उद्धृत नहीं है। लेकिन देवरात के मुख से पंडितजी ने पुनर्नवा का आशय स्पष्ट कर दिया है। मंजुला को सम्बोधित देवरात के वचन इस प्रकार के हैं : "बासी को ताजा करनेवाली पुनर्नवा! तुम हो देवि!"

"पुनर्नवे देवि! तुम नित्य नवीन होकर मानस-पटल पर उदित होती हो।"

"रानी! तुम दूसरों को पुनर्नवता प्रदान करती हो।"

तात्पर्य यह कि बासी को ताजा करना, नित्य नवीन होना ही पुनर्नवता है। जो स्वयं नित्य नवीन होगा वही दूसरों को भी नित्य नवीन बनाने में समर्थ हो सकता है।

'कुमारसम्भव' के पंचम सर्ग के अन्तिम श्लोक की रोशनी में प्रथम श्लोक को पढ़ें तो 'पुनर्नवता' का अभिप्रेत अर्थ स्पष्ट हो जाता है। वह श्लोक है :

तथा समक्षं दहता मनोभवं
पिनाकिना भग्नमनोरथा सती।
निनिन्द रूपं हृदयेन पार्वती
प्रियेषु सौभाग्यफला हि चारुता।

श्लोक में रूप, चारुता और सौभाग्य तीन शब्दों का प्रयोग एक साथ हुआ है और तीनों ही एक तरह से सौन्दर्यवाची शब्द हैं; किन्तु तीनों में सूक्ष्म अन्तर भी है। रूप चारुता के उन्नत पद पर तभी पहुँचता है जब उसे प्रिय के सौभाग्य का फल मिलता है। वैसे, सौभाग्य का आधार भी सौन्दर्यवाचक 'सुभग' ही है। 'फल' 'क्लेशः फलेन' में भी आया है जो पर्याप्त सांकेतिक है। प्रिय की प्राप्ति के लिए किया गया तप ही क्लेश है। उस फल की प्राप्ति ही पुनर्नवता है और चारुता भी।

कला और साहित्य के प्रसंग में सौन्दर्य की सृष्टि का प्रश्न उठता है तो उसमें पुनर्नवता के साथ-साथ मौलिकता की समस्या भी सामने आती है। पंडितजी ने 'साहित्य में मौलिकता का प्रश्न' शीर्षक एक लेख में इस पर विचार किया है और रवीन्द्रनाथ ठाकुर के हवाले से कहा है कि स्वकीयता ही मौलिकता है। यदि एक वाक्य में मौलिकता को सूत्रबद्ध करें तो पंडितजी के अनुसार, ''मौलिकता समंजस-विधायिनी दृष्टि की स्वकीयता है।'' इस सूत्र की व्याख्या करते हुए उन्होंने स्पष्ट किया है कि परम्परा के प्रति विद्रोह ही मौलिकता नहीं है और परम्परागत विषयवस्तु का विन्यास मौलिकता का विरोधी भी नहीं है क्योंकि मौलिकता परम्परा-प्राप्त विचारों की विशिष्ट सजावट में भी हो सकती है।

इस दृष्टि से पंडितजी के 'बाणभट्ट की आत्मकथा', 'चारुचन्द्रलेख', 'पुनर्नवा' और 'अनामदास का पोथा' प्रभृति चारों उपन्यासों पर विचार करें तो इतिहास की पुरानी कहानियों का पुनर्कथन है, यही नहीं बल्कि उनमें एकसूत्रता भी है—यहाँ तक कि एक उपन्यास में जो बात छूट गई है उसे दूसरे उपन्यास में पूरा करने की कोशिश की गई है। इस प्रकार उनके सभी उपन्यासों को पुनर्कथन और पुनर्विन्यास की संज्ञा दी जा सकती है।

कहना न होगा कि द्विवेजीजी की 'पुनर्नवता' सम्बन्धी यह सिसृक्षा अपने पूर्ववर्ती पथिकृत रचनाकारों की परम्परा का ही अनुसरण है। तुलसीदास ने भी तो अपने 'रामचरितमानस' को 'नाना-पुराण-निगमागम-रामायणे निगदितं क्वचिदन्य तोऽपि' कहा है।

इस प्रसंग में बिहारी लाल पर उनकी लिखी हुई एक टिप्पणी महत्त्वपूर्ण है। 'हिन्दी साहित्य : उद्‌भव और विकास' में वे लिखते हैं : ''बिहारी ने अपने पूर्ववर्ती बड़े कवियों की रचनाओं का निपुण अध्ययन किया था और इस बात का पूरा प्रयत्न किया था कि उनके दोहे अधिक व्यंजक, अधिक मर्मस्पर्शी, अधिक भाववाहक और अधिक सुथरे हों। उन्होंने पुराने कवियों के भाव को ग्रहण किया था, उसे सँवारा

था, उसे निर्दोष बनाने का प्रयत्न किया था और उसे अपना बना लिया था। इतनी दीर्घ परम्परा के अनुयायी कवि में पुरानापन रह ही जाता है। फिर बिहारी सूक्ति-संग्राहक कवि थे। उन्होंने पुरानी बातों को पॉलिश करके, खराद के, सँवार के, सजा के नया रूप दिया है। इस कला का चलता नाम 'मजमून छीन' लेना है।"

रीतिकाल नाम से बदनाम युग के कवि बिहारी के पक्ष में द्विवेदीजी की यह टिप्पणी देखकर कुछ लोगों को आश्चर्य हो सकता है। किन्तु इससे भी अधिक रोचक बात यह है कि उन्होंने युवावस्था में बिहारी पर एक कविता भी लिखी थी। कविता आरम्भ होती है : 'यदि मैं होता रसिक बिहारी कवि के युग में!' यह कविता शान्तिनिकेतन—विश्वभारती में रहते लिखी गई थी और निश्चय ही रवीन्द्रनाथ की उस कविता से प्रेरित थी जिसकी पहली पंक्ति है :

आमि यदि जन्म नितेम कालिदासेर काले!

यह उन्हीं दिनों की बात है जब अज्ञेय का भी विश्वभारती में आना-जाना होता रहता था और उन्होंने टी.एस. इलियट के प्रसिद्ध निबन्ध 'Tradition and Indian Talent' का हिन्दी रूपान्तर 'रूढ़ि और मौलिकता' शीर्षक से किया था जो अन्ततः 'त्रिशंकु' नामक निबन्ध संग्रह में शामिल है।

वैसे, अज्ञेय ने भी आगे चलकर 1958 में 'नया कवि : आत्मस्वीकार' शीर्षक एक कविता लिखी जो प्रस्तुत प्रसंग में उल्लेखनीय है। उस कविता की कुछ पंक्तियाँ देखें :

किसी का सत्य था,
मैंने सन्दर्भ में जोड़ दिया।
कोई मधु-कोष काट लाया था,
मैंने निचोड़ लिया।

'बाणभट्ट की आत्मकथा' का लेखन भी लगभग उन्हीं दिनों विश्वभारती में चल रहा था और उससे कुछ ही पहले 'हिन्दी साहित्य की भूमिका' पूरी हो चुकी थी। उस पुस्तक में मूल पुस्तक के लगभग बराबर ही एक लम्बा परिशिष्ट है जिसके अन्तर्गत महाभारत और रामायण जैसे आर्ष ग्रन्थों का परिचय देने के साथ-साथ 'काव्य-प्रसिद्धियों' की विस्तृत तालिका है, जिसके औचित्य को लेकर हिन्दी का सामान्य पाठक हमेशा हैरान रहा है। इसी क्रम में देखें तो आगे चलकर काशी हिन्दू विश्वविद्यालय में आने के बाद पंडितजी ने 'बिहार राष्ट्रभाषा परिषद्' में 'हिन्दी साहित्य का आदिकाल' नाम से पाँच व्याख्यान दिए जो अन्ततः 1952 में पुस्तकाकार प्रकाशित भी हुए। इन व्याख्यानों में अन्तिम व्याख्यान 'कथानक-रूढ़ियों' पर है। 'कथानक-रूढ़ि' शब्द उन्होंने 'मोटिफ' के लिए गढ़ा था।

प्रस्तुत प्रसंग में काव्य-रूढ़ियों और कथानक-रूढ़ियों की चर्चा इसलिए आवश्यक है कि पंडितजी साहित्य और कला के सृजन में कुछ रूढ़ियों की भूमिका को

महत्त्वपूर्ण मानते थे। इन रूढ़ियों के सहारे ही कला और साहित्य में पुनर्नवता की सर्जना होती है। प्रत्येक परम्परा में कुछ रूढ़ियाँ होती ही हैं क्योंकि हर नए दौर का सृजन अपने साथ कुछ रूढ़ियों में नया अर्थ भरता है तो कुछ रूढ़ियाँ छोड़ भी जाता है।

पंडितजी ने भी अपने उपन्यासों में कुछ कथानक-रूढ़ियों का जमकर इस्तेमाल किया है। खेद है कि अभी तक शोधकर्ताओं का ध्यान इस ओर नहीं गया। इसी तरह 'अशोक के फूल', 'शिरीष के फूल', 'देवदारु', 'आम फिर बौरा गए' जैसे ललित निबन्ध भी प्राचीन कला और साहित्य में प्राप्त रूढ़ियों के अध्ययन से ही उपजे हैं। यह और बात है कि इनके लालित्य से लोग इतने अभिभूत हो जाते हैं कि इनमें बीज रूप में निहित रूढ़ियों की ओर ध्यान नहीं जाता।

दरअसल, रूढ़ियाँ तो फल के अन्दर की गुठलियाँ हैं—फल खाकर फेंक देने के लिए। लेकिन गुठलियों की उपयोगिता से परिचित लोग जानते हैं कि फल में फल नहीं लगता, फल मिलता है जब गुठली को जमीन में गाड़ देते हैं और वह अंकुरित होकर ऊपर उठती है और ऋतु आने पर फूल और फल देती है।

पंडितजी को पता था कि रूढ़ियों के बिना कला और साहित्य का कारोबार नहीं चलता, इसलिए उन्होंने अपनी कृतियों में इनका उपयोग जमकर किया—निश्चय ही उसे लोक-जीवन की उर्वर भूमि से जोड़कर। पुनर्नवता का एक रूप यह भी है। रूप भी और अर्थ भी।

पुनर्नवता के इस अर्थ की पुष्टि संस्कृत के प्राचीन काव्यशास्त्र से भी होती है। आनन्दवर्धन ने 'ध्वन्यालोक' के चतुर्थ उद्योत के आरम्भ में ही कहा है :

वाणी नवत्वमायाति पूर्वार्थान्वियवत्यपि। 4/2।

अर्थात् वाणी पूर्व अर्थ के अन्वयवाली होती हुई भी नवीनता को प्राप्त होती है।

अभिनवगुप्त इसे और स्पष्ट करते हैं : 'वाणी पुरातन-कवि-निबद्धार्थ-संस्पर्शवत्यपि नवत्वमायाति।'

इसी बात की पुष्टि और खोलकर अगली ही कारिका करती है—

दृष्टपूर्वा अपि ह्यर्थाः काव्ये रसपरिग्रहात्।
सर्वे नवा इवाभान्ति मधुमास इव द्रुमाः॥ 4।3॥

अर्थात् काव्य में पहले देखे हुए अर्थ भी रस-परिग्रह से सभी नए जैसे मालूम पड़ते हैं जैसे मधुभास में वृक्ष।

पुनर्नवता का प्रश्न आज स्वयं हजारीप्रसाद द्विवेदी के विषय में उपस्थित है—खासतौर से जन्मशती के अवसर पर।

सवाल यह है कि देहावसान के लगभग तीन दशक बाद भी आज वे ताजा लग रहे हैं या बासी पड़ गए हैं?

अपनी महान विभूतियों की जन्मशती जैसे अवसरों पर आमतौर से तर्पण का सा भाव होता है। हम उन्हें महान मानकर कृतकृत्य हो जाते हैं। भाव कुछ ऐसा होता है कि 'वृद्धास्ते न विचारणीय-चरितास्तिष्ठन्तु किं वर्ण्यते/हुं वर्तते।'

लेकिन किसी दिवंगत लेखक का ऐतिहासिक महत्त्व स्वीकार करना ही काफी नहीं है। यश भी सौन्दर्य की तरह है। 'क्षणे क्षणे यन्नवतामुपैति तदैवरूपं रमणीयताया: ।' जो रूप क्षण-क्षण नया लगे वही रूप रमणीय है।

इसलिए देखना है कि स्वयं हजारीप्रसाद द्विवेदी की रचनाओं में पुनर्नवता की सम्भावना है या नहीं, और है तो कितनी?

कहना न होगा कि इसके निर्णय का अधिकारी वही है जिसमें स्वयं भी पुनर्नवता हो। वही व्यक्ति द्विवेदीजी को पुनर्नवा कर सकता है! यह एक चुनौती है हम सबके सामने। बासी को ताजा करने की।

[आलोचना, जनवरी-मार्च 2008]

बाणभट्ट की आत्मकथा : पुनः पाठ

द्विवेदीजी बाणभट्ट की आत्मकथा लिखने के साथ अपनी भी आत्मकथा लिख रहे थे और वह यहाँ से वहाँ तक फैली हुई है। उसी के आधार पर केवल आप द्विवेदीजी की भी जीवनी लिख सकते हैं। अपने गाँव ले जाते हैं बाणभट्ट को। दोबहर में ले जाते हैं। अपने गाँव और आस-पास के बहुत से लोगों का नाम दिया है इसलिए यह द्विवेदीजी की भी आत्मकथा है। बाणभट्ट की आत्मकथा के बहाने जितनी उनकी है उतनी द्विवेदीजी की भी है। उन्होंने एक शब्द दिया है—बाण का नाम बंड था, ऐसा वे कहते हैं। एक नई व्युत्पत्ति चलाई है उन्होंने। स्वयं द्विवेदीजी पढ़ने के बाद जब नौकरी नहीं मिली तो आरा जिले के आस-पास दुर्गावती के किनारे वर्षों तक कथा बाँचते रहे और कथा बाँचकर उन्होंने जीविका चलाई थी। और गाँव के लोग समझते थे कि यह तो बंड है, आवारा है। इसलिए बाणभट्ट की आत्मकथा और उनको बाण में भी वह आवारापन मिला। इसलिए बाणभट्ट की आत्मकथा के बहाने यह हजारीप्रसाद द्विवेदी की भी आत्मकथा है और यहाँ से वहाँ तक तैरती हुई दिखाई पड़ती है। इन चीजों को ध्यान में रखने के बाद एक बात और ध्यान में रखनी चाहिए। मैंने कहीं आलोचना में नहीं देखा है—यह पुस्तक 'विशाल भारत' में धारावाहिक के रूप में छप रही थी और दो साल तक छपती रही।

यह दूसरे महायुद्ध की पृष्ठभूमि में लिखी गई पुस्तक है, 1945 की। जब कलकत्ते पर बम गिरने की बात चल रही थी और प्रत्यन्त दस्यु चले आ रहे हैं, बार-बार उसमें आता है। वे कौन से प्रत्यन्त दस्यु हैं? जापानी हमला हुआ था हमारे ऊपर इसलिए उस द्वितीय महायुद्ध की छाप है। ऐतिहासिक उपन्यास होते हुए भी अपने दौर की, मेरा खयाल है कि सातवें या आठवें अंक में एक समीक्षा लिखी थी प्रभाकर माचवे ने, जब वे साहित्य अकादमी में नहीं आए थे। दूसरी समीक्षा देवराज उपाध्याय ने लिखी है जो उनको निकट से जानते थे। आरा के रहनेवाले थे।

तीसरी समीक्षा उनकी लिखी नलिन विलोचन शर्मा ने और चौथी समीक्षा उनकी लिखी है भगवत शरण उपाध्याय ने, जो स्वयं इतिहासविद् थे और उन चारों समीक्षाओं को यदि एक बार आप देखें तो पता चलेगा कि इस उपन्यास का उस दौर में भी कैसा स्वागत हुआ था और उनके गुण-दोष भी बताए थे लोगों ने। मैं उन

समीक्षाओं में से कुछ का जिक्र कर देना जरूरी समझता हूँ, क्योंकि बहुत से लोगों को द्वैमासिक 'प्रतीक' के अंक मिलते नहीं हैं। छपे भी नहीं हैं।

इसलिए कुछ का उल्लेख मैं कर देता हूँ। प्रभाकर माचवे ने पहली बात जो महत्त्वपूर्ण कही कि—हिन्दी में, मराठी में, चूँकि मराठी, बांग्ला, गुजराती में भी ऐतिहासिक उपन्यास लिखे गए हैं। बल्कि उपन्यास की शुरुआत ही ऐतिहासिक उपन्यासों से हुई है। अनेक भाषाओं में जो ऐतिहासिक उपन्यास लिखे गए हैं, वे इतिहास की वस्तु हो गए। उनका ऐतिहासिक महत्त्व है। यह अकेला उपन्यास है जो ऐतिहासिक उपन्यास होते हुए भी उपन्यास है। यह प्रभाकर माचवे ने कहा कि जितने हैं उनमें यह असाधारण और सबसे उत्कृष्ट ऐतिहासिक उपन्यासों में है। बड़े-बड़े लोगों ने बांग्ला में, मराठी में, गुजराती में, ऐतिहासिक उपन्यास ही लिखे जबकि गुजराती में सबसे शुरू में ऐतिहासिक उपन्यास ही लिखे गए थे। लेकिन वे इतिहास की वस्तु होकर रह गए।

यह अकेला उपन्यास है जो कालजयी निकला, इतिहास की वस्तु होकर नहीं रह गया। यह बात प्रभाकर माचवे ने उस समय लिखी थी। उन्होंने एक और महत्त्वपूर्ण बात सबसे पहली बार कही कि इस उपन्यास की सबसे बड़ी उपलब्धि निपुणिका है, भट्टिनी नहीं। और निपुणिका का जो उपयोग उन्होंने किया, जब उसका तद्भव बनाया गया तो निउनिया बना और निउनिया को हमारे यहाँ भोजपुरिया में नउनिया कहते हैं। यह पहला उपन्यास है, जबकि न नारी विमर्श चला था, न दलित विमर्श शुरू हुआ था। नाइन जो होती है वह तो दलित है। दलित विमर्श और स्त्री विमर्श तो आज की वस्तु है। इसलिए जो लोग इन विमर्शों पर काम करनेवाले हैं, वे याद रखें कि अपने पुरखों में कुछ लोग हुए हैं हिन्दी के, जिनको इसकी चिन्ता थी। अत: बाणभट्ट की आत्मकथा की सर्वोत्तम पात्र भट्टिनी नहीं है, नारी के रूप में निउनिया है, जिसे बलिया में नउनिया ही कहते हैं। उसको उन्होंने निपुणिका बनाया। निपुणिका का प्राकृत रूप दिया निउनिया और यह निउनिया नउनिया है।

इस उपन्यास में निउनिया सबसे तेजस्वी पात्र है। बल्कि पंडितजी ने जो अंश दिया है द्वितीय खंड में उसी में निउनिया उभरकर आती है। वह पान की दुकान पर बैठी रहती है और पान बेचती है। पान के साथ-साथ कुछ और (मुस्कान) बेचती है। तो बाणभट्ट की आत्मकथा में हजारीप्रसाद द्विवेदी की सर्वोत्तम सृष्टि निउनिया है, बाण का चरित्र नहीं है। किसी ने उसकी व्याख्या करते हुए कहा है कि इसमें द्विवेदीजी परकाया प्रवेश करते हैं। स्वयं बाण की तरह से लिखने की कोशिश करते हैं। क्योंकि आत्मकथा है तो स्वयं बाण लिख रहे हैं, हजारीप्रसाद तो लिख नहीं रहे हैं। हजारीप्रसाद द्विवेदी अपनी आत्मकथा लिखते तो उसमें भोजपुरिया की छौंक ज्यादा होती। तो उसमें भोजपुरिया की छौंक तो हजारीप्रसाद द्विवेदीजी की है लेकिन

बाण जैसा गद्य लिखना। फिर दोहराया नहीं ऐसा गद्य। न 'पुनर्नवा' में मिलेगा, न 'चारुचन्द्रलेख' में मिलेगा, न 'अनामदास का पोथा' में मिलेगा। इसलिए हिन्दी गद्य का एक प्रतिमान, जो संस्कृत परम्परा से लेते हुए भी वह हिन्दी गद्य हो गई, उस हिन्दी गद्य की गरिमा है। उस दौर में संस्कृत से प्रभावित अन्य लोग भी गद्य लिखते थे! खासकर आलोचनाएँ संस्कृत के प्रभाव से लिखी होती थीं, जो कि अपठनीय हो गई हैं। आज भी बहुत से लोग भारतीय समीक्षा या संस्कृत काव्यशास्त्र के आचार्यों का परिचय देते हैं तो जिस भाषा में लिखते हैं वह न हिन्दी है न संस्कृत। तो बाणभट्ट की आत्मकथा की भाषा के जो रजिस्टर हैं, बाणभट्ट में गद्य की भाषा के कई रजिस्टर हैं। बाणभट्ट गाँवों में जाता है तो कौन सी भाषा बोली जाती है और स्वयं बाण के बारे में या दूसरे प्रसंगों में लिखता तो कौन सी भाषा बोली जाती है और उस भाषा के कितने रजिस्टर हैं।

प्रकृति का चित्रण करते हुए, समाज का चित्रण करते हुए, दर्शन का चित्रण करते हुए, अवधूत के साथ जहाँ विचार-विमर्श होता है तो दार्शनिक भाषा का रजिस्टर क्या होता है भारतीय शब्दावली में, भारतीय दर्शन की कैसे चर्चा की जानी चाहिए और भारतीय दर्शन पर लिखे हुए ग्रन्थों को पढ़िए और वहाँ जो गम्भीर चिन्तन होता है, वार्तालाप होता है, दर्शन पर जो चर्चा होती है वह दर्शन की शब्दावली में होती है। बाणभट्ट की आत्मकथा में वो भी मिलेगा।

इसलिए भाषा के कई रजिस्टर हैं बाणभट्ट में। इस उपन्यास में जितनी सामर्थ्य के साथ बाण का अनुकरण किया गया है उसको ध्यान में रखकर लोगों ने परकाय प्रवेश कहा है।

सभी समीक्षाओं का जिक्र मैं नहीं करूँगा। उसमें समय ज्यादा लगेगा। नारी तत्त्व की ओर देवराज उपाध्याय ने भी ध्यान दिलाया था। भगवतशरण उपाध्याय चूँकि स्वयं इतिहास के थे तो पहली बात ऐतिहासिक उपन्यास के बारे में आमतौर से होती है, उसमें लोग बहुत सी अनैतिहासिक बातें भी लिख देते हैं। भगवतशरण उपाध्याय, जो कि प्राचीन भारतीय इतिहास के पंडित थे, ने कहा है कि—बाणभट्ट का मौलिक आधार चाहे जितना भी दूषित हो उसमें आधुनिक प्रतिनिधि कलाकार का निखार और उज्ज्वलता तो है ही। घटनाएँ ऐतिहासिक नहीं हैं किन्तु पृष्ठभूमि सर्वथा ऐतिहासिक है। अत: ऐतिहासिक पृष्ठभूमि के विचार से यह पुस्तक नितान्त निर्दोष है। भगवान सिंहजी बैठे हैं, शायद वे ढूँढ़कर निकालें कि ऐतिहासिक तत्त्व मिल जाए। लेकिन इतिहास के तथ्य का जहाँ तक सवाल है या 'तुअर मिलिन्दवाली घटना है' तो स्वयं द्विवेदीजी ने लिखा है कि वो विवादास्पद है। उसके बारे में विश्वास के साथ नहीं कहा जा सकता है। स्वयं पंडितजी ने इस पुस्तक की समीक्षा भी लिखी है। 'लिखा है कि चूँकि बाणभट्ट की सारी रचनाएँ अपूर्ण रह गई थीं पूरी नहीं हुई थीं, इसलिए यह उपन्यास भी अधूरा है। यह पूरा नहीं होता है।'

उपसंहार नाम का जो अध्याय है, उसमें उन्होंने समीक्षा की है, और दीदी को जो चिट्ठी लिखी है उसमें भी एक समीक्षा उन्होंने अपनी कर दी है।

तो स्वयं उनका जो आलोचक रूप था, उपन्यास में वह भी व्यक्त होता है। और उसमें उन्होंने एक अन्तर बताया है। यहाँ उन्होंने एक बात और बताने की कोशिश की है। इस बात की ओर किसी का ध्यान जाए कि न जाए, उन्होंने कहा है कि बाणभट्ट ने भी प्रेमकथा लिखी है। कादम्बरी स्वयं एक प्रेमकथा है। लेकिन यह कथा बाणभट्ट की लिखी हुई नहीं हो सकती है, यह बताने की कोशिश की है — कैसे? बाणभट्ट में प्रेम जो है वह तृप्त रूप में आता है परन्तु इसमें प्रेम जो है वह अतृप्त रूप में है। इसलिए यह बाणभट्ट का लिखा हुआ नहीं हो सकता है। यानी आज का, इस दौर का लेखक लिखते हुए जो स्थिति है, प्रेम का जो स्वरूप है, खासतौर से निउनिया के प्रति जो प्रेम उन्होंने दिखाया है उस प्रेम में खुल करके, बल्कि भट्टिनी के बारे में भी प्रेम अतृप्त रूप में है। इससे लगता है कि हो, न हो यह बाण की लिखी हुई किताब या आत्मकथा नहीं है। यह हजारीप्रसाद द्विवेदी की है। क्योंकि आधुनिक युग प्रेम को उस रूप में नहीं व्यक्त कर सकता जिस तरह बाणभट्ट खुल करके तृप्त रूप में व्यक्त कर सकते थे। तो मोटे तौर से द्विवेदीजी ने अपने उपन्यास की समीक्षा भी लिख दी है। एक संकेत कर दिया है कि 'तुअर मिलिन्द' वाली चीज को आप ऐतिहासिक न मानें। वह विवादास्पद है। इन समीक्षाओं के साथ अब यह उपन्यास जिस रूप में है, मेरा खयाल है कि पंडितजी ने जिन चार उपन्यासों की रचना की है, उन चारों उपन्यासों में सर्वश्रेष्ठ उपन्यास मुझे लगता है कि 'बाणभट्ट की आत्मकथा' ही है। 'चारुचन्द्रलेख' जो दूसरा उपन्यास था, वह बहुत बड़ा है। वह भी 'कल्पना' में धारावाहिक के रूप में छप रहा था। और बन्ध की दृष्टि से बहुत ही ढीला। उन्होंने अपने इस उपन्यास के बारे में लिखा है कि लेखक को यह मालूम नहीं कि आगे क्या होगा। यह कहने के बावजूद यह इतना गठित उपन्यास है। अधिकांश उपन्यास कथानक की दृष्टि से शिथिल बन गए। खासतौर से 'चारुचन्द्रलेख बिखर गया है। और बिखरने के अनेक कारण हैं क्योंकि अपनी आत्मकथा भी बीच में डालते चलते हैं। उस समय वे काशी आ चुके थे। बनारस में लिख रहे थे। तो बनारस में हिन्दी विभाग में जिन लोगों से उनका साबका पड़ा था, कई लोग नाम बदल करके उसमें शामिल हैं। नाम थोड़ा बदल दिया है इसलिए कई चेहरे पहचाने जा सकते हैं। तो कुछ लोगों का हिसाब चुकाने के लिए उपन्यास ऐतिहासिक घटना से बदल गया। लगभग 'पुनर्नवा' उसकी अपेक्षा सुगठित है। अन्त में जो 'अनामदास का पोथा' है उसमें तो कोई कथानक है ही नहीं। बहुत क्षीण सा कथानक है जहाँ से उन्होंने लिया है इसलिए ठीक-ठीक वो कथा बन ही नहीं सका है। एक प्रेम की कथा है। उस रूप में दिखाई पड़ती है। इसलिए उनके उपन्यासों में पहली कृति ही सर्वोत्तम है और जैसा कि राधावल्लभजी ने उचित ही

कहा कि यह उपन्यास भारतीय उपन्यास की अपनी परम्परा की रचना है। जैसे लैटिन अमेरिकन उपन्यास का जो ढाँचा है, या विक्टोरियन ढाँचा है, या जो इंग्लिश ढाँचा है, या फ्रेंच ढाँचा है, जो यूरोपियन ढाँचा है, आप देखेंगे कि रूसी उपन्यास का ढाँचा भी अलग है। गार्सिया मार्खेज का उपन्यास The Hunderd Years of the Solitude का ढाँचा बिल्कुल अलग है। इसलिए हम लोगों ने मान रखा है कि उपन्यास का एक ऐसा ढाँचा है जो चल पड़ा है और लोग लीक पीट रहे हैं; उसी यूरोपियन यथार्थवादी उपन्यास का, एक यूरोपियन उपन्यास का जो ढाँचा बना हुआ था, उस ढाँचे को तोड़ने का पहला प्रयास हिन्दी में सफल ढंग से यदि किसी ने किया तो हजारीप्रसाद द्विवेदी ने किया। जिसकी ओर राधावल्लभजी ने बहुत सही इशारा किया है कि यह आचार्य शुक्ल की आकांक्षा की पूर्ति भी करता है। इसलिए इस उपन्यास का महत्त्व ऐतिहासिक ही नहीं है बल्कि श्रेष्ठ उपन्यास जो भी चुने जाएँगे, उन उपन्यासों में निश्चित रूप से 'बाणभट्ट की आत्मकथा' का स्थान पहला होगा। क्योंकि और जो उपन्यास लिखे गए वे पश्चिमी यूरोपियन ढाँचे पर लिखे गए हैं। चाहे मनोवैज्ञानिक उपन्यास जैनेन्द्रजी के हों। प्रेमचन्दजी के उपन्यास पूरे यूरोपियन ढाँचे पर लिखे गए हैं। जैनेन्द्रजी कुछ कर सकते थे लेकिन जैनेन्द्र जी भी लगभग उसी परम्परा में आते हैं। वही यथार्थवादी, नरेशन का ढाँचा वही है, चरित्र-चित्रण का ढाँचा वही है। तो पहला उपन्यास—यदि आचार्य शुक्ल जीवित होते तो सम्भवत: कहते कि हाँ यह अपनी कादम्बरी की परम्परा का उपन्यास है। विचित्र विडम्बना है कि मराठी में तो उपन्यास को कादम्बरी ही कहते हैं, उपन्यास नहीं कहते हैं। हम लोगों ने बांग्ला से ले लिया उपन्यास। और उसे ढो रहे हैं, पता नहीं उपन्यास का ये क्या अर्थ करते हैं—उप लगा करके न्यास। नॉवेल का उपन्यास लोगों ने किया, यह है नहीं। निकलता ही नहीं है। बंगालियों ने चला दिया और हम लोग ढो रहे हैं। कम से कम मराठीवालों से सीखते, उन्होंने तो उसे कादम्बरी कहा सीधे। हम भी कादम्बरी कहते तो क्या हम लोगों की नाक नीची हो जाती? कादम्बरी ही है, मराठीवालों के पीछे चलते तो अच्छा था।

बंगालियों के पीछे नाहक हम भागते रहे हैं। इसलिए बंगाल में रहते हुए भी और बंगाल में लिखा गया था 'बाणभट्ट की आत्मकथा' और स्वयं बांग्ला उपन्यास की परम्परा से हट करके। इसलिए जान-बूझ करके उसे उन्होंने कथा कहा, और कथा शब्द ज्यादा सार्थक है। और इस रूप में चलाते तो हर कथा सत्यनारायण की कथा नहीं हुआ करती है। इसलिए द्विवेदीजी ने यही नहीं कि एक भारतीय उपन्यास लिखा बल्कि उपन्यास के लिए उन्होंने अपनी आत्मकथा के द्वारा एक कथा की नींव भी डाली थी।

एक तो इस उपन्यास को लिखने की प्रेरणा उनको मिली एक मूर्ति देख करके—वराह की मूर्ति—

ततः समुत्क्षिप्य धरा स्वदंष्ट्रया
महावराहः स्फुट—पद्मलोचनः।
रसातलादुत्पल—पत्र—सन्निभः
समुत्थितो नील इवाचलो महान्॥
जलौघमग्ना सचराचरा धरा
विषाणकोट्याऽखिलविश्वमूर्त्तिना।
समुद्धृता येन वराहरूपिणा
स मे स्वयंभूर्भगवान् प्रसीदतु॥

यह उन्होंने मध्यभारत में ग्वालियर में कही थी। वह मूर्ति देखी थी और किताब में वही मूर्ति छपी भी है। और यह श्लोक लगता है कि किसी पुराने पंडित ने लिखा है लेकिन नहीं, यह पंडितजी का गढ़ा हुआ है। वे श्लोक भी रचते थे। यही उपन्यास का अर्थ है तो—

जलौघमग्ना सचराचरा धरा
विषाणकोट्याऽखिलविश्वमूर्त्तिना।
समुद्धृता—येन—वराहरूपिणा
स मे स्वयंभूर्भगवान् प्रसीदतु॥

भगवान को सूअर बनना पड़ा उस स्त्री का उद्धार करने के लिए। वो प्रेरणा है इस उपन्यास की। यह श्लोक ही उसका मूल अर्थ है। इससे भिन्न हम लोग इधर-उधर हटेंगे तो जो कथ्य है उसका, उसे भूल जाएँगे। आमतौर से लोग यह भूल जाते हैं कि उस मूर्ति से भगवान को कीचड़ में, पंक में और पंक ही नहीं मल-मूत्र आदि से भरी हुई धरती का उद्धार करना था। इसकी ओर लोग ध्यान ही नहीं देते हैं कि जो श्लोक लिखा है और उस मूर्ति से जो प्रेरणा मिली थी, ये मूल वस्तु है। यह प्रेरणा है, प्रेरणास्रोत है। इसे उन्होंने लिख भी दिया है। हमने वह मूर्ति देखी और मुझे लगा है कि इसके पीछे भारत के उद्धार की कथा है। और स्वाधीनता संग्राम में एक तरह से वह भारतमाता की भी प्रतीक बन जाती है कि भारतमाता के उद्धार करने की चेष्टा करनी चाहिए। इसलिए उद्धार के लिए यदि आपको सूअर भी बनना पड़े तब भी बनकर उद्धार कीजिए। भगवान को शूकर रूप धारण करना पड़ा क्योंकि मल-मूत्र में छिपी उस पृथ्वी का उद्धार स्वच्छ आदमी तो कोई कर नहीं सकता है। तो इसमें यह भी है कि स्वयं किसी भगवान को सूअर का भी रूप धारण करना पड़ता पृथ्वी का उद्धार करने के लिए। यह प्रेरणा ही मूल चीज है और यहाँ से उनको उपन्यास की प्रेरणा मिली थी। इस उपन्यास की चर्चा सब लोग करते हैं पर जो मूल प्रेरणास्रोत है, वह क्या है, इसकी ओर कोई ध्यान नहीं देता है। मैं समझता हूँ कि इस दृष्टि से भी उपन्यास पर विचार करना चाहिए।

मैं एक और बात कहना चाहता हूँ कि लिखनेवाले लोग आमतौर से यह दावा बहुत करते हैं कि हम मौलिक लिख रहे हैं। यह हमारी चीज है। पुराना विद्वान कहना चाहता था कि हम मौलिक-औलिक कुछ नहीं लिख रहे हैं। जो हम लिख रहे हैं, वह लिखा जा चुका है, पहले का है। उसी परम्परा में कुछ जोड़ने की कोशिश कर रहे हैं। यह विनम्र व्यवहार है भारतीय लेखक का और सारे तत्त्व बेकार हैं। सीधी बात यह है कि भारतीय परम्परा लेखक की थी। बड़े-बड़े लेखक ऐसा ही कहते हैं। तुलसीदास ने कहा कि हमने मौलिक कुछ भी नहीं कहा है। *हौं पंडितन केर पछलगा। किछु कहि चला तबल देइ डगा।* ऐसा मलिक मुहम्मद जायसी कहते हैं। हमारे यहाँ परम्परा रही कि हम रचयिता नहीं हैं, स्रष्टा नहीं हैं। स्रष्टा ब्रह्मा हैं। जिसने सृष्टि रची है। न कुछ से कुछ पैदा करनेवाली परिकल्पना जो है वह ईसाइयों की या अन्य लोगों की होती होगी। हमारी यही परम्परा रही कि हम नया कुछ नहीं कह रहे हैं। हम वही कह रहे हैं—*हौं पंडितन केर पछलगा* ये हमारे यहाँ रचनाकारों की परम्परा थी। यानी हम अपने को विधाता नहीं मानते हैं। हम मानते हैं कि ब्रह्मा नाम का देवता है जो सृष्टि करता है, हम ब्रह्मा से चुनौती नहीं ले सकते। इसलिए यह भारतीय रचनाकार की विनम्रता है और अपनी परम्परा के प्रति हमारी गहरी आस्था भी है। और पंडित हजारीप्रसाद द्विवेदी मैं समझता हूँ, अपने उस भारतीय परम्परा में अपने को स्रष्टा न मानकर हम तो वही कर रहे हैं जो कहा गया है। इसलिए वह प्रतीक है कि पांडुलिपि हमको मिल गई है। बाणभट्ट छोड़ गए थे। अर्थात् हम थोड़े ही लिख रहे हैं, लिखनेवाला तो बाण है। बाण के बारे में लिखा है तो हमारी हिमाकत, कि हम बाण के बारे में लिखें। अरे! बाण तो खुद लिख गए हैं। हमने तो जो मिल गया है उसी का अनुवाद कर लिया है। और पूरी कहानी उन्होंने गढ़ ली कि वहाँ छपवाया कलकत्ता जा करके। फिर दीदी को भी बीच में डाल दिया उन्होंने। तो इसको इस रूप में, मेरा खयाल है कि लेखक चाहता है कि आप ग्रहण करें।

यह उस सर्जक की विनम्रता है और सर्जनात्मक रचनाकार में यही विनम्रता हुआ करती है। आजकल तो लोग कहते हैं कि हम तो मौलिक हैं। ये जो मौलिक कहते हैं अपने को, वे मौलिक नहीं, कौलिक हैं।

पंडितजी से ही एक दोहा मैंने सुना था—

करम कमंडल कर गहे साधू जहँ जग जाय।
सागर सरिता कूप जल बूँद न अधिक समाय॥

आपके हाथ में जो कमंडल है, उतना ही पानी आपको मिलेगा।

तो द्विवेदीजी से आप उतना ही पा सकते हैं जो कमंडल आपके हाथ में है। क्या लेकर जा रहे हैं उनके यहाँ। किसी भी लेखक के पास आप क्या लेकर जा रहे हैं। आपका कमंडल कितना बड़ा है? आप महाभारत से लेना चाहें तो ले सकते हैं।

द्विवेदीजी के साहित्य से आप क्या प्राप्त कर सकते हैं, यह बहुत निर्भर आप पर है, और किसी पर नहीं। कोई और मदद नहीं कर सकता। आप अपने कमंडल को देखें कि आपके पास कमंडल कितना बड़ा है। किसी बड़े से बड़े साहित्यकार को आप पढ़ेंगे, आप उतना ही पाएँगे जितना आप लेना चाहते हैं। यह एक पाठक की हैसियत से मेरी समझ है। यह कह करके न तो मैं द्विवेदीजी की हिमायत कर रहा हूँ और न ही मॉरिस विंटरनाइट्ज को ही कोई चुनौती दे रहा हूँ।

[वाणी प्रकाशन, नई दिल्ली द्वारा आयोजित 'बाणभट्ट की आत्मकथा : पुन:पाठ' विषय पर केन्द्रित व्याख्यान]

द्वा सुपर्णा...

कहते हैं कि हर आदमी में होते हैं दस-बीस आदमी। लेकिन पंडितजी के अन्दर मुझे सिर्फ दो ही दिखे। एक तो स्वयं वही यानी हजारीप्रसाद द्विवेदी, दूसरे व्योमकेश शास्त्री जिन्हें वे अभिन्न कहते हैं। तुलसीदास के शब्दों में, 'कहियत भिन्न न भिन्न'। मुंडक उपनिषद ने बहुत पहले इसी को मूर्तिमान रूप में प्रस्तुत कर दिया था : 'द्वा सुपर्णा सयुजा सखाया।' पंडितजी की ग्यारह जिल्दों वाली ग्रन्थावली से गुजरते हुए कदम-कदम पर वही 'द्वा सुपर्णा...' दिखाई पड़ते हैं—मंडूक के ही शब्दों में, 'अनश्नन् अन्यो अभिचाकशीति' अर्थात् न खाता हुआ अन्य केवल देखता रहता है। सम्भवत: यह अन्य वही व्योमकेश शास्त्री हैं जो हजारीप्रसाद को खाते हुए देखते रहते हैं। कहना न होगा कि हिन्दी में यह जुगल जोड़ी एक ही है—अद्वितीय!

वैसे, साहित्य की रचना करनेवाले और साथ ही साथ उसकी आलोचना लिखनेवाले लेखक अनेक हुए, लेकिन इनमें से अधिकांश रचनाकारों के लिए आलोचना-कर्म हाशिए पर लिखा जानेवाला दूसरे दर्जे का काम रहा है। इसी तरह कुछ आलोचकों ने भी कथा-कविता आदि की रचना की है लेकिन उन्हें मुख्यत: आलोचक ही माना जाता है। कहना न होगा कि 'बाणभट्ट की आत्मकथा', 'अशोक के फूल' और 'हिन्दी साहित्य की भूमिका' जैसी कृतियों के स्रष्टा हजारीप्रसाद द्विवेदी उपर्युक्त दोनों कोटियों से विलक्षण हैं, साथ ही विशिष्ट भी। इस दृष्टि से हिन्दी कथाकारों में उनके निकट कोई लेखक कुछ-कुछ पहुँचता है तो एक अज्ञेय ही।

पंडितजी की इस विलक्षण प्रतिभा को देखकर हठात् राजशेखर की 'काव्यमीमांसा' में उद्धृत वह श्लोक याद आ रहा है जो कालिदास-कृत कहा गया है—

कश्चिद् वाचं रचयितुमलं श्रोतुमेवाऽपरस्तां
कल्याणी ते मतिरुभयथा विस्मयं नस्तनोति।
नह्येकस्मिन्नतिशयवतां सन्निपातो गुणाना—
मेक: सूते कनकमुपलस्तत्परीक्षा क्षमोऽन्य:॥

तात्पर्य यह है कि कोई ऐसा होता है जिसमें कविता रचने की क्षमता होती है। कोई ऐसा भी होता है जिसमें कविता सुनने की क्षमता होती है। तुम्हारी कल्याणमयी बुद्धि

दोनों में समर्थ है, अत: हमें चकित कर देती है। एक में इतने सारे गुणों का सन्निपात नहीं हो सकता।

एक पत्थर होता है जो सोने को जन्म देता है, तो दूसरा पत्थर होता है जो उस सोने की परीक्षा करने में सक्षम होता है।

गरज कि तुम ऐसे दुर्लभ पाषाण हो जो कंचन होने के साथ ही कसौटी भी हो।

प्रसंगवश, 'महाकवि' नामक किसी रीतिकालीन कवि की कविता की एक पंक्ति याद आ रही है जो है तो रति-प्रसंग की, किन्तु प्रस्तुत प्रसंग में एक नया अर्थ ध्वनित करती है। उक्ति इस प्रकार है—

सोने को रंग कसौटी लगै पै कसौटी को रंग लगै नहिं सोने।

अर्थात् कसौटी पर सोना कसा जाता है तो काली कसौटी पर एक पीली लकीर खिंच जाती है, लेकिन इस प्रक्रिया में सोने पर कसौटी का रंग कतई नहीं चढ़ता।

सवाल यह है कि किसी रचना की आलोचना के प्रसंग में भी क्या कुछ ऐसा ही व्यापार घटित नहीं होता? कहना न होगा कि पंडितजी के अनेक आलोचनात्मक निबन्धों में इस प्रश्न का सकारात्मक उत्तर विद्यमान है।

सच तो यह है कि पंडितजी अपनी कथाकृतियों के सबसे अच्छे पारखी स्वयं ही हैं। उन्होंने प्राय: अपने सभी उपन्यासों के साथ उसकी समीक्षा भी संलग्न कर दी है। यह और बात है कि ये समीक्षाएँ प्राय: उनके अभिन्न व्योमकेश शास्त्री के नाम से प्रस्तुत हैं।

उदाहरण के लिए उनकी प्रथम कथाकृति 'बाणभट्ट की आत्मकथा' के अन्त में व्योमकेश शास्त्री द्वारा हस्ताक्षरित 'उपसंहार' के कुछ बिन्दु—विशेषत: 'आत्मकथा' की कुछ असंगतियाँ : जैसे "कादम्बरी में प्रेम की अभिव्यक्ति में एक प्रकार की दृप्ति भावना है; परन्तु इस कथा में सर्वत्र प्रेम की व्यंजना गूढ़ और अदृप्त भाव से प्रकट हुई है।...कथा का जिस ढंग से आरम्भ हुआ है उसकी स्वाभाविक परिणति गूढ़ और अदृप्त प्रेम ही हो सकती है; पर बाणभट्ट की लेखनी से सम्भवत: अधिक स्पष्ट और अधिक दृप्त अभिव्यक्ति की आशा की जा सकती है।"

इसी प्रकार 'चारुचन्द्रलेख' के भी अन्त में 'उपसंहार' के अन्तर्गत पं. व्योमकेश शास्त्री की एक टिप्पणी है जिसमें कथा के अन्तर्गत कुछ इतिहास-विरुद्ध असंगतियों की ओर संकेत करने के साथ-साथ कथा कहने की दैनन्दिनी शैली पर भी संक्षिप्त टिप्पणी है।

'पुनर्नवा' में व्योमकेश शास्त्री अनुपस्थित हैं, लेकिन कुछ दिनों बाद वे अलग से पत्र लिखकर अपनी यह शिकायत दर्ज कराते हैं कि कालिदास को इस ग्रन्थ में पूर्णरूप से प्रस्फुटित नहीं कर सके हैं।

अन्तिम उपन्यास 'अनामदास का पोथा' के लिखे जाने तक व्योमकेश शास्त्री नहीं लौटे, लेकिन जो आए वे एक अपरिचित मित्र जिनका नाम मालूम न होने के

कारण उन्हें अनामदास कहना ही मुनासिब लगा। बहरहाल, यह उपन्यास एक तरह से उन्हीं अनामदास का लिखा हुआ पोथा है और 'भूमिका' में उसी पोथा की समीक्षा है, जैसे—"अजब गप्पी है यह अनाम। अनुभव का क्षेत्र तो इसका बहुत सीमित लगता है पर उस सीमा के भीतर उछल-कूद कर सकता है।" फिर "अनाम के भीतर सोया हुआ कोई कवि भी है। रह-रहकर वह जाग पड़ता है।" इसके अलावा "अनाम के भीतर का आलोचक सब समय गर्जन-तर्जन द्वारा उसका होश-हवास गुम करता रहता है। पर ऐसा लगता है कि यह आलोचक जितना गर्जन करता है उतना शक्तिशाली नहीं है।" पोथे से लगता है कि उसके लेखक के भीतर का कवि सुप्त है, आलोचक अशक्त।...कहाँ रुक जाना चाहिए, कहाँ मुड़ जाना चाहिए, कहाँ तेज चलना चाहिए, यह अनाम को मालूम है। पर कितना नहीं लिखना चाहिए, यह नहीं मालूम।"

आरम्भ की लम्बी भूमिका के बाद उपन्यास के अन्त में अनामदास की एक अच्छी-खासी टिप्पणी भी है जिसमें उपन्यास के मूल स्रोत छान्दोग्य उपनिषद के कुछ फक्कड़ और अक्खड़ ऋषियों पर रोचक टिप्पणियाँ हैं।

'अनामदास का पोथा' कुछ लोगों की दृष्टि में द्विवेदीजी के उपन्यास साहित्य की पराकाष्ठा पर है, फिर भी सबसे कम चर्चा इसी उपन्यास की हुई! यह हमारी समीक्षा की एक विडम्बना ही है।

वस्तुतः पंडितजी अपने चारों उपन्यासों के द्वारा हिन्दी में 'भारतीय उपन्यास' का एक नया प्रतिदर्श प्रस्तुत कर रहे थे जो पश्चिमी उपन्यासों की संरचना के बरक्स एक स्वकीय संरचना थी और उसका आधार मुख्यतः भारतीय आख्यान-परम्परा थी। सम्भव है, इस प्रयास के सम्मुख आचार्य रामचन्द्र शुक्ल के उस कथन की चुनौती भी रही हो : "उपन्यास को काव्य के निकट रखनेवाला पुराना ढाँचा एकबारगी क्यों छोड़ा जाए? उसके भीतर हमारे कथात्मक गद्य-प्रबन्धों (जैसे कादम्बरी, हर्षचरित) के स्वरूप की परम्परा छिपी हुई है। योरप उसे छोड़ रहा है, छोड़ दे। यह कुछ आवश्यक नहीं कि हम एकदम हर कदम उसी के पीछे-पीछे चलें।"

आचार्य शुक्ल ने यह बात अपने 'इतिहास' में काफी पहले लिखी थी और इस प्रसंग में जगमोहन सिंह के उपन्यास 'श्यामास्वप्न' की प्रशंसा भी की थी। द्विवेदीजी ने 'बाणभट्ट की आत्मकथा' के द्वारा एक तरह से हिन्दी भारत की उस आख्यान परम्परा को आधुनिक युग में पुनर्जीवित करने का प्रयास किया था। यह प्रयास अनायास नहीं, सायास था और कहना न होगा कि इस रचना-दृष्टि के पीछे एक सुचिन्तित और सुविचारित समीक्षा-दृष्टि थी। यहाँ भी 'द्वा सुपर्णा सयुजा सखाया' साथ-साथ उड़ान भर रहे थे।

स्रष्टा और भोक्ता के इस सायुज्य का सबसे उल्लेखनीय पक्ष यह है कि भोक्ता स्रष्टा के सर्जनात्मक प्रयासों के आधार पर कुछ नई अवधारणाओं और संकल्पनाओं

का निर्माण करता है। इस दृष्टि से पंडितजी की सिसृक्षा के अक्षय स्रोत कवि-कुल-गुरु कालिदास रहे हैं। 'कालिदास की लालित्य-योजना' नामक ग्रन्थ इस दिशा में प्रथम प्रयास है। इस ग्रन्थ में उन्होंने कालिदास की रचनाओं में निहित कला-समीक्षा की अनेक नई अवधारणाएँ खोज निकाली हैं, जैसे—विनिवेशन, अन्यथाकरण और अन्वयन, भावानुप्रवेश और यथालिखितानुभव, करण-विगम इत्यादि। इन सबकी चर्चा तो सम्प्रति सम्भव नहीं है, इसलिए नमूने के लिए फिलहाल अन्यथाकरण और अन्वयन के संक्षिप्त परिचय से सन्तोष करना पड़ेगा।

'अभिज्ञानशाकुन्तल' का एक श्लोक है—

यद्यत्साधु न चित्रे स्यात् क्रियते तत्तदन्यथा।
तथापि तस्या लावण्यं रेखया किंचिदन्वितम्॥

प्रसंग यह है कि राजा दुष्यन्त ने शकुन्तला का चित्र बनाया था। उस चित्र को देखकर राजा ने कहा था कि चित्र में जो कुछ साधु नहीं होता अर्थात् जैसा है वैसा नहीं बन पाता उसे अन्यथा कर दिया जाता है। फिर भी उस (शकुन्तला) का लावण्य रेखाओं से कुछ निखर ही गया है। इस श्लोक में प्रयुक्त 'अन्यथा' शब्द की व्याख्या करते हुए पंडितजी कहते हैं कि इस कौशल को 'अन्यथाकरण' कह सकते हैं। अंग्रेजी में इसे 'डिस्टार्शन' कहते हैं। अन्यथाकरण अर्थात् जो जैसा है उसे वैसा ही न रहने देना। 'किंचित् अन्वितम्' के साथ 'अन्यथा' को रखकर यदि व्याख्या की जाए तो कालिदास ऐसा मानते प्रतीत होते हैं कि यद्यपि अन्यथाकरण के द्वारा बाह्य जगत् ज्यों-का-त्यों नहीं आता बल्कि उत्तम कोटि का चित्रकार उसमें कुछ और जोड़ देता है—किंचित् अन्वितम्! ऊपर से यह बात अटपटी मालूम होती है लेकिन कालिदास का तात्पर्य वही है।

इस प्रसंग में पंडितजी ने अन्यथाकरण और अन्वयन की कला-प्रविधि पर विस्तार से विचार किया है और उसे कला-समीक्षा की एक महत्त्वपूर्ण उपलब्धि माना जा सकता है।

प्रसंगवश यह कहना भी आवश्यक प्रतीत होता है कि हिन्दी में साहित्यशास्त्र के साथ कलाशास्त्र के लगभग वीराने में हजारीप्रसाद द्विवेदी ने अपने ढंग से एक नई पहल की थी और उस दिशा में 'साहित्य का मर्म' शीर्षक विनिबन्ध के बाद 'लालित्य तत्त्व' सबसे गम्भीर प्रयास है। उनके आकस्मिक निधन के साथ 'लालित्य तत्त्व' दुर्भाग्य से अधूरा रह गया, लेकिन 'हिन्दी साहित्य की भूमिका' की ही तरह वह ग्रन्थ 'कलाशास्त्र' की भूमिका के रूप में सदैव स्मरणीय रहेगा।

पंडितजी, दरअसल सामान्य साहित्य समालोचक नहीं, बल्कि वे राजशेखर के शब्दों में कला और साहित्य के 'तत्त्वाभिनिवेशी' मर्मज्ञ सहृदय थे। राजशेखर के अनुसार सहस्त्रों के बीच तत्त्वाभिनिवेशी तो कोई एक ही होता है—हजारों के बीच कोई एक हजारीप्रसाद। राजशेखर के ही शब्दों में :

शब्दानां विविनक्ति गुम्फनविधीनामोदते सूक्तिभिः
सान्द्रं लेहि रसामृतं, विचिनुते तात्पर्यमुद्रां च यः।
पुण्यैः सङ्घटते विवेक्तृ-विरहादन्तर्मुखं ताम्यतां
केषामेव कदाचिदेव सुधियां काव्य-श्रमज्ञोजनः॥

भावार्थ यह कि किसी कवि को बड़े पुण्य प्रभाव से काव्यरचना के परिश्रम को समझनेवाला ऐसा विद्वान आलोचक व्यक्ति प्राप्त होता है, जो शब्दों की रचना-विधि का भली-भाँति विवेचन करता है, सूक्तियों-अनोखी सूझों से आह्लादित होता है, काव्य के सघन रसामृत का पान करता है और रचना के गूढ़ तात्पर्य को ढूँढ़ निकालता है।

कहना न होगा कि हजारीप्रसाद द्विवेदी ऐसे ही तत्त्वाभिनिवेशी समालोचक थे। निश्चय ही तत्वाभिनिवेशी न कि 'तत्त्वान्वेषी'। 'ऐसा तत्त्वान्वेषी' नहीं, जिसके लिए कालिदास ने 'अभिज्ञानशाकुन्तल' में दुष्यन्त के मुख से यह कहलवाया है—'वयं तत्त्वान्वेषान् मधुकर! हस्तास्त्वं खलु कृती!'

हम तत्त्वान्वेषी तो हतभाग्य हैं, सच्चे कृती तो हे मधुकर तुम्हीं हो।

राजा लक्ष्मण सिंह के काव्यानुवाद में खोलकर कहें तो—

''हम खोजत जातिहि पाँत मरे, धनि रे धनि भौंर कहावत तू।''

[आलोचना, जनवरी-मार्च 2008]

भारतीय साहित्य में आचार्य हजारीप्रसाद द्विवेदी का योगदान*

यह जो 'अवदान' शब्द है, यदि पंडितजी होते तो पहले आदमी होते जो इस पर आपत्ति करते। जो भी थोड़ी बहुत सस्कृत जानते हैं, वे समझेंगे कि 'अवमानना' जब आप कहेंगे तो जो 'अव' का अर्थ होता है वो 'दान' के साथ लगाने पर भी वही अर्थ देता है। हिन्दी में 'योगदान' शब्द होता है। 'कंट्रीब्यूशन' को योगदान कहते हैं। 'अवदान' कोई नहीं बोलता। इसलिए उनकी परम्परा पर कोई कार्यक्रम हो तो शब्दों पर ध्यान देना चाहिए। बौद्धों ने जानबूझकर अपने यहाँ 'दिव्यावदान' नामक पुस्तक लिखी। वहाँ 'दिव्यावदान'–'दिव्य' शब्द लगाकर अवदान किया गया है, यह नहीं भूलना चाहिए। सिर्फ 'अवदान' नहीं।

यह टिप्पणी करना मुझे जरूरी लगा इसलिए मैंने किया। और यहाँ नहीं कहूँगा तो कहाँ कहूँगा। फिर भी समय की मर्यादा का पालन सभी ने किया है, मैं भी करूँगा।

पंडितजी के सन्दर्भ में उचित ही केवल हिन्दी साहित्य में उनके अवदान की बात नहीं की गई है, भारतीय साहित्य में की गई है। और अपनी समझ है कि हिन्दी में वे उन थोड़े से लोगों में थे जिनकी दृष्टि अखिल भारतीय थी। और भी कुछ एक लोग हैं जिनकी दृष्टि अखिल भारतीय रही है। 'नेहरू अभिनन्दन ग्रन्थ' में उन्होंने एक लेख लिखा था जो 'आलोक पर्व' में संकलित है। उसमें उस भारतीय दृष्टि की एक झलक उन्होंने दी है : "हमारे देश का सांस्कृतिक इतिहास इस मजबूती से अदृश्य काल-विधाता के हाथों सी दिया गया है कि उसे प्रादेशिक सीमाओं में बाँधकर सोचा भी नहीं जा सकता। उसका एक टाँका यदि काशी में दीख गया तो दूसरा बंगाल में और तीसरा उड़ीसा में दीख जाएगा और चौथा यदि मालाबार में या सिंघल में दीख जाए तो कुछ भी आश्चर्य करने की बात नही है।" आरम्भ किया है उन्होंने यह कहते हुए कि हमारी भाषा का पुराना साहित्य प्रान्तीय सीमाओं में बँधा नहीं है। आज के माहौल में जहाँ क्षेत्रीयता प्रबल हो रही हो, इस माहौल में पंडितजी के इस प्रसंग को ध्यान में रखना बहुत जरूरी है। हम लोग दिन पर दिन, हर भाषा

* आयोजन का मूल शीर्षक 'भारतीय साहित्य में आचार्य हजारीप्रसाद द्विवेदी का अवदान' था। नामवर सिंह ने 'अवदान' की जगह 'योगदान' का प्रयोग किया है।

के साहित्यकार कहे जानेवाले, बल्कि राजनीतिक लोग और भी ज्यादा प्रादेशिक सीमाओं में बँधते जा रहे हैं। इसलिए द्विवेजीजी का यह कथन कि अदृश्य काल-विधाता ने हमारी किस्मत ही बाँध रखी है, हमारे सांस्कृतिक इतिहास को सी दिया है जिसका टाँका अलग-अलग जगहों पर दिखाई पड़ता है।

उन्होंने इस दृष्टि के अनुरूप ही इतिहास लिखा है जिसकी पहली झलक हमें मिलती है 'हिन्दी साहित्य की भूमिका' में। वह हिन्दी साहित्य का इतिहास नहीं है। विश्वभारती में कुछ छात्रों के सम्मुख उन्होंने व्याख्यान दिया था। उसमें स्पष्ट आप देखेंगे कि उसका आरम्भ ही होता है एक अखंड ऐतिहासिक दृष्टि से। उसके आरम्भिक दो अध्याय देखिए। जो लोग हिन्दी साहित्य का इतिहास लिखते हैं तो आदिकाल, भक्तिकाल या मध्यकाल लिखते हैं। पूर्व-मध्यकाल में भक्तिकाल और उत्तर-मध्यकाल में रीतिकाल है, फिर आधुनिक काल है। काल को खंड-खंड करके हम लोग देखते हैं। उस अखंड धारा को पंडितजी इतिहास-धारा के रूप में देखते थे, कालखंडों के रूप में नहीं। इसलिए वह इतिहास-धारा प्रवहमान है। उसके पहले दो अध्याय उन्होंने लिखे हैं। 'भारतीय चिन्ता का स्वाभाविक विकास', अध्याय हैं, लेकिन कहीं काल-विभाजन नहीं है 'हिन्दी साहित्य की भूमिका' में। इसलिए अखिल भारतीय दृष्टि को ध्यान में रखते हुए (इसी वजह से) उन्होंने जब इतिहास लिखा—हिन्दी का इतिहास भी—कि हिन्दी साहित्य की बात कर रहे हैं, भूमिका बता रहे हैं तो 'परिशिष्ट' भी महत्त्वपूर्ण हो जाता है, जो इतिहास से अधिक लम्बा है। महाभारत पर है, रामायण और पुराणों की चर्चा है, कवि-प्रसिद्धियों की चर्चा है और केवल सन्त-मत आदि के अलावा उन्होंने बौद्ध-परम्परा, जैन-परम्परा, चिन्ता-धारा की जितनी परम्पराएँ हो सकती हैं, सबका लेखा-जोखा प्रस्तुत किया है और इस धारा को अखिल भारतीय स्तर पर देखने की कोशिश की है। इसलिए पंडितजी के सन्दर्भ में ही यह सोचा जा सकता है कि भारतीय साहित्य को, बल्कि कहना चाहिए कि संस्कृति को उनका क्या योगदान है। वे केवल साहित्य के इतिहासकार या साहित्य के रचयिता नहीं थे। मैं समझता हूँ कि संस्कृति पर जितना अधिक उन्होंने लिखा है, बहुत कम लोगों ने उतना लिखा है। इसलिए केवल साहित्य तक सीमित न रखकर उन्हें संस्कृति के व्यापक परिप्रेक्ष्य में रखना चाहिए, विशेष रूप से जब इंदिरा गांधी राष्ट्रीय कला केन्द्र में चर्चा कर रहे हों।

हमें नहीं भूलना चाहिए कि 'प्राचीन भारत का कला विनोद' नाम की पुस्तक उन्होंने लिखी थी। वे नृत्य में, संगीत में, चित्रकला में रुचि रखते थे। 'बाणभट्ट की आत्मकथा' पर तो चित्र ही दिया गया है (उदयगिरि से लिया गया है) वराह का—'समुद्धृत येनवराहरूपिणा'। जैसा कि विश्वनाथजी जिक्र कर रहे थे, सौन्दर्य के वर्णन की एक लम्बी सूची 'हिन्दी साहित्य की भूमिका' में उन्होंने दी है। और लिखा है कि जैसे साहित्य की रूढ़ियाँ होती हैं (काव्य-रूढ़ियाँ जिनको हम कहते

हैं, जिनका और चीजों से सम्बन्ध है), उसी तरह से हमारे यहाँ इसके रूप-वर्णन की एक निश्चित भारतीय परम्परा है और जो उन्हें जानते हैं, वे कलाकृतियों को समझ सकते हैं, उनके विवरण को समझ सकते हैं वरना आप केवल देख करके, घूम करके चले आएँगे। इसलिए जब वे संस्कृति कहते थे तो साहित्य तक सीमित करके नहीं कहते थे। यहाँ जिस योगदान की चर्चा की जा रही है उस अर्थ में संस्कृति और सम्पूर्ण कलाओं के सन्दर्भ में उन्हें देखा जाना चाहिए। उन्हें हम उनके कुछ लेखों, उनके उपन्यासों और इतिहास के ग्रन्थों तक सीमित करके देखेंगे तो टुकड़े-टुकड़े और खंड-खंड करके देखेंगे। समग्र व्यक्तित्व, जो अखिल भारतीय था, उस रूप में देखें। शान्तिनिकेतन में ऐसी ही विभूतियाँ गढ़ी गई थीं, तैयार की गई थीं। वे विश्वभारती से निकले हुए अकेली ऐसी विभूति थे। हिन्दी में कोई और आदमी वैसा नहीं हुआ।

उनको आमतौर से लोग आचार्य रामचन्द्र शुक्ल की परम्परा का आलोचक कहते हैं या तीन-चार आलोचकों की परम्परा का। हिन्दी के कुछ प्रोफेसर हो गए हैं (जैसे डॉ. नगेन्द्र उनके बहुत करीब थे) लेकिन हिन्दी के प्रोफेसरों के रूप में मत देखिए उन्हें। बहुत हो चुके हैं प्रोफेसर। सच्चाई तो यह है कि हिन्दी की एक और परम्परा है जो रामावतार शर्मा जैसे संस्कृत के पंडितों की है, जो हिन्दी में लिखते थे लेकिन संस्कृत के अद्‌भुत विद्वान थे। वे तो पंडित रामावतार शर्मा, चन्द्रधर शर्मा 'गुलेरी', राहुल सांकृत्यायन की परम्परा में आनेवाले लेखक हैं। हिन्दी के अध्यापकों और आलोचकों की जो सूची बनाई जाती है उसमें रखकर आप उन्हें छोटा करेंगे! संस्कृत के वे विद्वान जो अपनी भाषा में आए और कारण यह था कि उन लोगों के सामने तुलसीदास की तरह से लोक और वेद दोनों था। वेद माने संस्कृत का लिखा हुआ यानी 'शास्त्र' और 'लोक'। जब तक इन दोनों को कोई नहीं मिलाएगा तब तक वो अधूरा भारतीय होगा। जितनी समृद्ध परम्परा हमारे शास्त्र की है, शिष्ट-साहित्य जिसे कहते हैं (शिष्ट चिन्तन) चाहे वह दर्शन की हो, चाहे धर्म की हो, चाहे वह कलाओं की हो, उसके बराबर, समान्तर हमारी लोक-परम्परा है। और उस लोक-परम्परा को हमें केवल 'एन्थ्रोपोलॉजी' वालों को, 'फोक स्टडी' वालों को न सौंप देना चाहिए। लोक की समृद्ध परम्परा को, इन दोनों को मिलाकर जो रचा हुआ मानस है, उन थोड़े से लोगों में हैं आचार्य हजारीप्रसाद द्विवेदी। और यह शोभा, यह छटा उनको समझ में आएगी जो उनकी कृतियों को पढ़ेंगे। यह कोई अकारण नहीं है कि उनके सारे उपन्यासों में चाहे चरित नायक हो या चरित नायिका हो, बलिया किसी न किसी बहाने घूम करके जरूर जाती है और बलिया का एक-एक गाँव, वह पूरी परम्परा इसी तरह से बोलती है। इसलिए उनकी एक लोकवादी (विश्वनाथजी ने तुलसीदास पर जो पुस्तक लिखी है उसे 'लोकवादी तुलसीदास' कहा है) परम्परा भी है। यह अकारण नहीं है कि उन्होंने अपनी जो पहली पुस्तक

लिखी थी वह सूरदास पर लिखी है, कबीर पर तो बाद में लिखा है। और सूर की सारी शोभा उन्होंने यह बताई है कि 'सूरसागर' ब्रज की सम्पूर्ण लोक-परम्परा का काव्य है। सूर की गोपियाँ भागवत की गोपियाँ नहीं हैं, उसमें नगुरिया का वर्णन आता है। नागर और नगुरिया—यह पूरी की पूरी ब्रज की परम्परा है। वही चीज काशी के उस जुलाहे कबीर में मिलती है। वही परम्परा, लोक और वेद के सन्तुलित रूप का सर्वोच्च शिखर हिन्दी में तुलसीदास में मिलता है। इसलिए जब हम भारतीयता (जिन्हें हिन्दुत्ववादी लोगों ने हिन्दू में समेटकर रख दिया है) पर विचार करते हैं तो उसमें कबीर, सूर और तुलसी तीनों एक साथ हैं। इस परम्परा में ये सभी उसी रूप में दिखाई पड़ते हैं जैसे रवीन्द्रनाथ के यहाँ आश्रम का वर्णन है तो उसमें हींग बेचनेवाले एक पठान का जिक्र आता है। तो कहाँ रवीन्द्रनाथ और कहाँ हींग बेचनेवाला पठान। दोनों 'काबुलीवाला' में। आज के दौर में इस परम्परा पर जोर देने की जरूरत है। (बहुत से लोग आज सेकुलरवाद वग़ैरह के नाम पर बहुत ही संकीर्ण मनोवृत्ति वाले हैं। चाहे वे छद्म हों या अपने को सच्चा सेकुलरवादी कहनेवाले) भारतीयता का मतलब यह है और इस सन्दर्भ में उनको देखा जाना चाहिए।

आखिरी बात, वह यह कि बहुत से लोग पंडितजी के बारे में समझते हैं कि उन्होंने संस्कृत में मिलनेवाली पुरानी पोथी को ही, बाणभट्ट की 'कादम्बरी' और 'हर्षचरित' को मिलाकर ही, हिन्दी में 'बाणभट्ट की आत्मकथा' उपन्यास लिख दिया है। ऐसे ही सभी उपन्यासों में, जो पुराना था उसे हिन्दी में ले करके, अनुवाद करके लिख दिया है। पंडितजी के सम्बन्ध में इसलिए लोग कहते हैं कि मौलिक क्या है उनका। योगदान में सबसे महत्त्वपूर्ण विचारणीय विषय होता है कि आपने मौलिक क्या दिया है। पंडितजी ने एक लेख लिखा है मौलिकता की समस्या पर कि उनकी दृष्टि में मौलिकता क्या है। 'साहित्य में मौलिकता का प्रश्न' ('विचार प्रवाह' में यह लेख है) में वे कहते हैं कि "मौलिकता समंजस विधायिनी दृष्टि की स्वकीयता है।" 'स्वकीयता' शब्द उन्होंने रवीन्द्रनाथ से लिया है। लिखा है कि रवीन्द्रनाथ 'ऑरिजिनेलिटी' को स्वकीयता कहते हैं। स्वकीय बनाते हैं आप किसी चीज को कैसे बनाते हैं, समंजसविधामिनी—वही आटा है, वही चावल है, वही किसिम-किसिम की दाल है। वही सब है लेकिन एक ही हाथ से उनको मिलाकर कोई एक तरह का व्यंजन बनाता है तो कोई दूसरे तरह का बनाता है। अलग-अलग फुटकर चीजें सबके घर में भरी हैं, सारा अनाज वही है लेकिन हर हाथ का व्यंजन वही नहीं होता है। इसी को पंडितजी कहा करते थे 'दैट वेरी टच'। (अब इसकी अलग कहानी है। उन्होंने लिखा है कि शान्तिनिकेतन में सब लोग अलग-अलग खाना ले जाते थे और यदि किसी ने अच्छा बनाया है तो कहा जाता था कि 'दैट इज वेरी टच' और यह 'टच' गृहिणी की ओर इशारा करता था कि किसका हाथ लगा है)। साहित्य में स्वकीयता यही होती है। आप उस तरह से 'रामचरितमानस में यदि

देखें तो मौलिक एक भी पंक्ति नहीं मिलेगी। हर पंक्ति किसी न किसी संस्कृत का अनुवाद है या किसी लोकवार्ता का अनुवाद है, लोक के मुहावरे का अनुवाद कर दिया है। लेकिन कुल मिलाकर मानस जो बना है, तुलसी की स्वकीयता उसमें है। इस 'स्वकीयता' में, उन्होंने कहा है कि इस स्वकीयता में सहज होना मूल उद्देश्य है। लिखा है कि "साहित्य में सहज होना (मैं सरल नहीं कहता) भी मौलिकता का श्रेष्ठ प्रतिमान है।" इन सारी चीजों को कोई आदमी दंड पेल के, मशक्कत करके हासिल करता है। वो सहज भाव से नहीं होता है। यह सहजता, मौलिक होने का प्रयास करना एक बात है। प्रयोगवादियों ने प्रयास करके मौलिक होने को, विशिष्ट होने को महत्त्व दिया है। अज्ञेयजी में कहीं-कहीं मिलेगा, सर्वत्र नहीं। कई लोगों में मौलिकता सायास मिलती है। वह सहज भाव से आकर आपके मानस का अंग बन गया हो और बहता हुआ चला जाए वैसी सहजता आपको सूर में मिलती है, तुलसी में मिलती है, श्रेष्ठ कवियों में मिलती है।

दूसरी चीज, हिन्दी में 'अशोक के फूल' जैसे निबन्ध किसी ने नहीं लिखे। यद्यपि बाद में कुबेरनाथ, विद्यानिवास मिश्रजी जैसे कई लोग फूल-पत्तियों पर उन्हीं की तरह के निबन्ध लिखने लग गए। लेकिन 'अशोक के फूल', 'शिरीष के फूल', 'देवदारु' और 'कुटज' तो कोई नहीं लिख सका। अशोक का फूल पहले भी था, कुटज भी था जिसकी ओर तो लोगों का ध्यान ही नहीं गया था। किसी कविता में वर्णन भी नहीं था। देवदारु भी था, शिरीष भी था। लेकिन जिस रूप में उन्होंने देखा, उस रूप में किसी ने नहीं देखा। मौलिकता दृष्टि में होती है। दृश्य वही है। इसी देखी हुई सर्जनात्मकता को क्रिएटिविटी या सृजनशीलता कहते हैं। जिस चीज को छुआ, वही नया बन गया। ऐतिहासिक उपन्यासों के लिए वृन्दावनलाल वर्मा जाने जाते हैं, कुछ और लोगों ने भी ऐतिहासिक उपन्यास लिखे हैं। कुछ लोग पंडितजी के उपन्यासों का जिक्र करते हुए, उनके उपन्यासों को ऐतिहासिक उपन्यासों की कोटि में डालते हुए लोग शूद्र की कोटि में डाल देते हैं। यानी वे केवल यही सोचते हैं कि सामाजिक जीवन के यथार्थवादी उपन्यास ही लिखे जाएँ। वे भूल जाते हैं कि पंडितजी ने कल्पना को ही यथार्थ का पर्याय बना दिया है। इतिहास नहीं लिख रहे हैं वे, इतिहास को रचा है, सृजित किया है उन्होंने। इसीलिए जब वे कहते हैं कि किसी पुरानी पांडुलिपि से ढूँढ़ने पर कोई चन्द्रलेख मिला है, 'चारुचन्द्रलेख', और वहीं से लेकर लिखा तो इसके कुछ निहितार्थ हैं। कुल मिलाकर इतिहास को पुनर्नवा प्रदान की है उन्होंने। सृजनशीलता का दूसरा नाम, सही नाम है 'पुनर्नवता'। और ऐसा कालिदास से ले करके किया है उन्होंने : *क्लेश: फलेन हि पुनर्नवताम विद्यत्ते*। पाँचवें सर्ग में 'कुमारसम्भवम्' के अन्त में तपस्या करने के बाद जब शिव साक्षात् दर्शन देते हैं तब कालिदास वहाँ कहते हैं—

क्लेश: फलेन हि पुनरनवताम् विद्यत्ते।

वो सारा का सारा क्लेश, सारी की सारी थकान पुनर्नवता के द्वारा दूर हो जाती है। यह पुनर्नवता ही उनकी मौलिकता है और इस मौलिकता के द्वारा जो उन्होंने रचा, रच करके जो दिया, उसके लिए निराला की कविता याद आती है :

तुमने जो दिया दान दान वह,
हिन्दी के हित का अभिमान वह,
सच्चा कल्याण वह अथच है—
यह सच है।

[इन्दिरा गांधी राष्ट्रीय कला केन्द्र, नई दिल्ली द्वारा दिनांक 19-08-2007 को सपन्न आचार्य हजारीप्रसाद द्विवेदी जन्मशताब्दी आयोजन में 'भारतीय साहित्य में आचार्य हजारीप्रसाद द्विवेदी का अवदान' विषय पर दिया गया अध्यक्षीय वक्तव्य। लिप्यन्तरण : पंकज कुमार बोस।]

आचार्य हजारीप्रसाद द्विवेदी की जय-यात्रा

इन्दिरा गांधी राष्ट्रीय कला केन्द्र को, जो 'कलानिधि व्याख्यान' कर रहा है, एक सुझाव सबसे पहले मैं देना चाहता हूँ। वो यह कि 'कलानिधि' कायदे से जो कला-केन्द्र है—साहित्य-केन्द्र नहीं है—और जब द्विवेदीजी पर व्याख्यान कराना है तो द्विवेदीजी पर व्याख्यान कराने के लिए कला-केन्द्र के पास बहुत स्पष्ट कारण है। विश्वभारती, शान्तिनिकेतन में रहते हुए उन्होंने बहुत पहले अपनी एक आरम्भिक पुस्तक लिखी थी। उसका नाम था—'कला विनोद।' 'कला विनोद' अद्‌भुत पुस्तक है, उसकी उपेक्षा हुई है; क्योंकि उस समय के विश्रुत कलाकार वहाँ थे और रवीन्द्रनाथ भी। रवीन्द्रनाथ का एक पहलू यह है कि वे स्वयं कलाकार बहुत बड़े थे। इसलिए कला-केन्द्र को 'कलानिधि व्याख्यान' के अन्तर्गत अगर हजारीप्रसाद द्विवेदी पर व्याख्यान दिलाना है तो उसको सबसे पहले उनके कला सम्बन्धी विचारों के बारे में बात करनी चाहिए। 'कला विनोद' जैसी पुस्तक हिन्दी में दूसरी लिखी नहीं गई है। उन्होंने विश्वभारती में, जहाँ कला की परम्परा रही है उससे परिचित होते ही, उससे प्रेरणा मिली होगी, तभी तो लिखा होगा। 'प्राचीन भारत के कलात्मक विनोद' में उन्होंने लिखा है, भारत की 'एनशियेंट' कला के बारे में।

दूसरी यह है कि जब अन्तिम दिनों में पंडितजी यहाँ से चंडीगढ़ गए (उनके शिष्यों में रमेश कुन्तल मेघ थे, यहाँ मैनी साहब बैठे हुए हैं) तो सहसा वहाँ 'कला विनोद' वाली जो भूली स्मृति थी, वो फिर आई और उन्होंने 'लालित्य योजना' नाम की एक पुस्तक लिखी। वे 'ऐस्थेटिक्स' को 'सौन्दर्यशास्त्र' नहीं कहते थे। उन्होंने 'ऐस्थेटिक्स' के लिए कहा कि 'सौन्दर्यशास्त्र' शब्द अपर्याप्त है। हमारी परम्परा में उसको 'लालित्य' कहते हैं। 'लालित्य क्यों कहते हैं' और लालित्य की कुछ अवधारणाएँ ठेठ कालिदास से लीं उन्होंने। 'कालिदास की लालित्य योजना' नाम की उनकी जो पुस्तक है, उसमें कालिदास के शब्दों को लेकर ललित कला के बारे में उन्होंने बतलाया है। कालिदास के काव्य को पढ़कर अनेक लोगों ने चित्र और मूर्तियाँ बनाई हैं। इसलिए गुप्तकाल की कला—चाहे वह पेंटिंग हो, चाहे गुप्तकाल की मूर्तिकला हो, चित्रकला हो—कैसे कालिदास के काव्य में बाकायदा दिखाई गई है, उन चीजों को लेकर कालिदास पर विचार किया है। मैंने

'इंडियन पेंटिंग्स' पर लिखनेवाले लोगों को बहुत पढ़ा है, किसी ने भी उस तरह से विचार नहीं किया है।

वैसे, आदरणीय कपिलाजी अभी यहाँ नहीं हैं; उन्हें मालूम है। जब ये शुरू हुआ था तो, आपमें से कुछ लोगों को मालूम होगा कि उन्होंने अपनी पूरी 'लाइब्रेरी' दे दी थी। उसी 'लाइब्रेरी' की ओर से यह आयोजन होता है। कपिलाजी शिष्या के रूप में उनके यहाँ गई थीं 1951 में, जब मैं वहाँ पढ़ रहा था और वासुदेवशरण अग्रवाल के निर्देशन में उन्होंने शोध-कार्य किया था। वासुदेवशरण अग्रवाल द्विवेदीजी के पास में ही रहते थे। इसलिए कला केन्द्र अगर हिन्दी में लिखी हुई कृतियों के बारे में जिज्ञासा करती हो तो उसे द्विवेदीजी के योगदान से अवगत होना चाहिए। भारतीय कला पर अंग्रेजी में लिखनेवाले तो बहुत से लोग हैं। लेकिन आचार्य हजारीप्रसाद द्विवेदी की भारतीय कला के बारे में, ललित कला के बारे में कुछ नई अवधारणाएँ थीं। 'कॉन्सेप्ट' उनके थे, जो हमारी भारतीय परम्परा से लिये गए हैं। अंग्रेजी के अनुवाद नहीं हैं। आमतौर से भारतीय कला के बारे में बात करते हुए लोग वेस्टर्न पेंटिंग की 'टर्मिनोलॉजी' लेते हैं और लिखते हैं। उनको पता नहीं है कि हमारे यहाँ स्वयं ललित कला और चित्रकला की एक बड़ी लम्बी परम्परा है और उस पर डिक्शनरी भी हैं, तो उनको देखकर करें। इसलिए द्विवेदीजी पर उचित यह था कि; और कभी भविष्य में अगर ऐसी परिकल्पना आपके मन में हो तो कायदे से 'कलानिधि व्याख्यान' के अन्तर्गत हजारीप्रसाद द्विवेदी के कला सम्बन्धी विचारों पर बात होनी चाहिए। साहित्य पर विचार करने के लिए विश्वविद्यालयों के हिन्दी विभाग पड़े हुए हैं, साहित्य अकादेमी नाम की संस्था है। ललित कला अकादेमी तो जिस मद में चूर है, वो तो उन्हीं कलाओं के चक्कर में है, उनको प्राचीन भारतीय कला से तो कोई मतलब ही नहीं। उनको 'मॉडर्न' से मतलब है। इसलिए कम-से-कम इन्दिरा गांधी राष्ट्रीय कला केन्द्र जो जुड़ा हुआ है हमारी परम्पराओं से, उनसे जुड़कर रहे। यह एक बात है जिसे निवेदन के रूप में और चाहें तो एक अनौपचारिक प्रस्ताव के रूप में ले सकते हैं और इस पर आप विचार कर सकते हैं।

जहाँ तक पंडितजी की 'जय-यात्रा' की बात है और 'जय-यात्रा का पथ' जो विषय चुना गया है, बड़ी गम्भीरता से विश्वनाथजी ने उस पर प्रकाश डाला है। स्वयं द्विवेदीजी की जय-यात्रा के बारे में मैं एक इशारा केवल करना चाहता हूँ। प्रायः उन्होंने ऐतिहासिक उपन्यास लिखे हैं। पहला उपन्यास सातवीं शताब्दी के बाणभट्ट पर लिखा गया उपन्यास है। दूसरा उपन्यास तेरहवीं शताब्दी के बारे में लिखा है—'चारुचन्द्रलेख', फिर उसके बाद उन्होंने 'पुनर्नवा' लिखा है : 'क्लेशः फलेन हि पुनर्नवतां विधत्ते।' पीछे लौटें, कालिदास की ओर और अन्तिम उपन्यास जो उन्होंने लिखा वह 'अनामदास का पोथा' लिखा जो उपनिषदों की कथा है। स्वयं द्विवेदीजी की यात्रा निरन्तर अतीत की ओर, पीछे की ओर यात्रा है। कैसी जय-यात्रा है! यह

जय-यात्रा आगे चलती जाती है, सातवीं शताब्दी, तेरहवीं शताब्दी, फिर लौटती है पीछे और पीछे लौटकर अन्त में 'अनामदास का पोथा।' क्या अद्‌भुत हैं 'अनामदास का पोथा' में उनके विचार! जिन्होंने पढ़ा है, उन्हें मालूम होगा कि समाज की रूढ़ियों के बारे में कितनी क्रान्तिकारी विचारधारा उपनिषदों में है! आप देखेंगे कि ज्ञान की और साहित्य की विचारधारा जरूरी नहीं कि वो हमेशा आगे की, भविष्योन्मुखी ही हो। जो आइडिया 'प्रोग्रेस' के, जो आजकल इतिहास-दृष्टि के हम लोग मारे हुए हैं, समझते हैं कि इक्कीसवीं शताब्दी में हैं...तो इक्कीसवीं शताब्दी में रहनेवाला अपने को बीसवीं शताब्दी से अच्छा समझेगा। यानी मनमोहन सिंह अपने को जवाहरलाल नेहरू से बेहतर समझेंगे क्योंकि ये बाद में आए हैं। इतिहास की एक दृष्टि है कि बाद में आनेवाले लोग आगे बढ़ते हैं। तो आइडिया 'प्रोग्रेस' का यही है कि हमारे अतीत में जो कुछ था, उससे हम लोग आगे बढ़ गए हैं। इस हिसाब से तो यही मानेंगे कि गांधीजी से आगे जवाहरलाल गए हैं, जवाहरलाल से कहेंगे कि, इन्दिरा आगे गई हैं; इन्दिरा गांधी से मनमोहन सिंह कहेंगे, हम आगे गए हैं। इतिहास की एक दृष्टि तो है कि जो बाद में आएगा वो बेहतर होगा ही। लेकिन जरूरी नहीं है कि इतिहास की यह दृष्टि सही ही हो।

मुझे वॉल्टर बेंजामिन का एक लेख याद आता है। नाम सुना होगा। एक जर्मन जो फासिस्टों के द्वारा मारा गया था हिटलर के जमाने में, सीमा पार करते हुए स्पेन में। उसने 'अगेंस्ट प्रोग्रेस' लिखा है, जिसमें एक एंजिल (देवदूत) के बारे में लिखा है। भविष्य से एक आँधी आ रही है और वह देवदूत जिसके पंख हैं, वह आगे जाना चाहता है। वह आँधी जो आ रही है, वह धकेल रही है उसको पीछे की ओर और उसके पंख पीछे की ओर मुड़े हुए हैं। उसका मुँह जो है, भविष्य की ओर, आगे की ओर है। अद्‌भुत पेंटिंग है! उस पर लिखा हुआ जो दर्शन है उसमें इस तथाकथित आइडिया 'प्रोग्रेस' के विरुद्ध उसने अपने विचार प्रकट किए हैं। इतिहास की गति वैसी सीधी रेखा के समान नहीं होती कि हर आनेवाली शताब्दी प्रगति की शताब्दी होती है। इतिहास की दृष्टि जो है वह वक्र भी होती है। दो बिन्दुओं के बीच की सबसे छोटी दूरी भले ही सीधी रेखा हो लेकिन दोनों बिन्दुओं के बीच की दूरी हमेशा सीधी रेखा नहीं हुआ करती। वह रेखा टेढ़ी भी होती है क्योंकि वह पेंसिल लगाकर उसके साथ खींची हुई नहीं है। इसलिए इस चीज को, इस मर्म को इतिहास-दर्शन नहीं समझेगा, 'इकोनॉमिक्स' के लोग नहीं समझेंगे जो रोज विकास-विकास का नाम लेते हैं कि हम विकास कर रहे हैं। विकास की ही तो लड़ाई हो रही है। प्रधानमंत्री रोज यही कह रहे हैं कि अन्ना हजारे विकास में बाधा डाल रहे हैं। यह विकास का जो आइडिया हम लोगों ने लिया है 'इवोल्यूशन,' एक 'रिवोल्यूशन' नाम की भी चीज होती है जो बीच में कहीं अटकती है। इसलिए द्विवेदीजी की इतिहास-दृष्टि के बारे में स्वयं उनका रचनात्मक कार्य देखें तो वह आगे से मुड़कर

उपनिषद की ओर जाता है, 'अनामदास का पोथा' की ओर जाता है। गति है, लेकिन उस गति से वे ठहरनेवाले नहीं हैं।

विश्वनाथजी ने एक पुस्तक की भूमिका लिखी है; उसका जिक्र, मैं सोचता था कि करेंगे। वे कवि भी थे और 'रजनी दिन नित्य चला ही किया' जैसी कविता भी लिखते थे। उनकी चार पंक्तियाँ सुना करके मैं अपना वक्तव्य समाप्त करूँगा। उन्होंने कुछ इशारे किए हैं, जिन पर सोचने की जरूरत है। यह उनका स्वभाव था, उनकी प्रकृति थी। वह कविता है :

रजनी दिन नित्य चला ही किया मैं अनन्त की गोद में खेला हुआ;
चिरकाल न वास कहीं भी किया किसी आँधी से नित्य धकेला हुआ;
न थका न रुका न हटा न झुका किसी फक्कड़ बाबा का चेला हुआ;
मद चूता रहा तन मस्त बना अलबेला मैं ऐसा अकेला हुआ।

ऐसी कविता लिखनेवाला आदमी! इसकी जय-यात्रा पर जब आप विचार करें तो देखें कि कैसा जीवन रहा है और 'चिरकाल न वास कहीं भी किया'—टिके नहीं पाँव। बलिया से निकल के कथा बाँचते रहे। 'विश्वभारती में रहे। बनारस हिन्दू यूनिवर्सिटी से निकाले गए। चंडीगढ़ में गए। फिर लौटे। लखनऊ गए। दिल्ली आए। भागते ही तो रहे जिन्दगी भर वे। एक मिनट कहीं भी ठहरने का और ठहर के रुककर देखने का अवकाश नहीं रहा। इस तरह 'चिरकाल' का वह यात्री जो यहाँ से वहाँ, कुछ लोग कहेंगे, भटकता रहा है। इसलिए उन्होंने इसी दृष्टि से 'बाणभट्ट की आत्मकथा' लिखी थी। बाणभट्ट भी यायावर था न—'इत्वरोबभूव।' तो आवारा हो गया था वह। इसलिए 'इत्वरोबभूव' की तरह से, एक आवारा की तरह से यहाँ से वहाँ, वहाँ से वहाँ भटकता हुआ घूमता रहा।

आज भले ही उनके न रहने पर उनके कृतित्व को समझकर, उनके व्यक्तित्व को देखकर यह कला केन्द्र अगर कुछ कर रहा है तो और इसी बहाने चूँकि हम लोग भी उन्हीं के पाँव की धूल हैं और उस धूल को भी आपने यहाँ कुर्सी पर बैठाने का मौका दिया। धन्यवाद!

[इन्दिरा गांधी राष्ट्रीय कला केन्द्र, नई दिल्ली द्वारा दिनांक 19.8.2011 को सम्पन्न आचार्य हजारीप्रसाद द्विवेदी स्मृति समारोह में दिया गया अध्यक्षीय वक्तव्य। लिप्यंतरण : पंकज बोस।]

टिप्पणियाँ

जब हजारीप्रसाद द्विवेदी साठ साल के हुए थे तो मैंने जवाहरलाल नेहरू विश्वविद्यालय में उनका व्याख्यान कराया था। मैंने सोचा था कि जब वे 75 वर्ष के होंगे तो ऐसा भव्य कार्यक्रम करूँगा कि दुनिया देखेगी। पर मुझे इसका अवसर नहीं मिला। वे 75 साल पूरा होने से पहले ही चले गए।

('आज की चुनौतियाँ और साहित्य' व्याख्यान से, 2001)

"आचार्य हजारीप्रसाद द्विवेदी ने 'कंजरवेटिव' शब्द का हिन्दी अनुवाद 'रक्षणशील' किया था। वे कहते थे—यह मध्यदेश विचार के मामले में तो पूरी छूट देता है पर आचरण के मामले में रक्षणशील है। इसलिए नवजागरण के दौरान महाराष्ट्र, बंगाल और दक्षिण भारत में बड़े सामाजिक बदलाव और सुधार हुए, पर हिन्दी क्षेत्र में आज भी जात-पाँत कायम है। इसलिए यह आत्मालोचन का क्षण है—अपने अन्दर झाँककर तो देखें! क्या वजह है कि आज ज्ञान का साहित्य हिन्दी में नहीं आ रहा है जबकि 1947 से पहले यह बात नहीं थी।"

('आज की चुनौतियाँ और साहित्य' व्याख्यान से, 2001)

"शास्त्र में प्रसंगवश आलोचना होती है, जबकि आलोचना में सिद्धान्त चर्चा प्रसंगवश की जाती है। इस अन्तर को समझ लेना चाहिए। जब मैंने कहा कि समालोचना शास्त्र या सिद्धान्त नहीं है तो इससे दूसरी चीज निकलती है कि संस्थान समालोचना नहीं कर सकता है। समालोचना तो व्यक्ति करता है और व्यक्तियों के द्वारा की हुई आलोचना के क्रम में किसी कृति के अलग-अलग पहलू उजागर होते हैं और तब परम्परा के अन्तर्गत आलोचना का स्वरूप सामने आता है। यह भी हिन्दी आलोचना के कैम्ब्रिज यानी काशी हिन्दू विश्वविद्यालय में सम्भव हुआ। आचार्य द्विवेदी, जो यहाँ की आलोचना परम्परा में तीसरे बड़े आलोचक हुए, अपने आलोचना कर्म द्वारा वैयक्तिक प्रतिभा का महत्त्व उजागर करते हैं। इसीलिए बहुत से लोग द्विवेदी जी को आलोचक मानते ही नहीं। बच्चन सिंह ने अपने एक लेख में कहा कि द्विवेदी जी विद्वान थे, शोधकर्ता थे, आलोचक नहीं थे। हजारीप्रसाद द्विवेदी ने अपनी पुस्तक 'कबीर' में, कबीर के व्यक्तित्व का जो विश्लेषण किया है, जिसमें कबीर की काव्य-प्रतिभा खुलकर सामने आई है और जो इस पुस्तक का सर्वोत्तम

अध्याय है, वह मानो द्विवेदी जी के सम्पूर्ण आलोचना कर्म पर एक छाप के रूप में अंकित हो गया। टी.एस. इलियट का एक मशहूर निबन्ध है—'ट्रेडिशन एंड इंडिविजुअल टैलेंट'। अज्ञेय ने इसका अनुवाद किया—'परम्परा एवं वैयक्तिक प्रतिभा'। संस्थान के भीतर जो वैयक्तिक प्रज्ञा या प्रतिभा है, उसका क्या स्थान है, यह विचारणीय है। अपने आलोचना कर्म में जब आलोचक किसी कृति के सामने होता है, पाठक के रूप में या आलोचक के रूप में, तो वह एकदम अकेला होता है। ऐसे समय में वह शास्त्र की सहायता ले सकता है, लेता भी है, अपनी परम्परा की सहायता ले सकता है। आचार्य द्विवेदी की आलोचना-प्रतिभा को हम 'परम्परा एवं वैयक्तिक प्रतिभा' निबन्ध से समझ सकते हैं।''

('हिन्दी आलोचना की परम्परा' व्याख्यान से, 2002)

''मुक्तिबोध की आलोचना करते हुए रामविलास जी ने जो अस्तित्ववाद ढूँढ़ा है, वह दूसरी दुनिया की चीज है। 'अँधेरे में' कविता का अस्तित्ववाद से दूर-दूर तक नाता नहीं है, किन्तु रामविलास जी शास्त्री होने के कारण वहाँ अस्तित्ववाद पैदा कर देते हैं। इसलिए आलोचना साहित्य शास्त्र नहीं है। काशी हिन्दू विश्वविद्यालय की परम्परा में हजारीप्रसाद द्विवेदी ने 'साहित्य-सहचर' लिखकर यह साबित कर दिया कि वह संस्कृत काव्यशास्त्र जानते थे, पंडित तो थे ही। बावजूद इसके कबीर की आलोचना करते समय वह अपने शास्त्र ज्ञान के बोझ से दबे नहीं हैं। कबीर के व्यक्तित्व के लिए उन्होंने अक्खड़ और फक्कड़ शब्दों का इस्तेमाल किया है। अक्खड़ तो योगी हुआ करते थे, कबीर ऐसे ही थे। उन्होंने जिस पर व्यंग्य किया तो लापरवाही के साथ। कबीर ऐसे अक्खड़ हैं कि बड़े सहज भाव से कहते चले गए—'दुइ जगदीश कहाँ से आया'। जैसे कुछ साधु लोग गाते हैं—'मन लागा मेरो याद फकीरी में' या 'कुछ लेना न देना, मगन रहना'। यह कबीर के अनहद की ऊँचाई है, जिसे आचार्य शुक्ल नहीं पहचानते हैं, आचार्य द्विवेदी पहचानते हैं। जब द्विवेदी जी इस बात को समझा रहे होते हैं, तब न कोई शास्त्र, न लक्षणा, न व्यंजना, न कोई सिद्धान्त, न ध्वनि, न औचित्य, वहाँ कृति में डूबना होता है। कृति का साक्षात्कार करना होता है। इसीलिए आलोचना एक रचनात्मक कर्म है, यह दोयम दर्जे का काम नहीं है। यदि आपमें सर्जनात्मकता नहीं है तो आप आलोचना नहीं कर सकते।''

('हिन्दी आलोचना की परम्परा' व्याख्यान से, 2002)

''प्रेमचन्द के विषय में आचार्य शुक्ल की टिप्पणी देखिए और हजारीप्रसाद द्विवेदी की टिप्पणी देखिए, तब आपको मालूम होगा कि प्रेमचन्द की व्यापक समझ द्विवेदी जी के पास थी। लेकिन वही द्विवेदी जी कुछ अन्य कवियों और लेखकों का महत्त्व नहीं समझ पाए। इसलिए आलोचना कर्म संस्थागत होते हुए भी कहीं न कहीं वैयक्तिक होता है। दूसरे शब्दों में कहें तो किसी कृति में हमें इस प्रकार दिखाई पड़ता है या मुझे ऐसा लगता है, आपको कैसा लगता है? आलोचना ऐसा संवाद है

कि पहल आपको करनी होगी। अपना चयन, अपना विवेक, अपनी संवेदना, अपना वैदग्ध्य दिखाकर कहें कि हमें ऐसा लगता हैं, लेकिन दूसरों को कैसा लगता है, यह भी महत्त्वपूर्ण बात है। दूसरे कहें कि हम इतनी दूर तक सहमत हैं और आगे हमें यह नया अर्थ, नया विमर्श सूझता है। आलोचना एक सहयोगी प्रयास है। वह पंचायत नहीं है और आप सरपंच नहीं हैं। आप ऐसे वकील हैं, जो बहस के लिए पहल कर सकते हैं। यह वैयक्तिकता भी है और सामाजिकता भी।''

('हिन्दी आलोचना की परम्परा' व्याख्यान से, 2002)

''आचार्य हजारीप्रसाद द्विवेदी की 'हिन्दी साहित्य की भूमिका' (1940) ऐसे ही समय नवीन युग की भूमिका बनकर प्रकाश में आई। पूर्ववर्ती व्यक्तिवादी इतिहास-प्रणाली के स्थान पर सामाजिक अथवा जातीय ऐतिहासिक प्रणाली का आरम्भ करनेवाली यह पहली हिन्दी पुस्तक है। अनेक साहित्यकारों का वैयक्तिक परिचय देने का मोह छोड़कर इस पुस्तक ने हिन्दी साहित्य के विराट पुरुष और उसके सामूहिक प्रभाव तथा साहित्यिक इतिहास के माध्यम से युग-युगान्तर से आती हुई अबाध हिन्दी जाति की विचार-सरणी और भाव-परम्परा का दर्शन कराया। हिन्दी जाति तथा हिन्दी साहित्य के सम्यक् स्वरूप का परिचय देने के लिए आचार्य द्विवेदी ने हिन्दी-पूर्व सम्पूर्ण भारतीय साहित्य के सहज विकास के रूप में हिन्दी साहित्य का निरूपण किया। परम्परा के इतने विराट परिदृश्य में हिन्दी साहित्य को रखकर देखने का यह पहला प्रयत्न था। इस नैरन्तर्य-निरूपण में समाज-साहित्यकार तथा साहित्य की परस्पर सम्बद्धता, क्रमबद्धता तथा गतिशीलता ऐसे सजीव और अंगांगिभाव से निभाई गई कि अतीत वर्तमान की चेतना बन गया। यहाँ सामाजिक परिस्थितियाँ घटनाओं के द्वारा सतही ढंग से वर्णित न थीं, बल्कि सजीव सामाजिक शक्तियों के क्रियाकलापों के माध्यम से अभिव्यक्त की गईं। इसीलिए समाज और साहित्यकार में कारण-कार्य सम्बन्ध स्थापित करने में चूक नहीं हुई। हिन्दी साहित्य को संस्कृत और अपभ्रंश के ह्रासशील रूढ़ साहित्य के गर्भ से उत्पन्न लोकशक्ति की नवीन आकांक्षा कहना इसी सामाजिक दृष्टिकोण का परिणाम था। जो लोग केवल ऊपरी राजनीतिक परिवर्तनों के प्रभाव के अनुसार हिन्दी के भक्ति काव्य को निराशा से उत्पन्न कहते थे, उनके लिए यह बहुत बड़ी चुनौती थी। इतना ही नहीं, सन्त और भक्ति काव्य को जाति विरोधी तथा वर्ण विरोधी दिखलाकर आचार्य द्विवेदी ने वस्तुत: अपने युग में प्रचलित प्राचीन सामन्ती जीवन-मूल्यों पर प्रहार किया। कुल मिलाकर यह ग्रन्थ हिन्दी साहित्य की प्रमुख प्रवृत्तियों के उद्गम-स्थलों का पता देते हुए रूढ़ि और नवीनता के ह्रास-विकास का संक्षिप्त रचनात्मक कोश है। आधुनिक युग के साहित्य की विधायक शक्तियों को पहचानते हुए भी 'भूमिका' लेखक ने केवल गतिविधि का संकेत करके सन्तोष किया है। निस्सन्देह, 'हिन्दी साहित्य की भूमिका' नवीन युग और साहित्य के नवीन इतिहास की भूमिका है।

असंगतियाँ तो यहाँ भी हैं; जैसे सामाजिक ढाँचे के विवेचन में आर्य-अनार्य मूलक जातिगत (रेशल) सिद्धान्तों का सहारा, जो 19वीं सदी के यूरोप का पूर्वग्रह था और जिसके कारण आगे चलकर 'फासिज्म' का उदय हुआ। किन्तु उक्त ग्रन्थ से यह युक्ति हटा देने पर भी मूल स्थापना में विशेष अन्तर नहीं पड़ता। इसी तरह, परम्परा निर्वाह पर सम्भवत: अधिक बल प्रतीत होता है। इन कारणों से नवीन इतिहास की पृष्ठभूमि के रूप में इसे स्वीकार करते हुए भी हम इसके भाववादी दृष्टिकोण तथा प्रणाली को स्वीकार करने में असमर्थ हैं।''

('इतिहास और आलोचना' पुस्तक के 'इतिहास का नया दृष्टिकोण' निबन्ध से, 1952)

''इसी प्रकार पं. हजारीप्रसाद द्विवेदी का 'हिन्दी साहित्य : उद्‌भव और विकास' प्रकाशित हुआ तो अनेक लोगों का धीरज छूट गया और बहुतों की ओर से शिकायत आई कि यह इतिहास द्विवेदी जी के गौरव के अनुकूल नहीं है, वैसे ज्यादातर लोगों को उसके सम्यक् अद्यतन न हो पाने का कष्ट था। यह जानते हुए भी कि इतिहास घोषित रूप से छात्रों के उपयोगार्थ लिखा गया है, किसी का ध्यान उसके युग-सापेक्ष साहित्यिक बोध की नवीनता एवं सीमा की ओर नहीं गया। शुक्ल जी के इतिहास के साथ उसे मिलाकर किसी ने यह देखने की कोशिश नहीं की कि दोनों इतिहासों में जो एक पीढ़ी का अन्तर है, उसके कारण परम्परा के निरूपण एवं मूल्यांकन में कहाँ-कहाँ अन्तर आ गया है! क्या यह आकस्मिक है कि शुक्ल जी ने जहाँ तुलसीदास को अपना मानदंड बनाया, द्विवेदी जी ने कबीरदास को? यही नहीं, बल्कि उन्होंने तुलसीदास को भी कबीर के रंग से रँग दिया? और नहीं तो शुक्ल जी और द्विवेदी जी के तुलसीदास सम्बन्धी विचारों की तुलना से ही स्पष्ट हो जाएगा कि दोनों इतिहासकारों के ऐतिहासिक बोध में कितना और क्या अन्तर है। यह अन्तर सूरदास की समीक्षा में भी देखा जा सकता है या फिर मतिराम, बिहारी, देव, पद्‌माकर, घनानन्द आदि तथाकथित रीतिकालीन कवियों की तुलनात्मक समीक्षा में। क्या अक्खड़ता, फक्कड़ता, सहजता, मस्ती आदि के आधार पर साहित्यिक परम्परा बाँधनेवाले द्विवेदी जी के इतिहास तथा उनकी पीढ़ी के दिनकर, नवीन, भगवतीचरण वर्मा आदि 'जवानी' के कवियों में कोई बिम्ब-प्रतिबिम्ब सम्बन्ध नहीं है? और यहाँ भी उस बात को एक बार फिर दुहराना आवश्यक है कि इतिहास की यह व्याख्या भी इतिहास का एक अमिट तथ्य है। यह किसी आचार्य की सम्मति नहीं है कि प्रमाण-पत्र के रूप में चुपचाप नत्थी कर दी जाए और न किसी की व्यक्तिगत चुनौती ही है कि अपनी मौलिकता प्रमाणित करने के लिए खामखा गलत काटी जाए।''

('इतिहास और आलोचना' पुस्तक के 'हिन्दी साहित्य के इतिहास पर पुनर्विचार' निबन्ध से, 1961)

"यदि किसी युग के बहुसंख्यक समाज में परम्परा का जीवित बोध हो तो सम्भवत: साहित्य के इतिहास की कोई आवश्यकता ही न रहे। जिस जाति के लिए सम्पूर्ण परम्परा एक जीता-जागता वर्तमान सत्य हो, उसे अलग से इतिहास पढ़ने की आवश्यकता क्यों पड़े? ऐसा प्रतीत होता है कि संस्कृत काव्यशास्त्र में जो अलग से इतिहास लिखने की प्रणाली नहीं थी, उसका एक कारण सम्भवत: यह भी था। उस युग के अधिकांश लोगों के लिए सारा अतीत साहित्य बहुत-कुछ समसामयिक-जैसा रहा होगा और बहुत सम्भव है कि वे सम्पूर्ण साहित्यिक परम्परा को समसामयिक-सा ग्रहण करके रसास्वादन करने में समर्थ रहे होंगे।

कालक्रम से यह परम्परा टूट गई, इसीलिए अतीत को वर्तमान से जोड़ने के लिए इतिहास-ग्रन्थों की आवश्यकता पड़ी। पंडित हजारीप्रसाद द्विवेदी ने 'साहित्य का मर्म' में इस कष्टदायक अवस्था के परिणामों की ओर काफी पहले संकेत किया था। "जब नए विज्ञान-युग का आविर्भाव इस देश में हुआ तो दुर्भाग्यवश हमारी शिक्षा पद्धति एकदम अभारतीय हो गई और नवीन शिक्षितों को हमारे देश की एक सुचिन्तित विचारधारा का उत्तराधिकार नहीं मिला...देश के विचारशील लोगों को यह अवस्था कष्टदायक लगी। नाना भाव से अपने देश को समझने-समझाने की आवश्यकता पर जोर दिया गया। विशेषज्ञों का एक दल—जिसमें विदेशी पंडितों का महत्त्वपूर्ण स्थान था—अपने देश की विद्या का अध्ययन करके लुप्त होती हुई सामग्री का उद्धार करने में लग गया। बहुत-कुछ बचाया जा सका, बहुत-कुछ उबारा जा सका, परन्तु इन विषयों का उस प्रकार उपयोग नहीं किया जा सका जिस प्रकार जीवन-रस देनेवाले साहित्य का होना चाहिए। प्रधान प्रेरणास्रोत विदेशी विचारक बने रहे और इस देश के शिक्षितों ने अपने पुराने साहित्य के प्रति एक ऐसा मनोभाव पैदा कर लिया, जिसे अंग्रेजी में 'म्यूजियम इंटरेस्ट' कहते हैं। यह एक दृष्टि से बहुत बुरा हुआ। इनको यदि सम्पूर्ण समाज की बृहत्तर पटभूमिका में रखकर और प्रधान प्रेरणास्रोत मानकर अपना आलोचना-मान निर्धारित किया गया होता तो फल कुछ और ही होता। सामाजिक पटभूमि से विच्छिन्न होकर हमारे प्राचीन ग्रन्थ केवल प्रदर्शनी की वस्तु रह गए। उनका अधिक-से-अधिक उपयोग केवल इतना समझा गया कि उनसे प्राचीन भारतीय साहित्य के अध्ययन में सहायता मिलती है।"

('इतिहास और आलोचना' पुस्तक के 'हिन्दी साहित्य के इतिहास पर पुनर्विचार' निबन्ध से, 1961)

किरन : 'दूसरी परम्परा की खोज' पुस्तक विवाद के घेरे में रही। क्या दूसरी परम्परा का नाम लिये बिना ही यानी शुक्ल जी के विचारों की आलोचना से बचकर आप अपनी स्थापनाएँ नहीं रख सकते थे?

नामवर सिंह : दूसरी परम्परा का नाम लिये बिना वे बातें नहीं कही जा सकती थीं। बात यह है कि एक लम्बे अरसे से चाहे वे प्रगतिशील लोग हों, चाहे वे गैर-

प्रगतिशील लोग हों, भारतीय परम्परा, हमारी परम्परा, परम्परा और आधुनिकता की माला जपते थे और वह भी इस तरह मानो समूची परम्परा में हम लोग मानकर चलते थे कि परम्परा इकहरी चीज है। यहाँ यह जोर देना बहुत जरूरी था कि परम्परा एक नहीं होती, परम्पराएँ होती हैं। परम्परा का बहुवचन में प्रयोग किया जाना चाहिए। इतने बड़े देश में यह नहीं हो सकता कि जिसको आजकल मेन स्ट्रीम कहते हैं, लोग 'मुख्य धारा' की बात करते हैं जिसका मतलब होता है कि इस देश में जैसे कि आजकल देखते हैं कि भारतीय जनता पार्टी के लोग मुख्य धारा-मुख्य धारा कहते हैं, जिसका मतलब हिन्दुत्व से है। यानी इस देश में केवल हिन्दू रहते हैं। हिन्दुओं में केवल सवर्ण जातियाँ हैं। अकेले भक्ति में हम देखते हैं कि निर्गुणपन्थी कबीर की अलग धारा है और सूफी पन्थ वाले जायसी की अलग धारा है। कृष्ण भक्तों के कई सम्प्रदाय अलग हैं। मीरा की कृष्ण भक्ति में माधुर्य भाव वाली बात नहीं जितनी कि सूर में है। इतनी जहाँ भक्ति की धाराएँ हैं तो मुख्य धारा किसको कहें और किसको गौण कहें? इसलिए मुख्य उद्देश्य दूसरी परम्परा के द्वारा अन्य परम्पराओं को देखना है। यहाँ महत्त्वपूर्ण शब्द दूसरी है, दूसरी का अर्थ—सेकंड नहीं है, दूसरी का अर्थ है 'और', 'अन्य' यानी एक के अलावा अन्य भी है और अन्य कई धाराएँ हैं। इसलिए दूसरी परम्परा के द्वारा कई लोग चौंके और सही जगह पर मैंने चोट की। वह यह कि परम्परा की जो इकहरी कल्पना थी, इस भ्रम को मैं तोड़ना चाहता था। हिन्दी साहित्य में कोई एक परम्परा नहीं है। भारतीय धर्म में, दर्शन में, चिन्तन में और आलोचना में एक परम्परा नहीं है। खासतौर से जो उच्च वर्ग के, उच्च वर्ण के, सत्ता के, व्यवस्था के लोग चाहते हैं कि वे अपने आपको धारा के दावेदार, उत्तराधिकारी मानें और कहें कि एक ही होती है परम्परा। बहुत दिनों तक आजादी की लड़ाई को कांग्रेस यह बताती रही कि कांग्रेस ने ये आजादी दिलाई है और एकमात्र मुख्य धारा कांग्रेस की रही है जबकि हम और आप यह अच्छी तरह जानते रहे कि भगतसिंह की एक दूसरी धारा थी जो गांधीजी और कांग्रेस के साथ रहते हुए भी उस तरह की नहीं थी। उसमें समाजवादी भी थे, उसमें कम्युनिस्ट भी थे, उसमें बम के दर्शनवाले भी थे, आदिवासियों का आन्दोलन था, किसानों का आन्दोलन था, तरह-तरह के विचारों वाले लोग थे जिसकी तस्वीर अपनी आजादी की अलग-अलग थी। तो इस देश में जिस तरह से स्वाधीनता संग्राम के इतिहास को इकहरा बनाने की कोशिश की गई, उसी तरह साहित्य में कई लोग समझते थे कि रामचन्द्र शुक्ल जो इतिहास बना गए, वह एकमात्र सच है। जबकि रामचन्द्र शुक्ल के विरोधी उनके जीवनकाल में थे। अगर रामचन्द्र शुक्ल ही मुख्य धारा थे तो निराला, जयशंकर प्रसाद, प्रेमचन्द का गहरा मतभेद शुक्ल जी के साथ उनके जीवन काल में क्यों था। वे किस परम्परा के थे, मैं जानना चाहता हूँ। स्वाधीनता के बाद अनेक लोगों ने बताने की कोशिश की कि हिन्दी कविता की मुख्य धारा

प्रयोगवाद और नई कविता से होते हुए जाती है। प्रगतिशील धारा है, हाशिए पर है। उस प्रगतिशील धारा में, जो बहुत ज्यादा क्रान्तिकारी हैं, हाशिए पर हैं। बहुत दिनों तक नई कविता वाले समझते रहे कि नई कहानी नाम की कोई चीज ही नहीं है। कहानी लोकप्रिय विधा है और रामस्वरूप चतुर्वेदी को पढ़ें तो लगेगा कि कहानी कोई महत्त्वपूर्ण विधा नहीं है? सर्जनात्मक है ही नहीं। यह तो लोकप्रिय चीज है। इसलिए मैंने 'दूसरी परम्परा की खोज' में शुक्ल जी के बरक्स जैसा मैंने भूमिका में लिखा, न तो मुझे कोई सम्प्रदाय बनाना था, न कोई नया हीरो खड़ा करना था। मैं सिर्फ यह बताना चाह रहा था, यह आभास होता है कि साहित्य की और भी परम्पराएँ हैं। मेरा खयाल है कि हमारी इस धारणा को, हमारे समाजशास्त्र को हमारे मानव-विज्ञान के विद्वानों को उनको समझने में कोई कठिनाई नहीं हुई है क्योंकि समाजशास्त्र में और मानव-विज्ञान में भारतीय परम्परा के ग्रेट ट्रेडिशन और लिटल ट्रेडिशन की बात बराबर होती रही है क्योंकि एन्थ्रोपोलॉजी के लोग आदिवासियों के बारे में काम करते हैं। तो वे कहते हैं कि भारत केवल नगरों और गाँवों में रहनेवालों हिन्दू-मुसलमानों का ही नहीं है बल्कि झारखंड और जंगलों में आदिवासी, भील आदि रहते हैं, वे भी तो इसी देश के वासी है, । बल्कि, वे आदिवासी हैं। हम आर्यों के बसने से पहले वे यहीं थे और जिनको असभ्य, बर्बर और जंगली समझते हैं, तो वह लिटल ट्रेडिशन है पर कम महत्त्वपूर्ण नहीं है और अगर हम यह मानें तो मानना पड़ेगा कि यदि कोई मुख्य धारा है, तो वह यूरोप की है जो प्राचीन यूनान रोम से होती हुई यूरोप और अमेरिका जाती है। मुख्य धारा तो यही है और एशिया, पूर्वी देशों वाले तो बर्बर हैं, वह गौण धारा है। हम यह भूल जाते हैं कि उस दृष्टि से देखने पर सारा भारतवर्ष दूसरी परम्परा है। इसलिए मैंने सिर्फ यही कहना चाहा है कि इसी धारा में अनेक धाराएँ होती हैं। हिन्दुस्तान में गंगा नाम की नदी ही नहीं बहती, हम लोग जो संकल्प करते हैं तो उसमें गंगा, गोदावरी, कावेरी आदि सबके नाम से संकल्प मंत्र पढ़ते हैं। गंगा को मुख्य नदी कहते। तो हमें खुश होना चाहिए कि इस देश में अनेक परम्पराएँ हैं। समृद्ध है यह देश, इकहरा नहीं है, हाँ में हाँ मिलानेवाला नहीं है, यह मैंने कहना चाहा था, उसमें मुख्य उद्देश्य यह था और मैं समझता हूँ कि साहित्य में संस्कृति के इतिहास की एक महत्त्वपूर्ण चिन्ता है। एक विकासपूर्ण चरण है यह। 1981-82 के आसपास इस दूसरी परम्परा की अवधारणा का मुझे स्पष्ट बोध हुआ और मैंने इसे रेखांकित करने की कोशिश की। यह हमारे इतिहास, चिन्तन का एक अंग है, पहला चरण।

किरन : भक्ति के उद्भव में आपने लोक और शास्त्र दोनों को महत्त्व प्रदान किया और माना है कि भक्ति मूलतः लोक-चेतना का सर्जनात्मक स्वरूप है। हमारे मन में इस लोक की इस प्रकार की अहम भूमिका का कोई स्वरूप स्पष्ट नहीं होता क्योंकि यदि आधुनिक साहित्य भी अन्ध लोकवाद हो सकता है तो क्या मध्यकाल

में इसके खतरे नहीं थे। यदि खतरे थे तो आपने उनकी ओर निर्देश क्यों नहीं किया?

नामवर सिंह : यह लोक शब्द बड़ा गोलमटोल है। मैंने यह बताने की कोशिश की है। लोक शब्द का प्रयोग रामचन्द्र शुक्ल करते हैं तो वह अपेक्षाकृत हजारीप्रसाद द्विवेदी से संकुचित है, भिन्न है। जिस अर्थ में तुलसीदास लोक शब्द का प्रयोग करते हैं उस तरह कबीर नहीं करते। 'लोका मति के भोरा रे'। तो वहाँ कबीर जब लोक शब्द का प्रयोग करते हैं तो बहुत वांछनीय नहीं लगता—'पाछे लागा जाय था लोक वेद के साथ' कबीर जब कहते हैं, तो मैं लोक के पीछे जा रहा था, वेद के पीछे जा रहा था, पर जब गुरु मिल गए, ज्ञान दिया, पीछे चलना बन्द कर दिया। वहाँ भी लोक के पीछे चलना अच्छी बात नहीं है। ध्यान दें, कबीर में लोक के अनुसार लोक के पीछे चलना हमेशा सही रास्ते पर चलना नहीं है। गुरु ने आगे बढ़कर ज्ञान दिया और मैं सही रास्ते पर आ गया। इसलिए सन्तों को इसका ध्यान था। कबीरदास जब कहते थे कि 'लोका मति के भोरा रे' या 'पाछा लागे जाय था, लोक वेद के साथ', तो वहाँ लोक के पीछे चलना, गलत रास्ते पर जाना है जिसे आगे चलकर मैंने 'अन्धवाद' कहा है। इसलिए मध्यकालीन सन्तों को इसका बोध था और आज भक्ति साहित्य पर लिखते हुए जनवादी दृष्टि वाले भी सन्तों के विचार को भूल जाते हैं इसलिए मैंने कहा कि लोक शब्द बहुत गोलमटोल है और हर आदमी लोकवादी बनता है जैसे आजकल जनता के नाम पर न जाने कितनी पार्टियाँ बनी हैं—भारतीय जनता पार्टी भी जनता का नाम लेती है और तो कोई राष्ट्रीय जनता पार्टी है, कोई नई गुजरात जनता पार्टी है, एक जनता पार्टी है, एक जनता दल है इसलिए जनता का नाम तो हर आदमी लेता है। जनता के घोर विरोधी लोग भी जनता का नाम लेते हैं। उसी तरह लोक-विरोधी लोग लोक का नाम लेते हैं। इसलिए मैं फिर कहता हूँ कि शब्द पर न जाओ। उस शब्द का व्यवहार देखो। कोई आदमी जब लोक कहता है तो उनमें कौन लोग होते हैं? उसमें शामिल हैं कि नहीं? स्त्रियाँ हैं कि नहीं? उसमें आदिवासी हैं कि नहीं? उसमें गरीब हैं कि नहीं? काशी का ब्राह्मण भी अपने को लोक कह सकता है। इसलिए मैंने इस शब्द के माध्यम से किस लोक की ओर इशारा करना चाहा है और अलग-अलग सन्दर्भ में इसके खतरे कहाँ हैं, यह 'अन्ध लोकवाद' वाले प्रसंग में बताया है। अंग्रेजी का एक शब्द होता है—पोप्युलिज्म जैसे कि आजकल थोड़ी देर के लिए लालू प्रसाद यादव ने जो 'रैला' निकाला था अपने बचाव के लिए यह पोप्युलिज्म है। आजकल तो हर राजनीतिक नेता पोप्युलिज्म अन्ध लोकवाद का सहारा ले रहा है। मध्यकाल के सन्त इसमें ज्यादा विवेकवादी थे। दूसरी बात इस सन्दर्भ में और छोटी-सी कहना चाहूँगा। तुलसीदास का दोहा है—अयोध्या कांड में चित्रकूट सभा में भरत राम को अपना निर्णय बदलकर सिंहासन पर बैठने के लिए अपनी अर्जी देते हैं। उस समय वशिष्ठ ने एक महत्त्वपूर्ण दोहा कहा है कि—

भरत बिनय सादर सुनिअ करिअ बिचारु बहोरि।
करब साधुमत लोकमत नृपनय निगम निचोरि॥

इस दोहे में यदि लोकमत ही पर्याप्त होता तो तुलसीदास लोकमत कहकर ही सन्तुष्ट हो जाते। लेकिन तुलसीदास ने कहा कि केवल वह न कीजिए जो लोक- सम्मत हो जो केवल लोगों को अच्छा लगे, वह कीजिए जो साधुसम्मत भी हो। साधुमत हो अर्थात् विवेकपूर्ण हो, उचित हो, बुद्धिसंगत हो, सिद्धान्ततः सही हो, इसलिए लोकमत और साधुमत दोनों को ध्यान में रखिए। साहित्य के बारे में भी केवल वह कविता जो लोक-रिझाऊ हो, वह कविता मेरी दृष्टि में लोकसम्मत भी नहीं है, साधुसम्मत की तो बात ही क्या! आजकल ऐसा बहुत साहित्य लिखा जा रहा है जिसे मैं 'स्त्री-रिझाऊ' कहता हूँ। जिसको सुन करके औरतें बुलबुल हो जाती हैं कि देखिए, हमारे अधिकारों की बात की जा रही है!

प्राचीन भक्ति काव्य में लोकवाद बल्कि सच्चे लोकवाद और अन्ध लोकवाद पर विचार करें तो पंडित रामचन्द्र शुक्ल की दृष्टि में नाथपन्थियों का और निर्गुण पन्थियों का तंत्र, मंत्र, योग आदि लोक निकृष्ट कोटि का लोकवाद था लेकिन आचार्य क्षितिमोहन सेन, प्रबोधचन्द्र बागची, राहुल सांकृत्यायन और हजारीप्रसाद द्विवेदी की दृष्टि में वही सहज साहित्य यानी सरहपा जैसे सिद्धों का साहित्य सच्चा लोकवाद था। इससे पता चलेगा कि शुक्ल जी जैसे ब्राह्मणवादी विचारधारा या शास्त्रवादी कहे तो धर्मशास्त्रों का अनुयायी पंडित जिन लोकवादी प्रवृत्तियों को निकृष्ट समझते थे, इससे उनकी दृष्टि की सीमा का स्पष्ट परिचय मिलता है। इसलिए भक्ति साहित्य के सम्बन्ध में लोकवाद का निर्णय करते समय यह ध्यान रखना चाहिए कि कुछ लोगों की दृष्टि में सूर का तो लोकवाद ठीक है, क्योंकि गोपियाँ जिस लोक का आधार ले करके ऊधव के ज्ञान का और योग का विरोध करती हैं, वह तो सच्चा लोकवाद है। तुलसीदास जब 'लोकहु बेद न आन उपाई' लोकवेद का एक ही साँस में बार-बार नाम लेते हैं तो वह भी लोकवाद है पर कबीर लोक-विरोधी हो जाते हैं, गोरख भी लोक-विरोधी हो जाते हैं, सरहपा लोक-विरोधी हो जाते हैं। तो इससे मालूम हुआ कि लोक सम्बन्धी दो विरोधी धारणाएँ स्वयं भक्ति आन्दोलन के बारे में व्यक्त होती हैं। और मार्क्सवादियों में भी इस बात को ले करके दो खेमे दिखाई पड़ेंगे। आज के जो आधुनिक मार्क्सवादी हैं, उनमें से बहुत से लोग दोनों को समान रूप से लोकवादी मानते हैं। राम की भी जय और रावण की भी जय। राहुल जी के लिए भी आदर उनके मन में है और शुक्ल जी के लिए भी। ये भूल जाते हैं कि दो टाट अलग-अलग हैं। मैं कहता हूँ कि वहाँ इन्हें भेद करना चाहिए। अन्धश्रद्धा इनमें ज्यादा है। अन्ध लोकवाद की चर्चा करनी चाहिए। हम लोगों में कुछ लोगों के प्रति अन्धश्रद्धा होने के कारण यह मानने को तैयार ही नहीं होते कि रामचन्द्र शुक्ल लोक-विरोधी हो सकते हैं। मैं वह विवेक

चाहता हूँ जो भक्ति साहित्य में है और मेरे लेखन में दिखाई पड़ेगा। मैंने जब भक्तिकाल पर और भक्ति कविता पर विस्तार से कई व्याख्यान दिए हैं, उनके सारे भाषण जब लिखित रूप में आएँगे तब मालूम हो जाएगा कि स्वयं भक्तिकाल के बारे में सच्ची-सही लोकवादी दृष्टि क्या होगी ? मैं इसका थोड़ा और विस्तार करना चाहता हूँ। भारतीय इतिहास लेखन में आजकल सब-आल्टर्न स्टडीज की प्रवृत्ति बढ़ी है। इस पर नौ पुस्तकें छप चुकी हैं—रजनीत गुहा के नेतृत्व में और यह सब-आल्टर्न ग्रुप जिस अर्थ में लोक को समझता है, उसमें कई मार्क्सवादी भी शामिल हैं, उसमें वह लोक नहीं है। तो इससे मालूम होगा कि सच्चे अर्थों में भारतीय इतिहास, भारतीय जनता का इतिहास लिखा जाएगा तब पता लगेगा कि बहुत से लोग जो अब तक बेजुबान थे, स्वयं अपनी कहानी नहीं कहते थे, इतिहासकारों के जबानी उनकी कहानी हमारे सामने आई थी। उनकी आवाज तो दाखिल ही नहीं हुई है, दर्ज ही नहीं हुई है। अभी तक जो लोग इतिहास लिख रहे हैं, वे सारे के सारे ऊँचे वर्ग के अंग्रेजी पढ़े लोग हैं। अभिलेखागारों में अंग्रेजों ने जो रिपोर्ट दर्ज की है, आखिर आदिवासियों का इतिहास, कहानी, उपन्यास—आजकल महाश्वेता देवी ने कई लिखे हैं तो उनके बारे में जो लिखित रेकॉर्ड है वह यह है कि दरोगा, थानेदार, पुलिस इंसपेक्टर, कलक्टर उनके बारे में क्या सोचते थे ? उन्हीं के आधार पर हम अर्थ निकालने की कोशिश करते हैं। आमतौर से इन लोगों को ठग माना जाता था, ये चोरी-डकैती, खून करनेवाले लोग माने जाते थे। ढंग से पढ़ो यानी 'डिकांस्ट्रक्शन करो तो मालूम होगा कि असली डाकू-लुटेरे दूसरे थे क्योंकि उनके हाथ में ताकत थी। बेचारे जो सताए हुए लोग थे, उनके बारे में कहा जाता था कि वे चोरी कर रहे हैं। जंगल के जिन लोगों ने लकड़ी की चोरी की, तो जंगल उनका था। लकड़ी उन्होंने काटी तो उनकी नजर में वह चोरी नहीं थी। उनकी नजर में चोर वे थे जो जबर्दस्ती जंगल दखल करके लकड़ियों को बेच करके रुपया कमाते थे। इसलिए लोक-साहित्य का इतिहास लिखने के लिए उनके लोकगीतों, लोककथाओं, उनके अन्धविश्वासों और मिथकों के आधार पर लिखना पड़ेगा जिनको हम टोना-टोटका, तंत्र-मंत्र समझते हैं। हम लोगों ने समझा था कि ये वो अवैज्ञानिक, झूठी चीजों का प्रचार है, उन्हीं में उनके जीवन का अनुभव और उनकी कहानी छिपी हुई है। उनके संघर्ष की कहानी, उनकी पीड़ा की कहानी भी। इसलिए जिनको हम लोगों ने किंवदन्ती और मिथक समझ लिया है दरअसल वह सच्चा साहित्य है। अब पूरी-की-पूरी नजर लोक-दृष्टि के बारे में बदल गई है। हमारे हिन्दी के साहित्य पर लिखनेवाले आलोचक विद्वान इस मामले में पिछड़े हुए हैं और अनजाने ही सत्ता समर्थक लोग हैं। इसलिए लोक-लोक की माला जपते हुए समझते नहीं कि लोक-दृष्टि का मतलब क्या है और साहित्य में लोक-दृष्टि का पता कैसे लगाया जाता है। उनसे बेहतर यह काम इतिहासकार कर रहे हैं। मैं समझता हूँ कि इस दृष्टि से

यह काम किया जाए तब पता चलेगा कि सच्ची लोकवादी दृष्टि क्या है?

किरन : आपने लोकवादी संस्कृत काव्य परम्परा की ओर भी निर्देश किया है, हम जानना चाहेंगे कि इस परम्परा का स्वरूप क्या है?

नामवर सिंह : देखो, मैं तो संयोग से संस्कृत की इस लोकवादी दृष्टि से टकरा गया। डी.डी. कोसाम्बी ने 'सुभाषित रत्नकोश' नाम का एक ग्रन्थ पहली बार 1996 में सम्पादित किया गोखले के सहयोग से और वह हार्वर्ड ओरिएंटल सीरीज में प्रकाशित हुआ। संस्कृत के बहुत से पंडित उस ग्रन्थ के बारे में नहीं जानते। कोसाम्बी मार्क्सवादी इतिहासकार हैं, संस्कृत के पंडित हैं। उस कोश में कई व्रज्याएँ हैं, उसमें शृंगार के भी श्लोक हैं, राजभक्ति के भी हैं, क्योंकि सुभाषित हैं। उसमें जातिव्रज्या नामक एक खंड है। अब तो उसका अंग्रेजी अनुवाद भी हो गया है। डेनियल इगल्स ने 'संस्कृत पोएट्री' के नाम से उसका अनुवाद प्रकाशित किया, भूमिका भी लिखी है। उसे पढ़ते हुए मालूम हुआ कि ऐसी रचनाएँ हैं जिनके लेखकों के नाम ऐसे ही हैं जैसे हमारे यहाँ आजकल दलितों के नाम हैं—लंगट, वागुर आदि जो बड़े अटपटे लगते हैं। ब्रह्मानन्द सहोदर वाले ये नहीं हैं जो देवी-देवताओं के नाम पर रखे गए हों, जैसे— भास्कर, शंकर और कमलेश्वर, मार्कंडेय जैसे नाम ये नहीं हैं। देखा कि वे आमतौर से पामरों के बारे में लिखी गई हैं। जिनको नीच कहते हैं संस्कृत में। पामर यानी हल जोतनेवाला हलवाहा। हलवाहों के बारे में लिखी कविता आदिवासियों के बारे में लिखी है। उनके जीवन की दरिद्रता भी है और उनके जीवन का हर्षोल्लास भी है। तब मुझे लगा कि संस्कृत की कविता केवल शंकर-पार्वती की, रघुवंश की कहानी नहीं है बल्कि गरीबों के जीवन के यथार्थ चित्र भी हैं। जैसे चित्र आजकल नागार्जुन वगैरह करते हैं। तब मेरी अपनी दूसरी परम्परा की पुष्टि हुई अर्थात् वो संस्कृत में भी है। प्राकृत, अपभ्रंश में लिखी मिलती तो आश्चर्य की बात नहीं थी। प्राकृत और अपभ्रंश तो एक तरह से लोकभाषा थी ही। पालि भी एक तरह से लोकभाषा थी। लेकिन स्वयं जो देवताओं की वाणी हो जो यानी गीर्वाण वाणी कहलाती है। उसमें भी पामरों की जीवन छवियाँ मिलीं तो चकित रह गया। तब मुझे लगा कि संस्कृत में भी एक परम्परा नहीं, संस्कृत की कई परम्पराएँ हैं और प्रसंगवश यहाँ कह दूँ कि संस्कृत के विद्वानों में भी लोकवादी दृष्टि के आधुनिक विद्वान हैं। हिन्दी में हमारे कमलेश दत्त त्रिपाठी और राधावल्लभ त्रिपाठी ने इनका अच्छा अनुवाद किया है। फिर मैंने वह लेख लिखा। तो महत्त्वपूर्ण यह नहीं था कि उन कविताओं की खोज मैंने की, वो तो डी.डी. कोसाम्बी कर चुके थे। डेनियल इगल्स की दृष्टि भी पड़ चुकी थी, उसमें मेरा काम इतना ही है कि वह संस्कृत काव्य-शास्त्र में दूसरी परम्परा की खोज है और मैंने यह कहा कि संस्कृत में इनको रखा गया है। जातिव्रज्या नाम है। जाति नामक एक अलंकार होता है। उसका दूसरा नाम है स्वभावोक्ति। स्वभावोक्ति को अंग्रेजी में नेचुरल और नेचुरलिज्म कह सकते हैं

नेचुरलिज्म के साथ जोला का जुड़ाव है। ज्योर्ज लुकाच को अगर कोई पढ़े तो समझेगा कि जोला बहुत ही खराब उपन्यासकार था, लेकिन जोला के बारे में हमें यह नहीं भूलना चाहिए कि जोला ने 'जर्मीनल' नाम का उपन्यास लिखा था, खान-मजदूरों की जिन्दगी के बारे में। जोला ने एक डेफ्स कांड में राजतंत्र और न्याय-व्यवस्था को चुनौती दी थी। यूरोप में विद्रोही क्रान्तिकारी लोकवादी लेखक थे जो जोला के साथ खड़े थे और यूरोप दो हिस्सों मैं बँटा हुआ था, कौन जोला के साथ है कौन जोला का विरोधी है? जोला ने आधुनिक विज्ञान की दृष्टि से नेचुरलिज्म को जोड़कर कहा कि यथार्थ लिखना हो तो तुम्हारी दृष्टि नेचुरलिस्ट होनी चाहिए, नेचुरल होनी चाहिए। स्वभावोक्ति नाम के अलंकार को भी कुछ लोग अलंकार नहीं मानते। इस पर एक लम्बा लेख मैंने लिखा है। संस्कृत काव्यशास्त्र में स्वभावोक्ति पर बल देना, उस युग में यथार्थवाद और यथार्थवादी प्रवृत्तियों पर बल देना है। संस्कृत काव्यशास्त्र में इस स्वभावोक्ति का दर्शन भी मैंने ढूँढ़ा—'स्वभाव' शब्द दरअसल भारतीय दर्शन में, भारतीय दर्शन तो अध्यात्मवादी था तो जो लोकवादी दार्शनिक थे यानी लोकायत, चार्वाक जो पुनर्जन्म में विश्वास नहीं करते थे, परलोक में विश्वास नहीं करते थे, स्वर्ग में विश्वास नहीं करते थे। अपने जमाने में विद्रोही और क्रान्तिकारी थे, जिनसे प्रेरणा ले करके जैनिज्म और बुद्धिज्म उदित हुआ था, आजीवन लोकायत। 'स्वभाव' लोकायतों का प्रिय शब्द था—स्वभावोक्ति अलंकार में तो स्वभाव के अर्थ का दर्शन है। स्वभावोक्ति की एक लम्बी परम्परा है जिसके बड़े कवि बाणभट्ट थे और मैं उनका प्रशंसक हूँ। आकस्मिक नहीं है कि मेरे गुरुदेव हजारीप्रसाद द्विवेदी ने बाणभट्ट की आत्मकथा लिखी। तो जो हमारी दूसरी परम्परा और लोकधर्मी परम्परा है उसकी सेंध लगाने की कोशिश मैंने संस्कृत में की। यह कहना चाहिए कि संस्कृत के सुगठित किले में मैंने बारूद का पलीता लगाया था कि तुम्हारा अलंकारशास्त्र जो ध्वनि और रस को लेकर चलता है, उसमें भी एक परम्परा स्वभावोक्ति वाले आचार्यों की है, जिसको दंडी महत्त्व देते थे। दंडी, वह लेखक जिसने 'दशकुमार चरित' लिखा था। संक्षेप में, इन लेखों को तुम पढ़ोगी तो मैं जिसका सार उपस्थित कर रहा हूँ, उससे पुष्ट होगा कि मैं दरअसल संस्कृत की लोकधर्मी परम्परा के माध्यम से कोसाम्बी और डेनियल इगल्स या राधावल्लभ त्रिपाठी या कमलेश्वर त्रिपाठी को आधार बनाकर काव्यशास्त्र के क्षेत्र में एक लोकवादी काव्यशास्त्र की परम्परा की ओर इशारा कर रहा हूँ।

(किरन से साक्षात्कार 'जीवन और आलोचना कर्म का सिंहावलोकन', मार्च, 1997)

सुधीर रंजन सिंह : इसमें दो राय नहीं कि छायावाद को लेकर या किसी को भी लेकर आपकी समझ यांत्रिक नहीं रही है। रामविलास जी पर जो आपने लिखा है, उसे भी केवल आपका अन्तर्विरोध कहना मेरी समझ से गलत है। 'वसुधा' के

रामविलास शर्मा अंक में जो एक क्रम में आपके तीन लेख छापे गए और उस पर सम्पादकीय टिप्पणी की गई कि ये तीनों लेख एक ही डॉ. नामवर सिंह के हैं, उसे भी मैं बहुत महत्त्व नहीं देता। वह बस मजे लेनेवाली बात जैसी है। बल्कि उसमें देखें तो आपके एक लेख को याद नहीं किया गया है—'साहित्य में प्रगतिशील आन्दोलन की ऐतिहासिक भूमिका', जो 1986 में छपा था और 'इतिहास की शव-साधना' से पहले लिखे दोनों लेखों के बाद। उसमें आलोचना का तेवर वही है। इसलिए अन्तर्विरोध किस बात का, इसे तो बाद का विकास कहना चाहिए—चाहे यह ठीक हो या गलत। लेकिन मेरा प्रश्न दूसरा है, जो जुड़ा इसी से है पर मनोविज्ञान को लेकर है। मुझे लगता है कि रामविलास शर्मा में हजारीप्रसाद द्विवेदी-ग्रन्थि थी। यह बात मैं व्यक्तिगत अनुभव से भी कह रहा हूँ। मैं रामविलास जी से मिलने गया था। मेरे साथ जे.एन.यू. के एक छात्र थे। उन्होंने रामविलास जी से अपने शोध के लिए विषय माँगा। रामविलास जी ने जो विषय सुझाया, वह था हजारीप्रसाद द्विवेदी की आलोचना में तंत्र-मंत्रवाद। जाहिर है कि यह कहने में भी व्यंग्य भाव था। ऐसा ही कोई व्यंग्य भाव मैं आपके यहाँ भी देखता हूँ। जैसे आप कहते हैं कि रामविलास जी ऋग्वेद में चले गए, वगैरह? तब लगता है कि जैसे रामविलास शर्मा में हजारीप्रसाद द्विवेदी-ग्रन्थि थी, उसी तरह आपमें भी रामविलास शर्मा-ग्रन्थि है। मुझे यह लगता है—यानी सिर्फ प्रश्न के रूप में। यानी इसे घोषित विरोध के रूप में न देखकर 'ग्रन्थि के रूप में देखें तो?

नामवर सिंह : ऐसा है कि एक-एक सवाल एक-एक बिन्दु हम लोग लें तो ज्यादा अच्छा है। जैसे एक बिन्दु लें हजारीप्रसाद द्विवेदी और रामविलास शर्मा। 'शास्त्र और समाज' रामविलास जी का पहला लेख है हजारीप्रसाद द्विवेदी पर। और यह तब का है जब हजारीप्रसाद द्विवेदी शान्तिनिकेतन में थे। यह पुस्तक-समीक्षा है द्विवेदी जी के निबन्धों के संग्रह की। 'विचार और वितर्क' नाम से संग्रह प्रकाशित हुआ था और यह सम्भवतः द्विवेदी जी का पहला निबन्ध-संग्रह है। 'प्रगति और परम्परा' का 1952 का संस्करण मेरे पास है। यह दूसरा संस्करण है। प्रथम संस्करण 1948 का है। हो सकता है कि 1948 के संस्करण में भी यह निबन्ध हो।

सुधीर रंजन सिंह : 1948 के संस्करण में भी है? बाद में यह 'कथा विवेचन और गद्य शिल्प' में भी छपा है।

नामवर सिंह : उसमें काफी प्रशंसा है। सीमाएँ भी बताई गई हैं। शीर्षक ही बता रहा है कि द्विवेदी जी शास्त्र का सहारा लेते हैं। हल्का आलोचनात्मक स्वर है। प्रशंसा यह कि द्विवेदी जी समाजवाद को आकाशकुसुम समझते हैं और वे उसे इतना सुन्दर समझते हैं कि उन्हें विश्वास नहीं होता कि ऐसा सुन्दर फूल धरती पर खिल सकता है। आलोचना भी है इस रूप में कि कुछ निबन्ध व्योमकेश शास्त्री ने लिखे हैं—बताया नहीं कि वे कौन से निबन्ध हैं—उनमें भावुकता ज्यादा है।...यानी तब तक,

बाद में जितनी कड़ी आलोचना की है द्विवेदी जी की, वैसी बात नहीं थी। हजारीप्रसाद द्विवेदी जब काशी हिन्दू विश्वविद्यालय आ गए, उसके बाद की एक घटना का मैंने अन्यत्र भी उल्लेख किया है। यह घटना 1954-55 के आसपास की होनी चाहिए। प्रगतिशील लेखक संघ का एक सम्मेलन हुआ था बनारस में। यह सम्मेलन हिन्दू विश्वविद्यालय के परिसर में हुआ था। द्विवेदी जी ने उद्घाटन किया था और रामविलास जी उसकी अध्यक्षता कर रहे थे। 'शव-साधना' वाली टिप्पणी की थी उन्होंने व्यंग्य में। उसके बाद 'समालोचक' नाम की पत्रिका निकाली थी रामविलास जी ने। उसमें शिवप्रसाद जी की पुस्तक की आलोचना की। द्विवेदी जी के निर्देशन में मैंने भी काम किया था अपभ्रंश पर—'हिन्दी में अपभ्रंश का योग'। मेरी थीसिस की आलोचना तो की ही 'भाषा और समाज' पुस्तक में, शिवप्रसाद जी का ब्रजभाषा पर शोधकार्य था—'सूर-पूर्व ब्रजभाषा', उसकी उन्होंने सख्त 'आलोचना' की। महत्त्वपूर्ण यह नहीं है कि मेरी और शिवप्रसाद जी की पुस्तक की उन्होंने आलोचना की। हम दोनों शिष्य थे द्विवेदी जी के और हमारी पुस्तक की आलोचना के प्रसंग में द्विवेदी जी की भी आलोचना की। यह रास्ते से जरा हटकर हुआ—निर्देशक की आलोचना। कुछ ऐसी ही टिप्पणी थी उसमें। मुझे कुछ-कुछ याद पड़ता है। बहुत दिन हो गए। उसके काफी दिनों बाद जब मेरी पुस्तक आ गई 1982 वाली 'दूसरी परम्परा की खोज', उसके बाद उन्होंने बहुत विस्तार से 'लोक जागरण और हिन्दी साहित्य' में लिखा और द्विवेदी जी को हिन्दू सम्प्रदायवादी इत्यादि कहा। विश्वविद्यालय वाले जीवन का, व्यक्तिगत जीवन का भी हवाला दिया उन्होंने। इसलिए केवल विचारों का विरोध नहीं है, उसमें एक व्यक्तिगत कटुता दिखाई पड़ती है और उसका एक कारण है जो स्वयं रामविलास जी से ही मुझे मालूम हुआ। जो आगरा में क. मु. हिन्दी विद्यापीठ है—जिसके रामविलास जी निदेशक हुए। रामविलास जी के ठीक पहले उसके निदेशक पद पर हजारीप्रसाद द्विवेदी की नियुक्ति हुई थी। द्विवेदी जी गए नहीं। मेरा खयाल है कि डी. विश्वनाथ प्रसाद चले गए थे और पद खाली हुआ था। द्विवेदी जी चयन समिति के सदस्य थे और उन्हीं से आग्रह किया गया था कि बजाय किसी और आदमी के आप ही यह पद स्वीकार कर लीजिए। स्वीकार करने के बाद लगभग साल भर तक वह पद इनके नाम पर खाली रहा। इसके बाद रामविलास जी आए। रामविलास जी का खयाल है कि उनका चयन उसी समय हो गया होता, लेकिन द्विवेदी जी ने वह पद रोके रखा। इसके कारण द्विवेदी जी के व्यक्तित्व के बारे मैं या उनके चरित्र के बारे में उन्हें शक पैदा हुआ होगा! व्यक्तिगत कटुता का बीज मुझे वहीं मालूम होता है। यह अनुमान है मेरा। यही एक कारण रहा होगा, यह तो मैं नहीं मानता, लेकिन जो बात बाद वाली आलोचना में पैदा हुई है, यानी कटुता के स्तर पर जाकर, 'शास्त्र और समाज' वाले समय में वह नहीं थी।

द्विवेदी जी प्रगतिशील लेखक संघ के साथ रहे हैं बराबर। उनकी 'हिन्दी

साहित्य : उद्‌भव और विकास' नाम की पुस्तक है; मेरा खयाल है 1952–53 के आसपास की है। उसमें उन्होंने कहा था कि भक्ति आन्दोलन के बाद सबसे बड़ा आन्दोलन प्रगतिशील आन्दोलन है। यदि वह अपने अन्दर कट्टरता का प्रवेश न होने दे तो और विशाल आन्दोलन हो सकता है। यह होते हुए भी बाद में उनके विचारों को लेकर व्यक्तिगत कटुता के साथ और व्यक्तिगत धरातल पर रामविलास जी ने आलोचना की। उन्होंने तंत्र–मंत्रवाद वाली बात कही और यहाँ तक कहा कि द्विवेदी जी हिन्दू सम्प्रदायवादी हैं।

इसलिए इसे लेकर 'ग्रन्थि' आदि शब्दों का प्रयोग तो मैं नहीं करूँगा। मैंने कभी किया भी नहीं। राहुल–ग्रन्थि रामविलास जी में हो सकती है, यह मैंने कहा है। वैसे, शिवदान सिंह चौहान की आलोचना में भी रामविलास जी की व्यक्तिगत कटुता दिखाई पड़ती है। वह बात समझ में भी आती है। उनके पार्टी और संगठन दोनों से हटने के बाद रामविलास जी आए। इन दोनों में पूर्वापर सम्बन्ध है। चौहान जी और रामविलास जी के लेखन से यह व्यक्त होता है। उनकी साहित्यिक आलोचना में व्यक्तिगत कटुता कई जगहों पर दिखाई पड़ती है। खासतौर से प्रगतिशील आन्दोलन से जुड़े हुए लोगों के प्रति कटुता दिखाई पड़ती है रामविलास जी में। पहले शिवदान सिंह चौहान, फिर रांगेय राघव, फिर यशपाल, फिर अमृतराय, फिर राहुल सांकृत्यायन और उसी कड़ी में चाहें तो मेरा नाम भी रख सकते हैं। प्राय: प्रगतिशील आन्दोलन से जुड़े हुए लोगों की आलोचना करते समय रामविलास जी व्यक्ति और उसके विचार को साथ रख करके देखते हैं। और तो और, शमशेर बहादुर सिंह के बारे में भी यह बात दिखाई पड़ती है। नागार्जुन को लेकर भी दिखाई पड़ती है। व्यक्तिगत रागात्मकता अकेले केदारनाथ अग्रवाल के प्रति दिखाई पड़ती है। शमशेर पर तो बहुत तीखा कड़ा और व्यक्तिगत प्रहार करते हुए 'धर्मयुग' में लिखा था उन्होंने। यह बात 1964 की है। उनके व्यक्तिगत जीवन पर टिप्पणी की थी। उसी तरह से मुक्तिबोध पर भी किया है।...तो एक लम्बा इतिहास है।

प्रगतिशील आन्दोलन में परस्पर आलोचना हो और मतभेद हो इन सबके लिए जगह होनी चाहिए। ये सब अपनी जगह हैं। लेकिन इन चीजों में विचारों और साहित्यिक कृतियों के अलावा व्यक्ति को लेकर टिप्पणी हो तो उसका कोई कारण भी होना चाहिए। उस आलोचना को लेकर फिलहाल मैं कोई टिप्पणी नहीं करना चाहता, लेकिन यह प्रवृत्ति दिखाई पड़ती है रामविलास जी में और इसे एक कमजोरी के सिवा और क्या कहा सकता है?

सुधीर रंजन सिंह : उन्नीसवीं शताब्दी की अंग्रेजी आलोचना में नैतिकता का जो पक्ष होता था—आलोचना का काम बौद्धिक से ज्यादा नैतिक होता था और साहित्य को देखने का जो यह पैमाना था—क्या रामविलास जी को उससे जोड़कर.. ?

नामवर सिंह : यह तो बहुत जगहों पर मिलेगा, लेकिन जहाँ भी मिले...।

सुधीर रंजन सिंह : स्तालिनवादी मार्क्सवाद में भी यह बात खासतौर से मिलती है।

नामवर सिंह : केवल स्तालिनवाद में नहीं, मैं इतनी दूर तक कह सकता हूँ कि यह चीज रामचन्द्र शुक्ल में भी है, महावीरप्रसाद द्विवेदी में भी। हम लोग आखिर हाड़-मांस के इनसान हैं, मशीन नहीं। हमारा व्यक्तिगत सम्बन्ध हमारे लेखन में भी उभरकर आता है। किसी व्यक्ति के प्रति हमारी गलत धारणा बनी हुई है तो अकसर विचारों के टकराव में उसका असर पड़ता है। इस कटुता का असर बहुतों में मिलेगा। हिन्दी की परम्परा को देखते हुए मैं कहूँ तो कोई उससे ऊपर नहीं है। सबमें थोड़ी-बहुत होती है। शुक्ल जी ने मिश्रबन्धुओं के बारे में जिस तरह से लिखा है वह केवल साहित्यिक नहीं है, व्यक्तिगत भी है। और तो और, शुक्ल जी की आलोचनाओं में मिश्रबन्धुओं के अलावा श्यामसुन्दर दास भी हैं। उन्होंने श्यामसुन्दर दास की किताबों को शिक्षोपयोगी कहा क्योंकि श्यामसुन्दर दास और उनके सम्बन्ध खराब हो गए थे। उसमें सारा दोष शुक्ल जी का ही था, मैं नहीं मानता। मैं ब्योरे में नहीं जाना चाहता। लेकिन आमतौर से उम्मीद की जाती है कि प्रगतिशील आन्दोलन में जो लोग हैं, वे इन चीजों से मुक्त होने का प्रयास तो कर ही सकते हैं। इसके बरक्स मैंने कहा कि जिन लोगों की रामविलास जी ने आलोचना की, मसलन—शिवदान सिंह चौहान, रांगेय राघव, अमृतराय, मुक्तिबोध आदि की, उन लोगों ने रामविलास जी की आलोचना के प्रति जो रुख अपनाया, वह व्यक्तिगत नहीं था और उन्होंने बर्दाश्त किया। और तो और, पन्त जी रामविलास जी से बहुत स्नेह करते थे। रामविलास जी इसे स्वीकार भी करते हैं। लेकिन निराला और पन्त विवाद खड़ा करने का पूरा श्रेय रामविलास जी को है।

सुधीर रंजन सिंह : आप ठीक कह रहे हैं लेकिन एक आलोचक जो नहीं बताता, उसका भी उसकी आलोचना में थोड़ा-बहुत योग होता ही है। दृष्टि-विकास के ही लिहाज से मानें इसे। इसी दृष्टि से मैने सवाल किया था। मेरा उद्‌देश्य यह जानने का था कि आपके 'आलोचक' की तैयारी में किन लेखकों और आलोचकों का योग रहा है। दूसरी बात, इस क्रम में मेरा ध्यान इस बात पर भी गया है कि 'इतिहास और आलोचना' में यहाँ से वहाँ तक शुक्ल जी की खूब चर्चा है उद्धरण-दर-उद्धरण हैं, लेकिन एकाध प्रसंगों को छोड़कर हजारीप्रसाद द्विवेदी कहीं नहीं हैं। बस 'इतिहास का नया दृष्टिकोण' और 'हिन्दी साहित्य के इतिहास पर पुनर्विचार' में थोड़ी चर्चा है।

नामवर सिंह : मैं बनारस में था। 1941 में बनारस आया था, उसके कुछ महीने पहले आचार्य शुक्ल की मृत्यु हुई थी। छाया उनकी काशी हिन्दू विश्वविद्यालय और काशी, दोनों पर थी। आरम्भ के जो अध्यापक मिले, हाई स्कूल के, वे थे ठाकुर मार्कंडेय सिंह और बाद में पंडित केशव प्रसाद मिले, जो शुक्ल जी के साथ विभाग

में थे, उनसे एक मंत्र मिला मुझे शुक्ल जी को लेकर। उनसे मुझे जो शिक्षा मिली, वह यही है कि मैं शुक्ल जी को लगभग गीता-रामायण की तरह पढ़ता रहा हूँ। इसलिए नहीं कि मैं हर बात से सहमत हूँ। वे एक 'सन्दर्भ स्रोत' से हमारे रहे हैं। किसी विषय पर क्या कहा है उन्होंने, यह मालूम होना चाहिए। उस विषय पर आपको कुछ अतिरिक्त कहना हो तो कहें। दुहराएँ नहीं। ऐसा न हो कि मैं जो कहूँ वह शुक्ल जी पहले ही कह चुके हों। इसलिए मैं पढ़ता हूँ उन्हें।

सुधीर रंजन सिंह : यानी बतौर प्रस्थान बिन्दु?

नामवर सिंह : प्रस्थान-बिन्दु भी कह लो। यह उठान है। द्विवेदी जी इस तरह से प्रस्थान बिन्दु मेरे लिए नहीं थे। आज भी नहीं हैं। बहुत-कुछ उनका मैंने 'आभ्यन्तरीकरण' कर लिया है। इसलिए उनको अलग से उद्धृत करने की जरूरत मुझे नहीं पड़ी। इसका प्रमाण है 'दूसरी परम्परा की खोज'। मेरे एक शोध छात्र ने एक दिन ध्यान दिलाया कि वह पुस्तक हजारीप्रसाद द्विवेदी जी पर नहीं है, बल्कि द्विवेदी जी के बहाने मैं अपनी बात कह रहा हूँ। द्विवेदी जी ने दूसरी परम्परा का नाम भी नहीं लिया था। अकस्मात् ही मुझे लगा कि यह दूसरी परम्परा है।

मैंने पहला आलोचनात्मक लेख रामचन्द्र शुक्ल पर ही लिखा था। मैं बी.ए. का विद्यार्थी था। काशी हिन्दू विश्वविद्यालय के हिन्दी विभाग की गोष्ठी में पढ़ा गया था वह। बहुत ही 'आलोचनात्मक' लेख है वह। मैंने वह लेख 1948 में पढ़ा होगा। पं. विश्वनाथ प्रसाद मिश्र गोष्ठी के अध्यक्ष थे। हिन्दी साहित्य सभा में पढ़ा गया था वह। आप कल्पना कीजिए कि एक बी.ए. का विद्यार्थी काशी हिन्दू विश्वविद्यालय में ही शुक्ल जी के विरुद्ध बोल रहा है। मुझे इस बात पर बड़ा दुख था कि इतना बड़ा आलोचक बाद के अध्यापकों की उपेक्षा का शिकार रहा है। शुक्ल जी को इलाहाबाद में नहीं पढ़ा जाता था, हिन्दू विश्वविद्यालय में भी उन्हें नहीं पढ़ते थे लोग। आज भी रामचन्द्र शुक्ल का इतिहास विश्वविद्यालयों में कम ही पढ़ा जाता है।

सुधीर रंजन सिंह : उसकी तुलना में 'हिन्दी साहित्य : उद्‌भव और विकास' ज्यादा पढ़ी जाती है?

नामवर सिंह : हो सकता है। पर वह पंडितजी की बहुत कमजोर किताब है। फिर भी कुछ अंश उसके ठीक-ठाक हैं। नई बातें कही हैं। इतिहास के रूप में उनकी 'हिन्दी साहित्य की भूमिका' ही सबसे महत्त्वपूर्ण कृति है। 'उद्‌भव और विकास' पंजाब विश्वविद्यालय के कोर्स में लगाने के लिए लिखी गई थी। अतरचन्द कपूर ने लिखवाई थी। दशरथ ओझा दिल्ली में रहते थे। उन्होंने ही आग्रह करके द्विवेदी जी से लिखवाई थी। द्विवेदी जी ने हड़बड़ी में लिखी थी वह पुस्तक। कुछ लोग तो यहाँ तक कहते हैं कि आधा उनका लिखा है, आधा दशरथ ओझा का।

सुधीर रंजन सिंह : क्या ऐसा है?

नामवर सिंह : कहनेवाले कहते हैं। है नहीं। उस समय उन्होंने दो ही काम किए

थे। 'हिन्दी साहित्य का आदिकाल' बिहार राष्ट्रभाषा परिषद के लिए लिखा था। वह महत्त्वपूर्ण किताब है। उसी समय जल्दी-जल्दी में 'उद्‌भव और विकास' भी लिखी। आधुनिक काल के बारे में तो बहुत ही कमजोर है। पाठ्यपुस्तक मात्र है।

मैं दूसरी बात कहना चाहता था। 'दूसरी परम्परा की खोज' तो लिख दिया है, अब मैं द्विवेदी जी के उपन्यासों पर लिखना चाहता हूँ। सुयोग कब जुड़ेगा, कह नहीं सकता।

सुधीर रंजन सिंह : आपने उसका प्रारम्भ तो कर ही दिया था 'अंग्रेजी बेढंग का नॉवेल और भारतीय उपन्यास' लिखकर।

नामवर सिंह : हाँ, लेकिन मैं दूसरी बात कह रहा हूँ। 'चारुचन्द्रलेख' को द्विवेदी जी ने बनारस में आकर लिखा था। एक-एक अध्याय लिखते थे और उसे 'कल्पना' को भेजते थे। उसे जल्दी-जल्दी खत्म किया। उसमें उनका जीवन गुँथा हुआ है। इससे बड़ी बात है कि उसमें वे उपन्यास के बँधे-बँधाए 'फॉर्म' को तोड़ रहे थे। जब मैं '65 में दिल्ली आया और लोगों ने गुपचुप देवीशंकर अवस्थी को उकसाकर 'टूटा हुआ दर्पण' कहकर उस उपन्यास को ध्वस्त किया, उस समय मैंने कहा था कि पहला 'एंटी नॉवेल' लिखा है हजारीप्रसाद द्विवेदी ने। उपन्यास के फॉर्म पर बहुत कम प्रयोग हिन्दी में किया गया है। द्विवेदी जी ने 'बाणभट्ट की आत्मकथा' और 'चारुचन्द्रलेख' में मुख्य रूप से और उसके बाद 'पुनर्नवा' और 'अनाभदास का पोथा' में भी नया प्रयोग किया है। चारों उपन्यासों के चार 'फॉर्म' हैं। ऐतिहासिक उपन्यासों के माध्यम से उन्होंने उपन्यास का 'फॉर्म' बदल दिया।

सुधीर रंजन सिंह : 'पुनर्नवा' बड़ा उपन्यास है। हिन्दी का अन्तिम बड़ा उपन्यास। उसके बाद...।

नामवर सिंह : ये तो मैं नहीं कह सकता, लेकिन बहुत महत्त्वपूर्ण उपन्यास है वह। उस उपन्यास को पढ़ के एक चिट्ठी मैंने पंडित जी को लिखी थी। वह छपी है उनके पत्रों में। उसका उन्होंने जवाब भी दिया था। मैं उस समय जोधपुर में था। विनोद में उन्होंने कहा कि हाँ भाई, हिन्दी का इतना बड़ा आलोचक कह रहा है कि बहुत अच्छा है, तो होगा ही। यह '72 की बात है। पंडित जी उस समय बनारस में थे।

खैर, मैं कह रहा था कि उनके उपन्यासों के बारे में लिखना है और विस्तार से लिखना है। जब देवीशंकर अवस्थी ने लिखा था तभी मैंने कहा था कि मैं 'चारुचन्द्रलेख' पर लिखूँगा। आपने बिलकुल गलत दृष्टि से देखा है उस उपन्यास को। उसके बाद 'पुनर्नवा' और फिर 'अनामदास का पोथा'। एक ही भाग पूरा हुआ 'अनामदास का पोथा' का, उसका दूसरा भाग वे लिखनेवाले थे। बहुत महत्त्वपूर्ण उपन्यासकार हैं हजारीप्रसाद द्विवेदी।

द्विवेदी जी जैसे निबन्ध किसी ने नहीं लिखे। इतिहास को देखने की दृष्टि,

परम्परा को देखने की दृष्टि—चाहे वह संस्कृत की हो, प्राकृत की हो, पालि की हो—पुराने लोगों में कहाँ मिलती है? इतिहास की उनकी एक समझ थी, इतिहास की उनकी एक व्याख्या थी। भाषा-व्याकरण की उनकी बहुत गहरी समझ थी। और ये जो लोग तुलना करते हैं आचार्य शुक्ल के व्यक्तित्व से और दुनिया भर की बातें करते हैं—हल्के ढंग से बातें करते हैं—न शुक्ल जी को जानते हैं, न द्विवेदी जी को जानते हैं। महत्त्वपूर्ण दोनों ही हैं।

कभी मैंने सोचा था कि 'तीन आलोचक' नाम से एक छोटी-सी पुस्तक लिखूँगा। रामचन्द्र शुक्ल, हजारीप्रसाद द्विवेदी और रामविलास शर्मा पर तीन निबन्ध। लेकिन इनके लिए अब अलग-अलग किताबों की जरूरत पड़ेगी। शुक्ल जी पर तो बहुत सारे लेख लिखे हैं। उनको इकट्ठा कर दें तो किताब हो जाएगी। लेकिन तीनों पर लिखने का मैंने सोचा था तो उसमें यह भाव था कि किस आलोचक से क्या लेना चाहिए। शुक्ल जी में वह क्या है जो आज भी मुझे ग्राह्य लगता है, प्रीतिकर लगता है, शक्ति देता है। हजारीप्रसाद द्विवेदी में क्या है और रामविलास शर्मा में क्या है। इस दृष्टि से और उसके साथ यह भी होगा कि क्या है जो नहीं लेना चाहिए।

सुधीर रंजन सिंह : यानी उनका क्या जरूरी है?

नामवर सिंह : क्या जरूरी है और क्या जरूरी नहीं है, दोनों बताने की जरूरत है। उस बात-बात में बात भी मैंने सोच लिया है। एक तो संस्कृत के तीन आलोचकों पर मुझे लिखनी है, उसका नाम होगा—'महाजनो येन गतः'। अर्थात् 'दूध का दूध, पानी का पानी'।

सुधीर रंजन सिंह : डिस्क्रिमिनेशन के अर्थ में?

नामवर सिंह : और नहीं तो क्या! मुहावरा यही है। नीर-क्षीर-विवेक यही तो है। हिन्दी के आलोचकों पर बात-बात में बात दूसरे ढंग का होना चाहिए, शास्त्रीय ढंग का नहीं होना चाहिए। इसलिए 'दूध का दूध, पानी का पानी'।

**(सुधीर रंजन सिंह से साक्षात्कार, 'हिन्दी आलोचना की बृहत्त्रयी',
वागर्थ : दिसम्बर, 2003)**

वीरेश चन्द्र : 'तद्भव' अंक-3 के उसी लेख में आपकी स्थापना है, श्रेष्ठ आलोचना की चिन्ता साहित्य से अधिक संस्कृति की होती और उसके सामाजिक सरोकार होते हैं जैसा कि टी. एस. इलियट ने कहा है कि *हर आलोचक इतिहास की या अपनी परम्परा की पुनः व्यवस्था करता है* यों कहें कि आलोचना का अपना एक 'कैनन' होता है यानी कि आपकी दृष्टि में जो सबसे महत्त्वपूर्ण है—सार्थक है—वह क्या है? आपकी सूची क्या है? आपकी सूची में कौन लोग हैं? आलोचक का दायित्व है प्रचलित 'कैनन' पर विचार करना और जरूरत हो तो उस 'कैनन' को बदल देना। आपकी इस टिप्पणी में कई प्रश्न आपस में गुत्थमगुत्था हैं—1. पहले तो यह कि आलोचना का साहित्य से अलग कोई अस्तित्व है? 2. साहित्य अपने

आपमें स्वयं सांस्कृतिक-कर्म नहीं है? आपके अपने सन्दर्भ में इस सम्पूर्ण कथन की विस्तुत व्याख्या चाहूँगा।

नामवर सिंह : 'कैनन' अपना शब्द नहीं है। लाचार होकर उसका प्रयोग कर रहा हूँ। कोई सटीक शब्द मिल जाएगा तो इसे छोड़ दूँगा। टी.एस. इलियट ने भी इस शब्द का प्रयोग नहीं किया था। उनका अपना शब्द था : परम्परा। मैंने भी 'दूसरी परम्परा' की बात की है। इलियट ने ठीक ही कहा है कि *युगों बाद किसी साहित्य में एक बड़ा आलोचक आता है जो उसके इतिहास को 'पुनर्व्यवस्थित' करता है। इलियट ने 'रिऑर्डरिंग' शब्द का प्रयोग किया है। व्याख्या करनेवाले आलोचक तो आते ही रहते हैं, लेकिन इतिहास को बदल देने का काम करनेवाले विरले ही आते हैं।* मार्क्स ने भी यही कहा था : *''दार्शनिकों ने अभी तक संसार की तरह-तरह से व्याख्या भर की है जबकि असल काम तो है उसे बदलना।''*

हिन्दी आलोचना के क्षेत्र में इस तरह का पहला प्रयास है 'हिन्दी नवरत्न'। यह 'नवरत्न' एक तरह का कैनन ही है : श्रेष्ठ कवियों की तालिका। यह घटना बीसवीं शताब्दी के आरम्भ की है। मिश्रबन्धुओं ने 'नवरत्न' को अक्षरश: ग्रहण किया। वे नौ की संख्या में बँध गए। पसन्द के कवि नौ से ज्यादा निकले। लिहाजा उन्हें दो कवियों को साथ-साथ रखना पड़ गया। इस खींचतान में कुछ कवि छूट ही गए, जैसे— कबीर। आगे चलकर उन्हें भूल का अहसास हुआ तो कबीर को भी शामिल कर लिया। पर 'नवरत्न' कहने के लिए नौ-के-नौ ही रहे। 'सरस्वती' में आचार्य महावीर प्रसाद द्विवेदी ने इस उपहासास्पद प्रयास की सख्त आलोचना की। इस आलोचना का प्रतिवाद किसी ओर से नहीं हुआ। इससे साफ है कि द्विवेदी जी के साथ साहित्यकारों की आम सहमति थी।

आज भी 'नवरत्न' को देखने से यह आभास तो होता ही है कि मिश्रबन्धु साहित्य के रसिया थे, वैसे ही जैसे एक जमाने के रईस हुआ करते थे। विचारों में वे काफी आधुनिक भी थे—शायद अंग्रेजी शिक्षा के कारण। यह और बात है कि उनकी आलोचनात्मक प्रज्ञा की अपनी सीमाएँ थीं। गुणवत्ता की दृष्टि से कवियों का क्रम निर्धारण करने में भी उन्होंने सामान्यत: लोकमत का ही अनुसरण किया था। नवरत्नों की सूची में प्रथम स्थान पर तुलसीदास ही थे और सूर का स्थान दूसरा था। 'सूर सूर तुलसी ससी' की प्रचलित उक्ति को उन्होंने ठुकरा दिया। चन्दबरदाई को आठवाँ स्थान देकर उन्होंने कालक्रम को भी दरकिनार कर दिया। अन्त में भारतेन्दु को नवरत्नों में स्थान देकर उन्होंने अपनी आधुनिक दृष्टि का भी प्रमाण दिया। इस पूरी व्यवस्था में मिश्रबन्धुओं ने साहस का सिर्फ एक काम किया और वह था देव को बिहारी पर तरजीह और मजा यह कि वही विवादास्पद हो गया—सिर्फ इस एक वजह से समूचा 'हिन्दी नवरत्न' विवाद के घेरे में आ गया। फिर तो देव बनाम बिहारी हिन्दी आलोचना का केन्द्रीय मुद्दा बन गया और अलग-अलग दो खेमे बन

गए। बहस लम्बी चली और दशकों तक खिंच गई। आचार्य शुक्ल के हस्तक्षेप से बिहारी का पलड़ा भारी पड़ा। विवाद की तात्कालिक गरमी कम हुई तो आगे चलकर आचार्य शुक्ल ने भी देव के महत्त्व को स्वीकार किया और अब तो देव का कवित्व लगभग सर्वस्वीकृत हो चला है। किन्तु न भूलें कि हिन्दी साहित्य के 'कैनन-निर्माण' के समारम्भ का श्रेय मिश्रबन्धु को है और यह शुरुआत बीसवीं शताब्दी के आरम्भ में ही हो चुकी थी।

वस्तुत: हिन्दी साहित्यकारों का सुसंगत 'कैनन' बनाया आचार्य रामचन्द्र शुक्ल ने 'हिन्दी साहित्य का इतिहास' के द्वारा जिसे अन्तिम रूप मिला 1941 में और यह एक युग का अन्त भी था। कहना न होगा कि छोटी-मोटी असहमतियों के बावजूद वही कैनन आज भी हिन्दी के बहुसंख्य पाठकों के संस्कार में है। इस नए 'कैनन' के अन्दर प्राचीन कवियों में जायसी और घनानन्द को विशिष्ट महत्त्व मिला। आधुनिक कवियों में प्रकृति-प्रेम के कारण श्रीधर पाठक और सुमित्रानन्दन खुलकर सराहे गए और छायावाद-रहस्यवाद से अंशत: असहमति के बावजूद प्रसाद, निराला और महादेवी के मूल्यवान योगदान को इसी तारतमिक क्रम से स्वीकार भी किया गया।

इस 'कैनन' में पहला हस्तक्षेप किया 1942 में हजारीप्रसाद द्विवेदी ने अपनी 'कबीर' पुस्तक के द्वारा, फिर तो हस्तक्षेपों का सिलसिला ही चल निकला। इस प्रक्रिया में रामविलास शर्मा के हस्तक्षेपों का ऐतिहासिक महत्त्व है। उन्होंने आचार्य शुक्ल के महत्त्व को स्वीकारते हुए भी निराला को आधुनिक कवियों के सर्वोच्च स्थान पर बिठाया और उनके साथ ही प्रेमचन्द को पूरी तरह प्रतिष्ठित किया। इसी क्रम में उन्होंने आचार्य महावीर प्रसाद द्विवेदी को हिन्दी नवजागरण के अग्रदूत के रूप में प्रस्तुत किया, जबकि अभी तक वे केवल भाषा संस्कार के लिए याद किए जाते थे। इसके अतिरिक्त रामविलास जी ने अपने समकालीन साहित्य का भी एक 'कैनन' बनाने की कोशिश की जिसमें कवि के रूप में केदारनाथ अग्रवाल और उपन्यासकार के रूप में वृन्दावनलाल वर्मा और अमृतलाल नागर सर्वोपरि हैं। वैसे दिनकर, नागार्जुन और त्रिलोचन के लिए भी गुंजाइश रखी है, लेकिन जो कथाकार, कवि या साहित्य सोच-विचारपूर्वक इस 'कैनन' से बाहर रखे गए हैं उनमें सबसे उल्लेखनीय यशपाल, राहुल सांकृत्यायन, फणीश्वरनाथ रेणु, हजारीप्रसाद द्विवेदी, शमशेर और मुक्तिबोध हैं। खास बात यह है कि कबीर के लिए यहाँ कोई जगह नहीं है—न तीन में न तेरह में। रामविलास जी अपने इस 'कैनन' को साहित्य की जातीय परम्परा कहते हैं जिसके सचमुच के शिखर तीन ही हैं, तुलसी, निराला और रामचन्द्र शुक्ल, लेकिन चौखम्भा बनाना हो तो चौथे प्रेमचन्द भी।

इस 'कैनन' की छानबीन जरूरी है। लेकिन उसके लिए काफी समय चाहिए और वह आज इस समय सुलभ नहीं है। फिलहाल अपनी भूमिका के बारे में सिर्फ

इतना ही कहना काफी है कि अभी तक मैंने 'कैनन' निर्माण की प्रक्रिया में दो या तीन छोटे-छोटे हस्तक्षेप किए हैं। नई कविता के अन्दर मुझे अज्ञेय और उनके मंडल के कवियों से भिन्न एक दूसरी परम्परा का अहसास तो 1956-57 से ही था और मैं यह महसूस करता था कि उस दूसरी परम्परा की सबसे समर्थ प्रतिभा मुक्तिबोध हैं। इस आशय के दो छोटे-छोटे लेख मैंने तभी लिखे थे। लेकिन उसे व्यवस्थित रूप दिया 1968 में प्रकाशित 'कविता के नए प्रतिमान' में जिसके केन्द्र में 'अँधेरे' में जैसी 'फंतासी' वाली लम्बी कविताओं के रचयिता मुक्तिबोध थे। उस समय पहला मोर्चा 'नई कविता का आत्मसंघर्ष' ही था। इसलिए उस मोर्चे के योद्धा मुक्तिबोध ही केन्द्र में थे। प्रसंगवश नागार्जुन, केदारनाथ अग्रवाल, त्रिलोचन आदि की भी चर्चा आई है पर कुल मिलाकर वे पार्श्वच्छवि ही रहे। उस बात को लेकर उस समय उस पुस्तक की काफी आलोचना भी हुई और उसमें निश्चित ही सत्यांश है। कुछ दिनों बाद इलाहाबाद विश्वविद्यालय की प्रतिष्ठित 'निराला-व्याख्यानमाला' के अन्तर्गत अपने भाषण में मैंने इसे स्वीकार भी किया। उस भाषण का संक्षेप वहीं से प्रकाशित होनेवाली पत्रिका 'कथ्य रूप' में छप चुका है।

आगे चलकर मैंने 'त्रिलोचन के लिए एक नया काव्यशास्त्र' शीर्षक लम्बा लेख 'आलोचना' में प्रकाशित किया। उल्लेखनीय है कि तब तक डॉ. रामविलास शर्मा की दृष्टि त्रिलोचन की कविता पर नहीं पड़ी थी। उस लेख के बाद ही त्रिलोचन उनके दृष्टि-पथ पर आए। इसके अतिरिक्त त्रिलोचन के सत्तरवें जन्मदिन पर भी मैंने 'जनसत्ता' में एक लेख लिखा था। इसी तरह नागार्जुन पर तो मेरे अनेक लेख हैं—यहाँ तक कि अपनी भूमिका के साथ मैंने नागार्जुन की कविताओं का एक चयन भी प्रकाशित किया है। ऐसी ही बातें शमशेर के सन्दर्भ में भी उल्लेखनीय हैं। सारी सामग्री पुस्तकाकार प्रकाशित नहीं है, इसलिए लोगों के ध्यान में मेरा यह पक्ष नहीं आता। निकट भविष्य में कुछ व्यवस्थित रूप में सारी सामग्री सामने आएगी तो पता चलेगा कि वह 'कविता के नए प्रतिमान' का एक पूरक खंड ही है।

'कैनन' सम्बन्धी मेरी उधेड़बुन का सम्भवतः सबसे उल्लेखनीय प्रस्थान है 1982 में प्रकाशित पुस्तक 'दूसरी परम्परा की खोज'। इस पुस्तक का भी एक केन्द्र है और उस केन्द्र में हैं मेरे गुरुदेव आचार्य हजारीप्रसाद द्विवेदी। हमारी तथाकथित 'परम्परा' के अन्तर्गत ही एक और परम्परा के प्रतीक। इस पुस्तक के द्वारा सिर्फ यह कहने की कोशिश की गई है कि हमारे इतने लम्बे इतिहास में अनेक परम्पराएँ हैं और उनके बीच टकराव और सामंजस्य की प्रक्रिया निरन्तर चलती रही है। इसलिए किसी एक परम्परा को मुख्य धारा में स्थापित करने का अर्थ है अन्य परम्पराओं का दमन। इस सन्दर्भ में 'महान परम्परा' और 'लघु परम्परा' जैसा विभाजन भी उसी वर्चस्ववादी दृष्टि का परिचायक है।

विचित्र बात है कि हमारे यहाँ साहित्य में तो 'कैनन' की बहस कुछ ठंडी पड़

गई है, किन्तु संस्कृति के क्षेत्र में 'परम्परा' की दुहाई काफी उग्र है और लगता है कि अन्ततः परम्परा का सांस्कृतिक संघर्ष साहित्य को भी प्रभावित करके रहेगा। दलित-विमर्श और स्त्री-विमर्श के चलते साहित्य का 'कैनन' देर तक अछूता न रह पाएगा। एक तरह से अतीत वर्तमान संघर्ष का ही एक मोर्चा है जिसका प्रमाण है हड़प्पा और वैदिक सभ्यता के पूर्वापर क्रम तथा स्वदेशी-विदेशी होने को लेकर इतिहासकारों के बीच चलनेवाला महाभारत।

सच पूछिए तो इधर कुछ वर्षों से मेरे सोच-विचार के केन्द्र में 'परम्परा' से ही जुड़े प्रश्न हैं।

(वीरेश चन्द्र से सूतजउ321क्षात्कार 'रूपवाद, परम्परा और प्रतिबद्धता', आवर्त, जुलाई, 2001)

मंडलोई : डॉक्टर साहब, मैं प्रसंगवश एक बात जानना चाहता हूँ क्योंकि आपने सभ्यता समीक्षा की बात की है और समालोचक के दायित्वों की भी चर्चा की है। इसलिए इस परिप्रेक्ष्य में यह जानना जरूरी है कि हिन्दी के आरम्भिक आलोचकों महावीर प्रसाद द्विवेदी, रामचन्द्र शुक्ल समेत अनेक आलोचकों पर यह आरोप है कि 'ये लोग सवर्णवादी मानसिकता के आलोचक थे?' दलित लेखकों ने अनेक उदाहरण देकर इस तथ्य को रेखांकित किया है। इन आलोचकों पर आरोप है कि ये लोग हिन्दूवाद के पोषक थे। इन्होंने हिन्दी साहित्य को हिन्दू साम्प्रदायिकता के आधार पर जानने-परखने की कोशिशें की हैं। पहले यह आरोप महावीर प्रसाद द्विवेदी और रामचन्द्र शुक्ल पर लगा? अब यह आरोप हजारीप्रसाद द्विवेदी और रामविलास शर्मा पर भी लग चुका है। आपने डॉ. धर्मवीर की हजारीप्रसाद द्विवेदी पर लिखी पुस्तक देखी होगी। आप बताएँ कि इन आरोपों में कितनी सच्चाई है? जब हम पूरी शताब्दी की आलोचना पर विचार करने बैठे हैं तो ऐसे आरोपों की सच्चाई जान लेना आवश्यक है क्योंकि इन आरोपों से अब हिन्दी आलोचना का बना-बनाया प्रभामंडल ढह रहा है।

नामवर सिंह : देखिए, इन आरोपों की जाँच करने से पहले हिन्दी नवजागरण के पूरे इतिहास को देखने की जरूरत है। नवजागरण के आरम्भिक अभियान में भारतेन्दु युग के प्रताप नारायण मिश्र ने ही कहा था—'जपो सबै मिलि एक जबान/ हिन्दी हिन्दू हिन्दुस्तान'। उस दौर में आर्यसमाज की हिन्दू धर्म के भीतर बड़ी भूमिका थी। हालाँकि आर्यसमाज इस्लाम, ईसाइयत के विरुद्ध हिन्दुत्व को वैदिक धर्म के रूप में व्याख्यायित कर रहा था। हिन्दुत्व की यह अवधारणा केवल हिन्दी समाज में ही नहीं थी बल्कि नवजागरण का अग्रदूत बंगाल भी हिन्दुत्व की व्याख्या कर रहा था। बंगाल में नवजागरण के पुरोधा और 'आनन्दमठ' के लेखक बंकिम ने हिन्दुत्व पर पूरी एक पुस्तक लिखी है। बंगाल में आगे चलकर यह परम्परा रामकृष्ण परमहंस, विवेकानन्द में भी दिखाई देती है। रामकृष्ण परमहंस और विवेकानन्द भी

हिन्दुत्व की बात करते हैं। हमारे राष्ट्रीय आन्दोलन में भी एक धारा हिन्दुत्ववादी थी। राजनीति में कांग्रेस के भीतर हिन्दुत्व की यह धारा शुरू से ही बड़ी प्रबल रही है जिसका सामना गांधी जी को स्वराज्य आन्दोलन के दौरान करना पड़ा था। अंग्रेजी राज के विरुद्ध 'इंडियन नेशनल कांग्रेस' ने जो मुहिम छेड़ी उसमें विचारधारा के स्तर पर हिन्दुत्व का रंग बहुत गहरा था। राष्ट्रीय आन्दोलन के उस दौर में जो साहित्य लिखा गया, उस पर भी हिन्दुत्व की छाप थी। स्वयं मैथिलीशरण गुप्त की आरम्भिक कविताओं में हिन्दुत्व की छाप गहरे स्तर पर दिखाई देगी। जिन पौराणिक प्रतीकों का वे सहारा लिया करते थे, वे सबके सब हिन्दू धर्म से जुड़े हुए थे। एक बात गौर करिए, आमतौर से राष्ट्रीय आन्दोलन में चूँकि हिन्दू बहुमत में थे, अधिसंख्यक थे इसलिए हम लोग पश्चिम के साम्राज्यवाद से लड़ने के लिए हिन्दू पौराणिक प्रतीकों का सहारा लेते थे। उस दौर में उर्दू साहित्य में लिखे जा रहे साहित्य पर भी गौर करिए तो हाली ने अपना जो 'मुसद्दस' लिखा था, उसमें इस्लाम का पूरा इतिहास दर्ज है। तब साहित्य में अपनी धार्मिक परम्पराओं से ताकत ग्रहण करने की प्रवृत्ति थी। दोनों परम्पराओं के लोग धर्म से ताकत ग्रहण कर रहे थे। कहीं कोई धार्मिक वैमनस्य नहीं था। दोनों साथ चलकर राष्ट्रीय आन्दोलन में शरीक हुए थे।

लेकिन उसी बीच जैसे-जैसे राष्ट्रीय आन्दोलन तेज हुआ, उसका जनाधार व्यापक होता चला गया। तब उस समय राष्ट्रीय आन्दोलन में नेतृत्व मध्यवर्ग का था जो शिक्षित और शहरी था। उस दौर में यह परम्परा प्रबल रूप से सामने आई थी लेकिन जैसे-जैसे इस आन्दोलन में किसान मजदूर संगठन के लोग शामिल हुए, दलित आए, स्त्रियाँ आईं उससे राष्ट्रीय आन्दोलन में परस्पर आलोचना और आत्म-समीक्षा का दौर आरम्भ हुआ। कहना कठिन है कि उस दौर में राष्ट्रीय आन्दोलन का मिजाज सवर्णवादी था। इसके समानान्तर यदि साहित्य की पड़ताल की जाए तो देखा जा सकता है कि जब साहित्य राजनीतिक और सामाजिक दायित्व निभाएगा तो वह निरपेक्ष होकर कोई निरपेक्ष दुनिया नहीं बसा सकता। इसीलिए उस समय की आलोचना पर राष्ट्रीय भावधारा का असर पड़ा है। स्वयं रामचन्द्र शुक्ल में यह भावबोध महावीर प्रसाद द्विवेदी के मुकाबले प्रबल है। उस दौर में महावीर प्रसाद द्विवेदी ने 'सरस्वती' में भोजपुरी समाज के एक दलित कवि हीरा डोम की कविता प्रकाशित कर अपनी लोकधर्मी चेतना का परिचय दिया। दूसरी ओर, उन्होंने यह प्रमाणित किया कि वे सवर्ण मानसिकता के पोषक नहीं हैं। जबकि शुक्ल जी में यह मानसिकता इतनी दूर तक है कि वे सूर और तुलसी की तुलनात्मक समीक्षा करते हुए रामभक्ति की परम्परा की ओर ज्यादा झुके दिखाई पड़ते हैं। यह आकस्मिक नहीं कि शुक्ल जी कृष्णभक्ति काव्य को लोकरंजन तक सीमित रखते हैं और रामभक्ति शाखा काव्य को लोकमंगल के नाते पहले दर्जे का ओहदा देते हैं। पर इस दृश्य को आगे चलकर बदला हजारीप्रसाद द्विवेदी ने। उन्होंने भक्तिकाव्य का मूल्यांकन करते

हुए कबीर को केन्द्र में रखकर भक्ति काव्य में दूसरी परम्परा की खोज की। साहित्य में दूसरी परम्परा की यह खोज अत्यन्त क्रान्तिकारी और युग प्रवर्तक है। इसे साहित्य के इतिहास में गौर से देखने की जरूरत है।

इसलिए मैं कह रहा हूँ कि क्रमशः जैसे-जैसे हमारा स्वाधीनता आन्दोलन अधिक लोकतांत्रिक होता गया, जनाधार इसका मजबूत होता गया, वैसे-वैसे समाज में बहुलतावादी शक्तियों का सम्मिश्रण पैदा हुआ। इस आन्दोलन में बाबा साहेब अम्बेडकर के आने के बाद गांधी जी ने सामाजिक परिवर्तन के लिए छुआछूत; अछूतोद्धार जैसे रचनात्मक कार्यक्रमों को सामाजिक परिवर्तन का मूलमंत्र कहा। उन्होंने कहा कि बिना सामाजिक परिवर्तन के आजादी की वास्तविक परिकल्पना अधूरी है। साहित्य की दुनिया को देखें तो रचनात्मक साहित्य में प्रेमचन्द, निराला और आलोचना में हजारीप्रसाद द्विवेदी ने साहित्य की पूर्ववर्ती सीमाओं को ध्यान में रखते हुए अपने लेखन के जरिए युगान्तर उपस्थित किया। शुक्ल जी की सीमाओं को ध्यान में रखकर ही हजारीप्रसाद द्विवेदी ने कबीर को आगे किया। यद्यपि इस महत्त्वपूर्ण प्रयास के बावजूद लोग द्विवेदी जी पर ब्राह्मणवाद की छाप मानते हैं। धर्मवीर ने जो लिखा है, उसे देखा है मैंने। लेकिन एक बात गौर करने की है कि हमारे समाज पर एक हजार वर्षों के जो बद्धमूल संस्कार हैं, उसे खत्म करने के लिए एक हजार बरस का समय अगर न भी लगे तो कम से कम सौ-दो सौ साल का समय तो लगेगा ही। यही कारण है कि एक साक्षात्कार, मैं अभी हाल में ही पढ़ रहा था—पता नहीं यहाँ उसका उल्लेख कितना प्रासंगिक होगा—एक कम्यूनिस्ट नेता ने उस साक्षात्कार में कहा कि हम लोगों ने मार्क्सवाद को जब अपनाया था तो समझते थे कि भारतीय समाज में सबसे महत्त्वपूर्ण वर्ग संघर्ष है और वर्ग उत्पीड़न ही सबसे बड़ा उत्पीड़न है। हम भूल गए कि इस वर्ग संघर्ष के भीतर जाति उत्पीड़न की समस्या सबसे ज्यादा दमनकारी और समस्यामूलक है। इस ऐतिहासिक तथ्य को हम लोगों ने इतनी देर से समझा। हम भूल गए कि एक हजार साल के बने हुए जो दमन के संस्कार हैं, उसे केवल वर्ग संघर्ष की कोटि में रखकर समझा नहीं जा सकता। इसलिए आज समाज में जातियों के आधार पर समाज में ऊँच-नीच का जो भेदभाव बढ़ा हुआ है, वह ज्यादा दमनकारी है। इसलिए वर्ग संघर्ष की अवधारणा में जाति संघर्ष के मुद्दे को जब तक ध्यान में नहीं रखेंगे तब तक हम आम जनता के दुख-दर्द की सच्ची लड़ाई नहीं लड़ सकते।

इतने दिनों बाद, जब एक कॉमरेड, जो इस देश का जाना-माना मार्क्सवादी नेता है, वह अब कह रहा है तो भाव जगत् में रहनेवाले साहित्यकारों की सीमा को आप भली-भाँति समझ सकते हैं। शायद इसी प्रभावी विचारधारा का असर है कि रामविलास शर्मा जैसे मार्क्सवादी भी सवालों के घेरे में आ जाते हैं। अभी हाल ही में प्रकाशित उनकी आलोचना पुस्तकें 'गांधी, अम्बेडकर, लोहिया' और 'भारतीय संस्कृति और

हिन्दी प्रदेश' की अवधारणाएँ इन आरोपों से बरी नहीं हो सकतीं। उन्होंने मंडल कमीशन का विरोध करते हुए आरक्षण तक का विरोध किया है और अपनी मूल स्थापना पर कायम हैं कि बुनियादी रूप से समाज की जो श्रेणियाँ हैं, उनका आधार वर्ग संघर्ष है। रामविलास जी की इन स्थापनाओं से अनेक लोगों की असहमतियाँ हो सकती हैं। मेरी भी है। पर मैं इस बात को दुहराना चाहता हूँ कि हमारे समाज और संस्कृति में हजारों वर्षों से जो दबे हुए विचार हैं, उनसे कोई साहित्यकार अपनी तमाम प्रगतिशीलता के बावजूद बचा नहीं रह सकता। ऐसे में आलोचक बचा रहेगा, इसकी कल्पना कैसे की जा सकती है?

इसलिए मैं कहना चाहता हूँ कि यदि आलोचना शुद्ध साहित्यिक कर्म नहीं है बल्कि गहरे अर्थों में सभ्यता समीक्षा है तो उस पर अपने युग, अपने समाज और अपनी संस्कृति का प्रभाव जरूर पड़ेगा। हिन्दी आलोचना की एक धारा सम्प्रदायवादी रही है, कुछ हद तक जातिवादी भी। ऐसी विचारधाराओं के अवशेष हर काल में मिलेंगे। इस तथ्य से इनकार नहीं किया जा सकता। पर देखना यह चाहिए खुद आलोचना अपने इन पूर्वग्रहों से कितना सीख सकी है? कितना अब सीख रही है अर्थात् वह अपने विवेक से खुद अपनी आत्मालोचना कैसे करती है? उसका रुख इन चीजों के प्रति कितना सचेत और आलोचनात्मक है? वह अपने पूर्व अर्जित संस्कारों से छूटने के लिए कितनी बेचैन है? बेचैन है भी या नहीं? इस मुद्दे को आज आलोचना में गहरे स्तर पर उतरकर छानबीन करने की जरूरत है। शुक्ल जी के शब्दों में कहूँ तो 'आलोचना बुद्धि की मुक्तावस्था' है। शुक्ल जी ने तो 'कविता को हृदय की मुक्तावस्था' कहा है। यह बुद्धि की मुक्तावस्था एक दिन में नहीं होती, एक युग में भी नहीं होती बल्कि यह आलोचना के गहरे आत्मसंघर्ष के बाद किसी आलोचक में पैदा होती है। यह युगों की प्रक्रिया है। इसे आनन-फानन में प्राप्त नहीं किया जा सकता। इस दौर से हम सबको गुजरना है। हमें आलोचना में पुनरुत्थानवादी शक्तियों से सावधान रहना है। जैसा कि आपने संकेत किया डॉ. धर्मवीर की आलोचना दृष्टि इसी प्रक्रिया का अंग है, जिससे हमें मुक्त होना है।

(लीलाधर मंडलोई से साक्षात्कार, 'आलोचना बुद्धि की मुक्तावस्था है', 2002)

ज्ञानेन्द्र कुमार सन्तोष : लोग मानते हैं कि आपने 'दूसरी परम्परा की खोज' पुस्तक में आचार्य शुक्ल से ज्यादा आचार्य द्विवेदी को महत्त्व दिया है। वहीं दूसरा सत्य यह है कि जो मैंने पाया है कि आपके सम्पूर्ण लेखन में आचार्य द्विवेदी से कहीं ज्यादा आचार्य शुक्ल की आद्यन्त उपस्थिति रही है। इस अन्तर्विरोध के क्या कारण रहे हैं?

नामवर सिंह : पहली बात यह है कि यह प्रमाण है कि मैंने हजारीप्रसाद द्विवेदी की रचनावली या ग्रन्थावली सम्पादित नहीं की है। मेरे द्वारा शुक्ल जी की रचनावली प्रकाशित हुई है, लेकिन देर से। लेकिन मेरे मन में आचार्य शुक्ल के प्रति जो श्रद्धा

है, सम्मान मैं नहीं कहूँगा, यह श्रद्धा है, और शुक्ल जी के प्रति इस श्रद्धा में कुछ लोगों को अतिशयोक्ति दिखाई पड़े, लेकिन मैं समझता हूँ कि आलोचना के क्षेत्र में जो स्थान आचार्य शुक्ल का है, वो स्थान हजारीप्रसाद द्विवेदी का नहीं है, और किसी का भी नहीं है। शुक्ल जी की रचनावली में देर जरूर हुई, उसके कारण हैं, लेकिन दुरुस्त आई। मेरे जीवन की सबसे बड़ी शुभकामना पूर्ण हुई है! उसे लेकर मैं सन्तुष्ट हूँ कि मैं कुछ भी न करूँ तो जो काम मैं करना चाहता था, वो अब कर दिया है। और चूँकि शुक्ल जी पर एक ग्रन्थावली पहले प्रकाशित हुई है, तो दोनों को मिलाकर देखेंगे तो लोगों को पता चलेगा। हाँ, उस पहले प्रकाशित ग्रन्थावली पर कोई टिप्पणी नहीं करना चाहता हूँ, पाठक स्वयं निर्णय करेंगे कि पहले से प्रकाशित ग्रन्थावली और अब जो प्रकाशित हुई है, इन दोनों में क्या अन्तर है। मैं अपनी ओर से इस पर कोई टिप्पणी नहीं करता।

ज्ञानेन्द्र कुमार सन्तोष : 'दूसरी परम्परा की खोज' पुस्तक के नायक द्विवेदी जी हैं पर द्विवेदी जी के बनारस हिन्दू विश्वविद्यालय आने के पूर्व के आपके शुरुआती लेखन को पढ़ते हुए यह प्रतीत होता है कि नामवर जी की 'दूसरी परम्परा की खोज' द्विवेदी जी से सम्बन्ध बनने से पूर्व ही शुरू हो चुकी थी। मुझे संशय होता है कि 'बाणभट्ट की आत्मकथा' की भाँति 'दूसरी परम्परा की खोज' भी मुखौटा शैली में लिखी गई है। क्या यह सत्य नहीं है कि दूसरी परम्परा के वास्तविक अन्वेषी नामवर सिंह ही हैं?

नामवर सिंह : ऐसा है कि दूसरी का अर्थ लोग नम्बर दो समझते हैं। यहाँ दूसरी का मतलब मैं 'अन्य' समझता हूँ। दूसरी बात यह कि कोई तुलना नहीं है आचार्य रामचन्द्र शुक्ल और आचार्य द्विवेदी जी की। द्विवेदी जी मुख्यत: रचनाकार हैं और उनकी आलोचना की कृतियाँ नम्बर दो पर हैं। केवल 'हिन्दी साहित्य की भूमिका' और 'कबीर' के आधार पर उनको शीर्ष आलोचक नहीं कहा जा सकता है। तो उनका महत्त्व मुख्यत: रचनाकार के रूप में है और अपने उपन्यासों से वे हमेशा ही प्रतिष्ठित रहेंगे। इसलिए रचनाकार के रूप में द्विवेदी जी का स्थान महत्त्वपूर्ण है। चूँकि उनसे पढ़ने का भी मुझे सौभाग्य प्राप्त हुआ है लेकिन आचार्य शुक्ल से ऐसा सौभाग्य मुझे नहीं मिला। जब मैं विश्वविद्यालय पहुँचा उसके पहले ही वे दिवंगत हो चुके थे लेकिन विद्वान के रूप में, जिसको विद्वत्ता कहें, आलोचना तो उसका एक पहलू है, द्विवेदी जी का रेंज (विद्वत्ता की व्यापकता) शुक्ल जी से विस्तृत है। 'बाणभट्ट की आत्मकथा' जैसा उपन्यास किसी अन्य ने नहीं लिखा।

द्विवेदी जी ने जो व्यक्तिव्यंजक निबन्ध लिखे हैं, 'अशोक के फूल', 'कुटज' जैसे, वैसे हिन्दी में कहीं नहीं हैं। इसलिए द्विवेदी जी की जो सर्जनात्मक प्रतिभा है उसके लिए वे सदा ही अमर रहेंगे। बाकी उनके जो आलोचनात्मक ग्रन्थ हैं, उनका स्थान बहुत बाद में है। उन पर टिप्पणी करने की जरूरत नहीं है लेकिन रचनाकार

और उपन्यासकार के रूप में द्विवेदी जी बहुत ऊँचा स्थान रखते हैं।

मैं समझता हूँ कि ऐतिहासिक उपन्यास हिन्दी में बहुत कम हैं। वृन्दावनलाल वर्मा या एकाध और कोई होते थे कभी। ऐतिहासिक उपन्यास के क्षेत्र में द्विवेदी जी बेजोड़ थे और उसके कारण उनकी आलोचना तो लोग भूल जाएँ लेकिन उन्होंने जो ललित निबन्ध लिखे हैं, 'अशोक के फूल' जैसे अतुलनीय हैं। ललित निबन्धकार और कथाकार के रूप में द्विवेदी जी अमर हैं और अमर रहेंगे। इसलिए 'दूसरी परम्परा' में जो मैंने लिखा है, उसमें उनके लेखों का उतना हवाला नहीं है। दूसरी परम्परा की खोज—दूसरी माने अन्य है, यह नम्बर दो नहीं है।

ज्ञानेन्द्र कुमार सन्तोष : सवाल यह था कि द्विवेदी जी के आने से पूर्व ही 'दूसरी परम्परा की खोज' की नामवर जी की यात्रा शुरू हो चुकी थी।

नामवर सिंह : यह मैं अपनी किताब में पहले ही प्रमाणित कर चुका हूँ और यह लगता है कि द्विवेदी जी से व्यक्तिगत सम्बन्ध नहीं बनता तो 'दूसरी परम्परा की खोज' जैसी पुस्तक लिखी ही न जाती। इस पर दूसरे लोग ही टिप्पणी करें तो बहुत बेहतर होगा, मैं स्वयं टिप्पणी करना जरूरी नहीं समझता।

(ज्ञानेन्द्र कुमार सन्तोष से साक्षात्कार, 'आजकल', अक्टूबर, 2016)